遺跡から「聖地」へ

グローバル化を生きる仏教聖地

前島訓子

いま「聖地」と称される場所は、国際的関心の高まりとともに、少なからず緊張と対立の舞台となり、宗教的な背景に限らず、時には政治的、経済的、またはエスニックな背景において利害を異にする諸勢力がぶつかる場となっている。本書は、仏教最大の聖地でありながら、生活者の大半が非仏教徒であるインド・ブッダガヤを舞台に、グローバル化の波と、政治的、経済的、社会的な変動に巻き込まれながら、遺跡およびその周辺が、「仏教聖地」として再建されていくプロセスを、現地のフィールド調査をもとに解明したものである。

法藏館

ブッダガヤの大塔や金剛宝座等の遺跡群は、ブッダが悟りを啓いた地を
象徴するものとして多くの信者を集める。

かつて蓮池は、地元民の洗濯の場、子供の水遊びの場、そしてヒンドゥー教の
儀礼を行う場でもあった。現在、人々の生活とともにあった蓮池はその様相を
大きく変えている。

2002 年の世界的遺産の登録以降、大塔などの遺跡群には、世界各国からの巡礼者や観光客が絶えることなく訪れる。

住人の大半がヒンドゥー教徒であるブッダガヤ。それを象徴するかのように、
参詣者の中にも色とりどりの衣服をまとったヒンドゥー教徒たちが各地から訪れる。

大塔内奥に安置されている黄金のブッダ像は信者からの篤い信仰を集める。

ブッダ像には仏教僧によって毎日乳粥が捧げられる。それを見つめる信者のひとりひとりの真摯なまなざしが印象に残る。

ブッダ像に乳粥を捧げるのは、ブッダガヤ寺院管理委員会（BTMC）の仏教僧の役目である。

ブッダ像と同じ空間を共有するヒンドゥー教のシヴァリンガには、ヒンドゥー教のプージャーリによって毎日プージャーが捧げられる。

遺跡から「聖地」へ——グローバル化を生きる仏教聖地——＊目次

第四章　「聖地」再建の舞台――「仏教聖地」の多元的現実……118

第五章　問い直される「仏教聖地」――「仏教聖地」は誰のものか?……212

★カバー、口絵、本文中の写真は、但し書きのない限り、著者による撮影である。

遺跡から「聖地」へ

グローバル化を生きる仏教聖地

序章

一　問題の所在

グローバル化が進み、国境を超えてヒトやモノ、情報の移動が容易になるなか、人と地域との関わり方には根本的な変化がもたらされつつある。その変化は「聖地」という場所に関しても例外なくみられる。「聖地」はテレビや雑誌などで取り上げられるだけではなく、「パワースポット」や「巡礼」、さらには「世界遺産検定」の流行といった現象にみられるように、何かしらの信仰を持つ者に限らず、大衆的な注目を集めるようになっている。(1) ヨーロッパにおけるカトリックの聖地であるルルドや、サンティアゴ・デ・コンポステーラ、またイスラームの聖地においても訪れる人々の数の増加が指摘されており（リーダー 二〇〇五）、「聖地」への関心は、世界的な広がりをみせている。「聖地」と称される場所は、国際的関心の高まりとともに、少なからず緊張と対立の舞台となっている。少しでも注意を払ってみるならば、その緊張と対立の内実は多岐にわたっていることがわかる。「聖地」という概念の馴染み深さとは裏腹に、「聖地」は宗教的な背景に限らず、時には政治的な、時には経済的なまたはエスニックな背景において利害を異にする諸勢力がぶつかる場となっている。

本書で取り上げるインド、ブッダガヤ（ボードガヤー）(2) でも事情は変わらない。ブッダガヤは仏教の最大の聖地として知られており、二〇〇二年に同地域の歴史的遺跡が世界遺産に登録を受けたことから、ますます国内外の関心を集めている。「聖地」への人々の関心の高まりは、国境を越えた移動を可能にする移動手段の発達と多様化によって以前より短時間で移動が容易になったこと、情報技術の発達に伴い、国や地域の物理的な限界を超えた様々な情報のやりとりがそれまでとは考えられない範囲とスピードにおいて可能になったことを下敷きにしている(3)。そのなかで、「聖地」に向けられた「まなざし」や働きかけは多岐にわたる。例えば、「聖地」は経済的関心を背景に当該社会の地域活性化のための戦略において再発見され、ツーリズムを促す新たな資源として動員されることもあれば、政治的関心を背景にナショナリズムを喚起し、ある時は宗教的感情を刺激し、緊張を表面化させるきっかけになることもある(4)。

この事態がすでに「聖地」研究に対して一つの根本的な課題を提起しているといわなければならない。つまり、「聖地」とは何かという問いは一概に答えられるものではなく、かりにその問いに対する普遍的な答えがあったとしても、それとは別に「聖地」が「聖地」として存在する仕組みをその「聖地」が位置づけられるそれぞれの地域的・社会的文脈において捉えるという課題、言い換えれば「聖地」をその地域・社会的固有性において解明するという課題が残る。

しかし、「聖地」をめぐる研究においては、どちらかといえば、「聖地」を主として「聖なるもの」との関係において捉え、「聖地」と「聖なるもの」との関係を根拠付ける事件や出来事、史実に焦点を合わせる見方が支配的であった。近年の「聖地」をめぐる多様な動き（それをグローバル化と呼ぶかどうかはともかく）から読み取れるように、「聖地」に対する「まなざし」や働きかけ方は、決して一元的ではなく、宗教、政治、経済など背景を異にする多元的な利害が交錯し、絡み合っているといわねばならない。だからこそ、現在「聖地」にみられる変化は一つの要素や次元に還元して捉えられないような複合的な様相を呈しているであろう。こうした観点からすれば、これまで支配的であった「聖地」の捉え方は、「聖地」の一側面を捉えてそれを「聖地」そのものだとしているといえるのではないだろうか。

このような問題関心から、仏教最大の聖地と称されるブッダガヤ（インド・ビハール州・ガヤ県）がどのような「聖地」であるのかという問いに答えることに本書の主な課題がある。こうした課題設定からして、ブッダガヤを単純に「仏教聖地」として絶対視（自明視）するような見方は受け入れがたい。問われるべきことは「聖地」がどのような形で、具体的に立ち現れてくるのか、そして築き上げられていくのかである。

以上の点を踏まえ、本書は、ブッダガヤを事例に、内外の変化に晒されながら、問い直され、その都度形作られている「聖地」再建のプロセスの内実を、内外の力が織りなす諸主体の関係を手がかりに、そこにみられる緊張、対立そして妥協からなるダイナミクスを浮かび上がらせることを目的とする。

二　インド・ビハール州・ガヤ県・ブッダガヤの地域的概要

二―一　ブッダガヤの「仏教聖地」としての由来

ブッダガヤが仏教最大の聖地として知られるのは、仏教創始者であるブッダ（釈迦）が悟りを開いた地とされるからである。ブッダの生涯を簡単にふりかえれば、後にブッダ（悟りを開いた者）となるゴータマ・シッダールタは、現在のネパールのルンビニー（Lumbini）の地に、釈迦族の王子として生まれる。二十九歳の時に出家し、六年にわたる苦行生活を行ったが、苦行が解脱に達する道ではないことを悟り、苦行を止め、スジャータという少女から乳粥をもらい、瞑想によって最高の真理を悟ることを試みた。そして、三十五歳の時に、ブッダガヤの地（当時の名をウルビラ）の菩提樹の下で悟りを開き、ブッダとなる。その後、サルナート（Sarnath）で初めて説法を行ってから、八十歳の時に、クシナガラ（Kushinagar）で亡くなるまでの四五年間に、その教えを各地に伝え歩いたとされる。こうした、ブッダという人物の誕生の地であるルンビニーや悟りの地であるブッダガヤ、最初に説法を説いた地サルナート、涅槃の地クシナガラは、ブッダの生涯と最も関わる地として仏教「四大聖地」として知られている。特に、ブッダガヤには、ブッダ悟りの地を記念して建てられたとされる、約五〇メートルの高さの大菩提寺（以下大塔：マハーボーディ・テンプル）が残っている。大塔はもともと紀元前三世紀に創設されたといわれているが、現在の大塔の原型は五～六世紀頃が起源だとされている。一般に公開されている大塔の一階には二つの部

写真０－１　大塔（マハーボーディ・テンプル）

写真０－２　金剛宝座（ヴァジラーサナー）

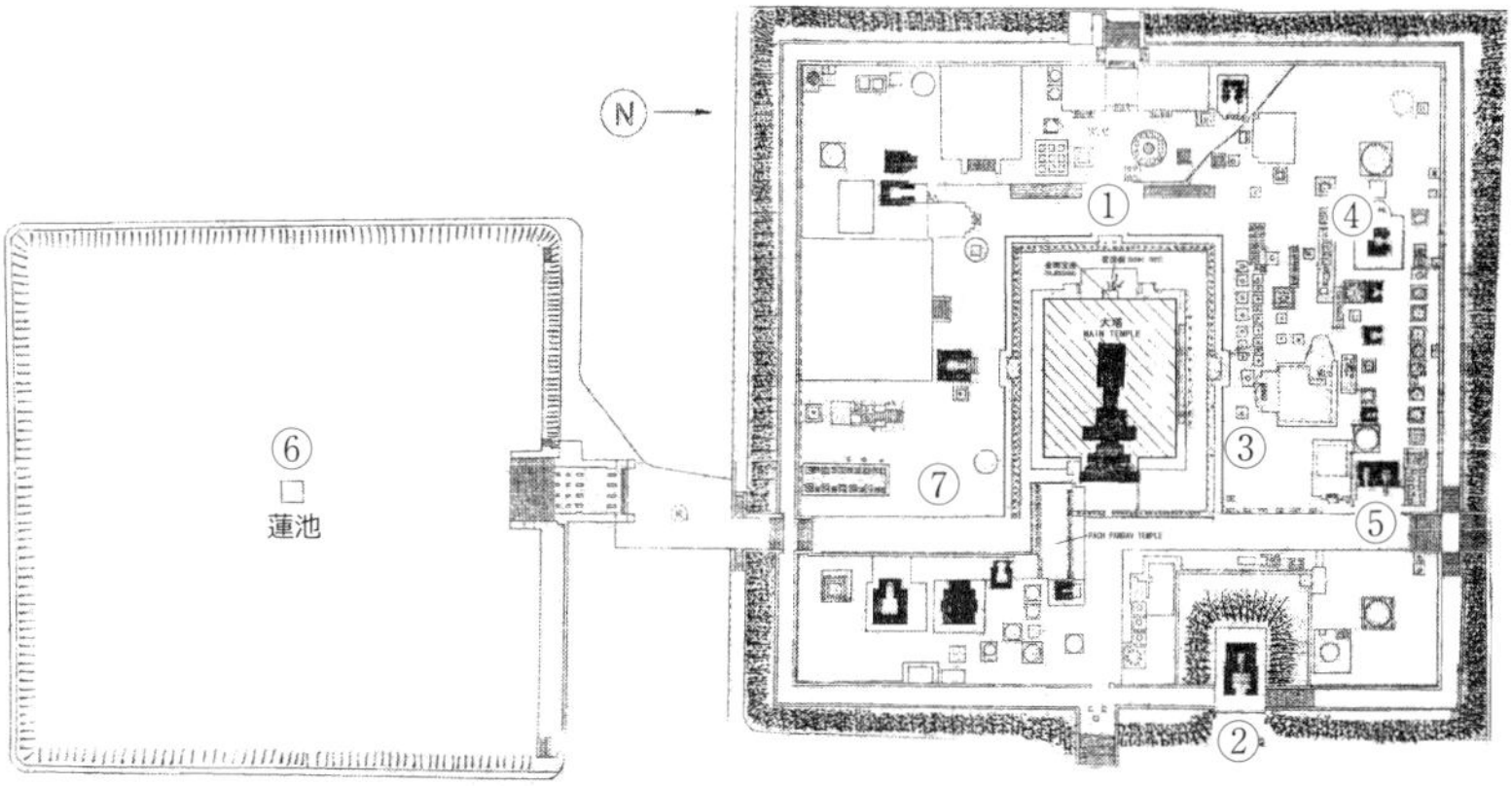

①第一週　菩提樹

②第二週　アニメーシャローチャナ・チャイティヤ

③第三週　ラートナチャクラーマー

④第四週　ラートナガーラ・チャイティヤ

⑤第五週　アジャパラ・ニグローダ樹

⑥第六週　蓮池

⑦第七週　ラージャヤータナ樹

図０－１　ブッダが瞑想した大塔付近の地図（上）と現代の場景（地図内の数字は週ごとの瞑想場所）

屋が連なっており、最も奥の空間に、ガラスケースで保護され、九～十世紀に制作されたというブッダ像が安置されている。高さにして二メートル以上あるブッダ像は、ブラックストーンで作られている。またブッダガヤの歴史的遺跡は大塔だけではなく、大塔の基底部分の発掘の過程で発見された金剛宝座（Vajrasana）もまた重要な遺跡である。ラストパールは、金剛宝座を「ブッダが悟りを開いた普遍の場所」であり、「地球のへそ」だと述べている（Rastrapal 1992a: 32）。一八六三年にインド考古学調査局の初期の発掘のなかで発見された金剛宝座は、菩提樹と大塔との間に位置し、ブッダの悟りの場所を象徴するものとしてアショーカ王（Asoka：在位 268 BC–232 BC）がそれを記念し、紀元前三世紀に建立したものとされ、大塔よりも年代が古い遺跡とされている。(5) そして、菩提樹もまた、ブッダの悟りと関わるシンボルとなっている。この菩提樹は、ブッダが悟りを開いた当時の樹の子孫とされている。さらに、ブッダは菩提樹の下で瞑想し悟りを開いた後、七週間にわたり（一週間ごとに七か所）瞑想をしたといわれており、その出来事と結びついた場所が大塔周囲に点在している。

　こうしたブッダガヤにおける大塔や金剛宝座といった歴史的遺跡に関して特筆すべきことは、レンガ建築とされる大塔が、同時代に建てられた建造物としては最も保存状態が良いものとみなされ、二〇〇二年に世界遺産に登録されているという点である。

　インドは、一九七二年に世界遺産条約を批准し、文化遺産二七、自然遺産七、計三四が世界遺産に登録されている（二〇一七年度現在）。文化遺産に登録されている二七の世界遺産のうち、アジャンタ（Ajanta）、エローラ（Ellora）、サーンチー（Sanchi）、ナーランダー（Nālandā）にある遺跡に加えて、ブッダガヤの大塔寺院群のあわせて五つが仏教関連の遺跡となっている。ちなみに、「四大聖地」と称される地のなかで世界遺産に登録を受けているのはブッダガヤの大塔とブッダ生誕の地として知られるネパールのルンビニーの遺跡である。

遺跡がユネスコ（United Nations Educational, Scientific and Cultural Organization）の世界遺産リストに登録されるためには、登録の基準とされている一〇の基準のうち一つ以上の項目に合致し、さらに「真正性や完全性の条件を満たし、適切な保護管理体制がとられていること」[6]が必要とされる。ブッダガヤの大塔は、登録の基準（ⅰ）人間の創造的才能を表す傑作であること、（ⅱ）建築、科学技術、記念碑、都市計画、景観設計の発展に重要な影響を与えた、ある期間にわたる価値観の交流またはある文化圏内での価値観の交流を示すものであること、（ⅲ）現存するか消滅しているかにかかわらず、ある文化的伝統または文明の存在を伝承する物証として無二の存在であること、（ⅳ）歴史上の重要な段階を物語る建築物、その集合体、科学技術の集合体、あるいは景観を代表する顕著な見本であること、（ⅵ）顕著な普遍的価値を有する出来事（行事）、生きた伝統、思想、信仰、芸術的作品、あるいは文学的作品と直接または実質的関連があることの項目に合致した。こうして登録の条件を満たしたことから、二〇〇二年七月にブダペストで開催された世界遺産委員会第二六回会議において世界遺産登録が決定し、世界的に保護されるべき遺跡として位置づけられることになったのである。

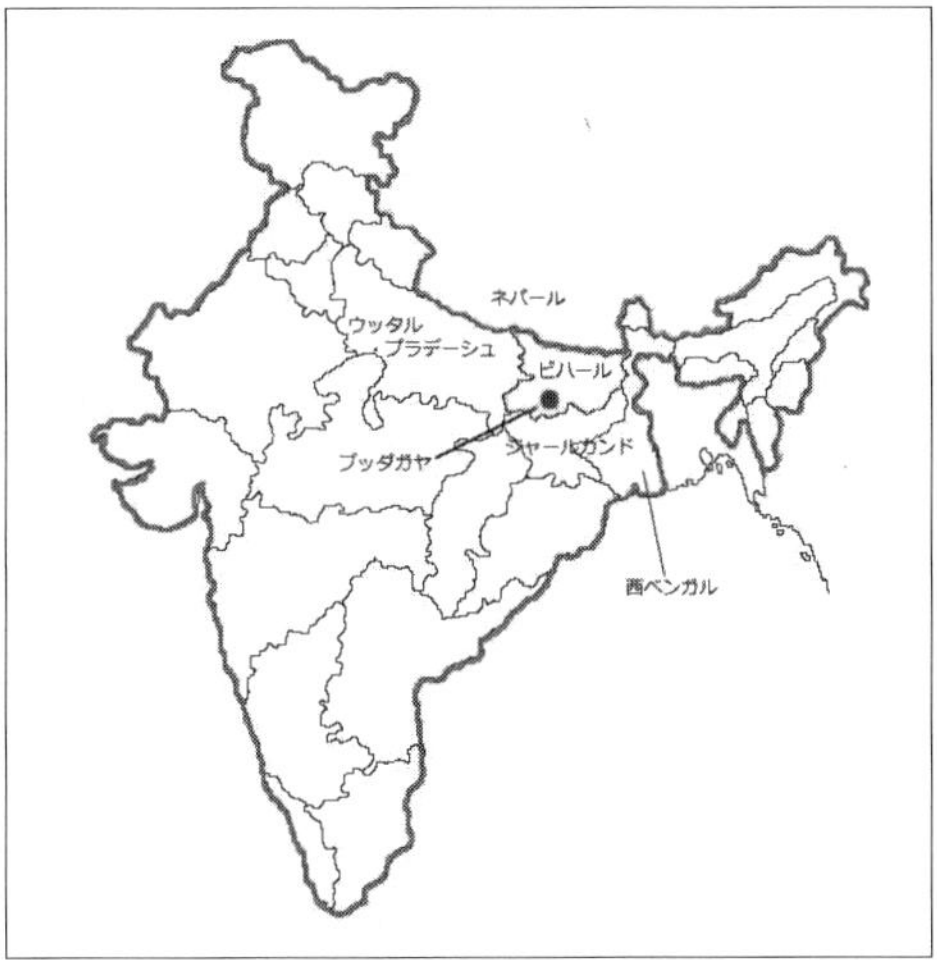

地図０－１　インドにおけるブッダガヤの位置

二―二　ブッダガヤの地理的概要

次に、ブッダガヤの位置を確認しておくと、同地は、インド北部にあるビハール州、ガヤ県の南部に位置している。[7]ビハール州は、北がネパール、東が西ベンガル州、西がウッタル・プラデーシュ州、南がジャールカンド州[8]と接している。ビハール州の「ビハール」とは、僧院を意味するヒンディー語のビハーラ（Vihar）を語源としているともいわれるように、この州には、仏教所縁の地も少なくない。ブッダガヤに限らず、ブッダが悟りを開き、亡くなるまでの四五年間の教化活動の拠点でもあったラジギール（Rajgir）やヴァイシャリー（Vaishali）、さらにはブッダ死後、グプタ王朝の時代に建てられた、最古の仏教大学として知られるナーランダもビハール州にある。

インドは、約一二億一〇五七万人（Census of India 2011）の人口を抱え、中国に次ぐ人口規模を有する大国であり、二八の州と七の連邦直轄地で構成される連邦共和国である。そのなかでビハール州は、人口八二八七万人であり、インド全州のなかでも三番目に人口が多い州である。

総面積約二五〇平方キロメートルのブッダガヤは、新興の都市自治エリア（ナガル・パンチャーヤット・エリア Nagar Panchayat Area）と農村自治エリア（グラム・パンチャーヤット・エリア Gram Panchayat Area）に区分される[9]。本書が対象とするのは、大塔や金剛宝座といった歴史的遺跡の位置する都市自治エリアである。ブッダガヤには日本において尼連禅河で知られるニランジャナ河（ヒンディー語：パルグ河）が南北に流れており、この河沿いに延びる旧道とそれに平行して延びる道路の二つの主要道路がある。面積にして一九・六平方キロメートルの都市自治エリアは、この二つの主要道路に挟まれたエリアに位置する（以下、ブッダガヤと称す場合は、都市自治エリアを指す）。都市自治エリアの人口は年々増加しており、一九九一年に二万一六九二人であった人口は二〇一一年には約三万八四三九人[10]を数えるまでに増加している[11]。また、ブッダガヤにおける宗教構成は、人口の約九〇パーセントをヒンドゥー教徒、約九パーセントをイスラーム教徒が占め、それに対し仏教徒はわずか〇・四パーセントとなっている（Census of India 2011）。

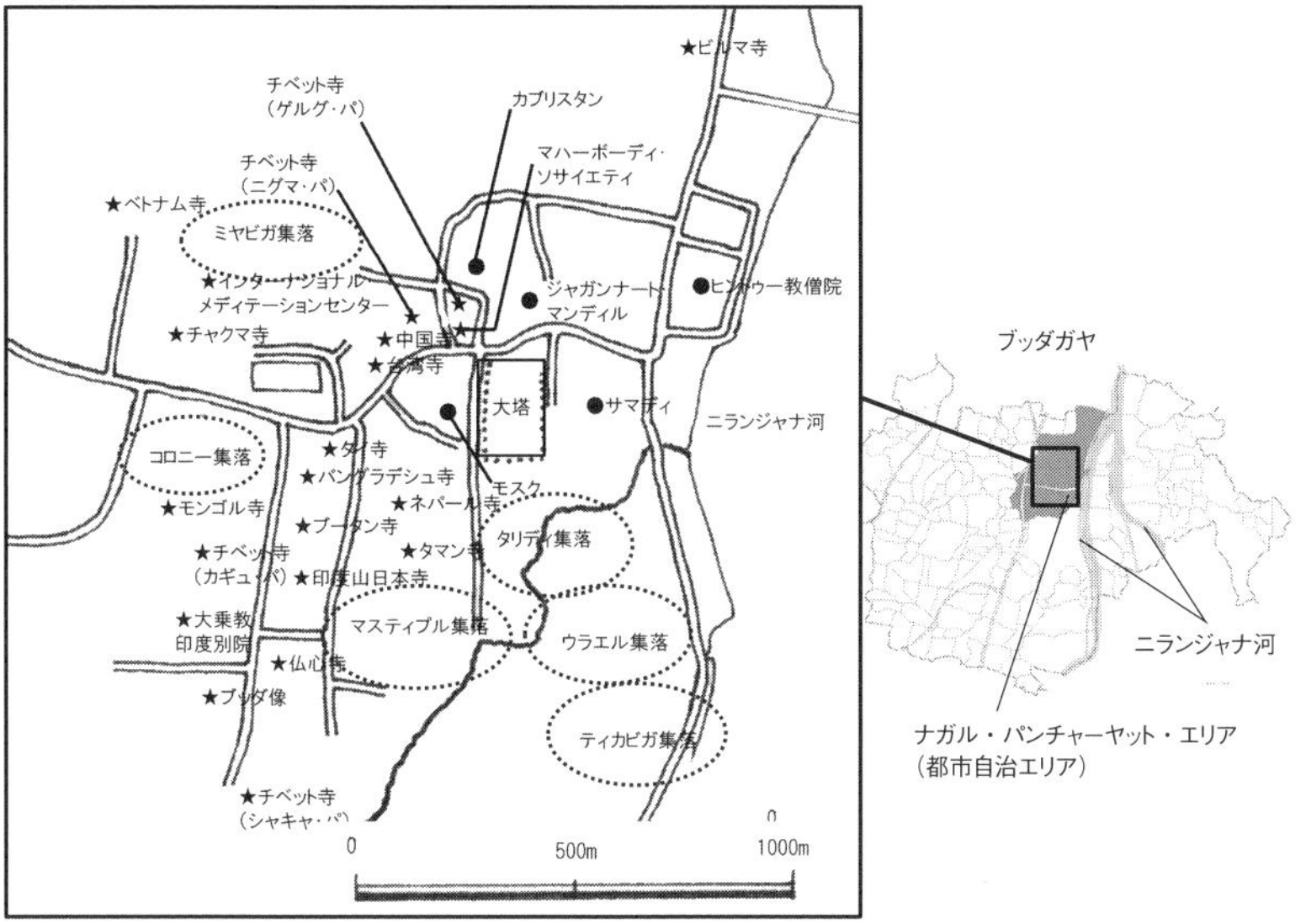

地図0-2　ブッダガヤの都市自治エリアと調査集落

さらに、もう少し述べておくと、都市自治エリアには、約三〇の集落（自然村）がある。本書が特に注目する集落は、主に大塔の周囲に位置するタリディ（Taridi）集落やウラエル（Urel）集落、ティカビガ（Thikabigha）集落、ミヤビガ（Miyabigha）集落、マスティプール（Mastipur）集落、コロニー（Colony）集落およびこうした集落出身の人々である（地図0-2参照）。

かつてこれらの集落は、ヒンドゥー教のシヴァ派の僧院（マット Math）の院長であり、かつ広大な土地を所有する地主（ザミーンダール）であったマハント[12]（Mahant）、あるいは世俗の大地主であったテカリマハラジのいずれかの土地に帰属していた。なかでも、マスティプール集落、タリディ集落、ウラエル集落、ティカビガ集落は、マハントの統制下にあった。

また、いずれの集落もほぼ指定カースト（Scheduled Castes：SC）と後進諸階級（Other Backward Classes：OBC）で構成されている。[13]「指定カースト」および「後進諸階級」はいずれも行政用語として用いられており、独立以降、国によって教育や政治面において優遇措置の対象とみなされている。[14]「指定カースト」とされる人々は、それまでアウトカーストやアンタッチャブル（不可触民）、ハリジャン（神の子）など様々に呼称され、他のカーストから不浄の者として長らく差別を被ってきた。そのため、社会的にも、経済的にも抑圧されてきた人々という位置づけがある。独立後に施行されたインド憲法において、国民の平等が謳われ、基本的人権上カースト差別は違憲とされた。そのなかで、「指定カースト」という概念が、制度上「特にその利益を保護するべき対象」として導入された（押川 一九九四：三〇八）。[15]本書では、指定カーストの人々を、「低カースト」と呼び、そして、指定カーストや指定部族を除いた後進諸階級の人々を「後進カースト」と呼んでおく。特に本書の第四章において事例として取り上げるミヤビガ集落およびマスティプール集落は、ほぼ低カーストのみによって構成されているという特徴を持っている。また、大塔に隣接するタリディ集落やウラエル集落、ティカビガ集落に関していえば、低カーストおよび後進カーストによって構成されている。なお、いずれの集落も、現在では様々なカーストが混住するようになっていることに注意したい。

ようするに、ブッダガヤという地域は、ブッダが悟りを開いた地として位置づけられ、仏教徒にとっての最大の聖地として知られているが、人口のほとんどがヒンドゥー教徒であり、あくまでヒンドゥー教社会なのである。また、ヒンドゥー教社会のなかでも、経済的かつ社会的にも恵まれない低カーストや後進カーストに属する人々が多い。[16]こうしたブッダガヤの特徴は、マハントを中心に築き上げられてきたコミュニティと切り離して論じることができない。マハントは、数の多い低カーストや後進カーストと高カーストとの間の諍いを避けることなどを理由に、僧院から半径約一〇キロメートルの範囲の土地に高カーストを住まわせなかったという。[17]さらに、インドにおける仏教は、十三世紀頃を境に衰退していたことからもわかるように、今日のように、国内外の人々からブッダガヤが

「仏教聖地」として注目を集めるのは、新しいことなのである。その意味で、ブッダガヤはそれまで、仏教を基礎とした社会ではなく、むしろヒンドゥー教を中心とする社会であるといわねばならない。

このようなブッダガヤの地域的特徴は、ブッダガヤの「聖地」再建を論じるうえで欠かせない要素である。もっとも、本書における「聖地」の再建という問題は、このような地域的条件を抜きにしては考えられない。仏教なきインドにおいて、ブッダガヤが「仏教聖地」として世界的な舞台に登場しえたのはなぜなのか、しかも仏教徒の数が著しく少なく、ヒンドゥー教徒が大半を占めるブッダガヤが、世界的な「仏教聖地」として注目されるということはどういうことなのか。こういった疑問に対する答えは、ブッダガヤに築き上げられたブッダガヤ固有のコミュニティと、大塔やその周辺の遺跡との関係を紐解くことによって初めてみえてくるはずである。

では、次に、こうした疑問に答える前に、これまでブッダガヤはどのような関心から取り上げられ、どのように論じられてきたのかについて、ブッダガヤをめぐる研究をレビューし、研究の特徴と課題を検討することにしたい。

三　ブッダガヤをめぐる先行研究とその課題

三―一　インドにおける仏教遺跡への関心

ブッダガヤを取り上げた先行研究としてまず指摘できることは、ブッダガヤはインドにおいて衰退した「仏教」への関心と合わせて注目されてきたということである。ここで「仏教」に関する研究史を詳細に振り返ることはできないが、インドにおける「仏教」は、西欧の植民地支配の過程で非西欧の宗教として注目を集めてきた。西洋における初期の仏教研究の先駆者とされるのはT・W・リス・デイヴィズ（Thomas William Rhys Davids）だといわれており[18]、数々の仏教に関する本を出版している。一九〇三年の *Buddhist India* は公刊以来、九版まで出版されている。彼の著書は中村了昭によって一九八四年に『仏教時代のインド』として翻訳されている。仏教に対する関心は、ヨーロッパやアジア各国の研究者らのインドの地への関心を駆り立て、そこでの成果が、次第に、仏教学やインド学として実を結んできた[19]。特に「仏教」に関する研究は、仏教遺跡やその建築様式、そこにほどこされた彫刻、出土した仏像や碑文、仏典、巡礼者らの巡礼記といった様々な歴史的資料に基づいた研究が多く、専門領域は仏典研究をはじめ、考古学や、仏教美術、仏教史研究など幅広い領域にまたがっている。

ブッダガヤに関する研究は、主としてこのような「仏教」に関する諸研究のなかで取り上げられてきたといっても過言ではない。日本ではすでに一八九二（明治二十五）年に河野智眼によって『印度佛跡佛陀伽耶図』が記されている。その後、逸見梅栄が一九二五（大正十四）年に『仏陀伽耶—佛教古藝術の精華—』をまとめており、その翌年には、高楠順次郎[20]らも『印度仏跡実写』を出しており、明治から大正の時代に、ブッダガヤをはじめインドにおける仏教遺跡に関心が向けられていたことがわかる。

ブッダガヤにおける仏教遺跡に関する研究は、比較的近年にも確認できる。プルーデンス・R・マイヤー（Prudence R. Myer 1958）や岩崎巳人（一九八二）、レシェコ・ジャニス（Leoshko Janice 1988）、チャクラヴァルティー（Kalyan Kumar Chakravarty 1997）、佐藤良純（二〇〇八）は、ブッダガヤにおける仏教遺跡や出土品、仏教美術について取り上げており、近年においても仏塔の考古学的、美術史的関心は失われていないことがわかる。

こうした遺跡の考古学的、美術的関心に加え、仏典をはじめとする書物に記された記述を通して、ブッダガヤに注目しようとする研究も確認できる。例えば、白石凌海は、仏教文献やプラーナ文献などのなかで取り上げられているブッダガヤについて論じている（白石 二〇〇〇）。その他にも、かつて仏教の地を訪れた中国人やチベット人によって残された旅行記や日記などの記録を手がかりにした研究がなされ、こうした文献研究と考古学的データを重ね合わせてブッダガヤが取り上げられることも少なくない。特に、中国巡礼者が残した記録はブッダガヤに関する記述において重宝されてきた（Jan Yun-hua 1996、John Guy 1991、阿部 一九九五、塚本 一九九六、北 二〇〇五など）。最も言及されるものに、三九九―四一二年頃にインドを訪れた中国僧の法顕による『法顕伝』や六二九―六四五年頃にインドを旅した中国人僧である玄奘が残した『大唐西域記』などがある。さらに、一二三四―一二四六年頃にブッダガヤの地を訪れたチベット僧のダルマスヴァーミン（Dharmasvāmin）が残した記録もまた、ブッダガヤを知る手がかりを提供する資料として重要視されてきた（桜部 一九六〇、田崎 一九九三）。彼の記録は、当時のインドにおいて仏教が衰退した事情を仏教徒の側から伝える唯一の記録として評価されており、ブッダガヤの当時の状況を知る貴重な史料として注目されている。

まず指摘できるのは、ブッダガヤを取り上げる研究は、主に仏教学や考古学、仏教美術など多岐にわたるということだ。しかし、その領域の多様性とは裏腹にこれらの研究は、例えば、ブッダガヤにおける仏教文化、その地を訪れる信者たちの動きなど、ブッダガヤの仏教の地あるいは仏教遺跡としての存在に焦点を合わしている点においては一致している。

もちろん、ブッダガヤを「聖地」として取り上げる文献もある。例えば、宗教学者である斎藤昭俊の『インド聖地考』では、悟りの地であるブッダガヤをはじめ、仏教四大聖地で知られる生誕の地、初転法輪の地、涅槃の地が取り上げられている（斎藤 一九八五）。ここでもその内容をみれば、それぞれの地の仏教遺跡や史実が議論の中心に据えられている。斎藤の著書が典型的なのだが、ブッダガヤを取り上げた文献の多くは、「仏教聖地」として取り上げる場合であっても、例外なくその議論の中心は仏教遺跡やその史実に関連したものである。つまり、ブッダガヤをはじめインドにおける仏教遺跡に、多くの研究者が関心を持ち、注目してきたということを示していると同時に、ブッダガヤがインドにおける「仏教」という括りのなかで取り上げられてきたことを意味するだろう。

三―二　憧憬の地「仏教聖地」への関心

インドの「仏教」をめぐる研究は、仏教学をはじめ多分野の専門家らの関心を集め、ブッダガヤは「仏教」という関心から取り上げられてきたが、それは何も専門的な領域に限ったことではない。ブッダガヤは、他の「仏教聖地」とともに、インドの仏教遺跡を訪れた人々によって仏教の地として紹介され、テレビや雑誌等で特集されるなど、一般的にも仏教との関連において関心が向けられてきたことがわかる。

大まかにその傾向を述べるならば、一九六〇年代頃からインドに留学した者や仏教遺跡や仏教聖地を旅した者による自身の経験を踏まえた書物が次々と出版されており、一九八〇年代になるとテレビや雑誌を通してインドの「仏教聖地」あるいは「仏教遺跡」に関連する番組が特集され、さらにその特集が出版されるという流れを辿っている。

一九六〇年代から一九八〇年代にかけて出版されたものに、平等通昭（一九六九）、佐々木捷祐（一九七二）、紀野一義（一九七五）、北山宏明（一九七八）、杉田暉道（一九七九）、宮坂宥勝（一九八〇）、北條賢三（一九八〇）、久保田展弘（一九九二）、前田行貴（一九九八）、加藤茂（一九九〇）、佐藤良純（二〇一三）などが挙げられる。ここで興味深いのは、著者がインド学や仏教学、インド哲学などの研究者や、仏教僧であることが少なくないという点である。

一九八〇年代以降になると、旅行記だけでなく、ＮＨＫによる特集番組が複数組まれたり、番組を基にした本が出版されるなど、仏教に関して広く関心が向けられていく。一九八〇年にはＮＨＫ取材班によって『永遠のガンジス』が出版されている。(21) 一九九〇年代以降になると、一九九四年二月六日にＮＨＫ放送『世界わが心の旅』、一九九八年にはＮＨＫスペシャル『ブッダ大いなる旅路』が放送されている。一九九八年のＮＨＫスペシャルは全三巻の本にまとめられた。特に、第一巻はインドを舞台にしており、ブッダに関わる仏教学、考古学、インド学、美術史の専門家らによるブッダに関する様々な見解が取り上げられている。そして、二〇〇七年には、ＮＨＫにおいて『21世紀・仏教への旅』が放送され、五木寛之によって同タイトルのインド編上下巻が放送に先立ち二〇〇六年に刊行されている。(22) もちろん、テレビ放送だけでなく、経済関連雑誌でも「仏教」に関する特集が組まれる。一九九二年には、『プレジデント』では「仏陀のこころ」が特集されており、そこではブッダが生まれてから出家し、苦行を経て悟りを開き、説法するに至るブッダの生涯を、宗教学者の山折哲雄、インド哲学者の紀野一義、作家の神坂次郎、仏教思想家のひろさちやがそれぞれ担当し、エピソードを紹介している。(23)

こういった一九六〇年代から近年に至るまでのブッダガヤに関する記述を含んだ著書の傾向から、いかにブッダガヤが「仏教」という範疇のなかで捉えられ、取り上げられてきたのかは一目瞭然である。あくまでも、ブッダガヤに対する関心は、インドにかつて存在した仏教の地であり、今にその事実を伝える仏教の遺跡でしかない、ということだ。

インドにおける仏教遺跡への関心の高さは、日本人の「インド観」「インドイメージ」を取り上げる研究からも読み取れる。例えば、日本人のインド観について論じた研究に、山折哲雄（一九七七）、応地利明（一九八四）、山崎利男・高橋満（一九九二）、彌永信美（一九九四）などが挙げられるが、彼らが一様に述べているのは、ある時期に日本人が仏教を通してインドをイメージしていたということである。もちろん、そのイメージは時代により変化している。いずれにせよ、西欧との接触以前の日本人のインド観が、中国を経て日本に伝わった「仏教」を介して築き上げられてきたことを示しており、その日本側の受容に関して、山折は著名な日本人（岡倉天心や大河周明、藤井日達など）のインドとの接点のなかからひもとき、さらに応地は日本人が天竺を描いたとする絵図を手がかりとしながら分析し、(24)そして、彌永は、西洋思想におけるインド観を一方で論じながら、東洋思想という仏教観に根ざしたインド観について捉えるのである。

こうした仏教を介したインドイメージに関して、前田行貴も類似した記述をしている。前田は、日本人にとってインドは「釈尊の国、遥かなる天竺国としてのイメージが強」く、「インドの大地には、日本人の心を支配する「ふる里的なもの」がある」（前田 一九九八：七）と述べている。ただ、前田が他の論者と異なるのは、日本人の心を支配する「ふる里的なもの」を、明示的に「仏跡地でありインドの聖地である」（同）と述べている点である。

以上のことから、日本人にとっての「インド観」は、西欧との接触によって大きく変化したとはいえ、多かれ少なかれ「仏教」という眼鏡を通して築き上げられていることがわかる。こうして日本人が築き上げたインド観は、私たちのその場所に対する関心を喚起させる布石となり、少なからず今日のブッダガヤに対して向けられる「まなざし」（インドにおける仏教や仏教遺跡に対する関心）に影響を与えていると考えられる。それは見方を変えれば、このような「まなざし」はブッダガヤをみる外側からの関心を表すものではあっても、ブッダガヤの社会や、遺跡を中心とする「聖地」再建に目を向けるものではないといわざるをえない。

三―三　「仏教聖地」における社会を論じる研究

1　ブッダガヤの大塔をめぐる緊張に関する研究

こうした特徴は、ブッダガヤにおける仏教遺跡（＝大塔）をめぐる宗教的緊張に関して取り上げる研究にも表れている。ブッダガヤにおける宗教的緊張とは、簡単にいえば、大塔をめぐって英領期に生じたスリランカのアナガーリカ・ダルマパーラ（Anagarika Dharmapala、以下ダルマパーラと表記）と当時大塔所有者であったヒンドゥー教シヴァ派の教団の僧院の院長であるマハントとの間に生じたヒンドゥー教と仏教の間の遺跡をめぐる論争である。日本でのこの事件の取り上げられ方が特徴的だといえるのは、大塔をめぐる宗教的緊張そのものが取り上げられていないからである。どちらかといえば、大塔を仏教徒に返還するよう求めたダルマパーラの活動が取り上げられてきた[25]。ダルマパーラの活動について記したものといえば、日本においては、藤吉慈海（一九九一）、佐藤良純（一九八〇、一九八八、二〇一三）、佐々木他（一九六六）、奈良康明（一九七九）が挙げられる。そこでは、ダルマパーラが一八九一年に設立したマハーボーディ・ソサエティ[26]（Mahabodhi Society）の活動やダルマパーラの生涯など、いずれも仏教徒の側の立場が取り上げられるという特徴がある。

というのも、彼らがダルマパーラの運動を通して注目しているのは、あくまでも「仏教」無きインドにおける「生きた仏教の再生」（佐々木他　一九六六：一二二）であり、「仏教復興」（奈良　一九七九）の動きなのである。つまり、大塔をめぐる宗教的緊張自体に関心があるというよりは、仏教徒による運動としての側面に光が当てられているのだ[27]。スリランカに生まれたダルマパーラは、インドに限らず、スリランカの仏教改革を行った人物であることから、スリランカの仏教や歴史研究をする研究者にも取り上げられてきた（例えば、杉本　二〇一二がある）。

また、本書と関わりがある点でいえば、独立後、一九九二年の新仏教徒による大塔の返還運動に関しても同様の特徴を指摘することができる。そもそも新仏教徒とは、インドの憲法の成立に携わった低カースト（不可触民：マハール）出身のビームラーオ・ラームジー・アンベードカル[28]（Bhimrao Ramji Ambedkar）の呼びかけで、一九五六年に仏教に集団改宗した低カーストの人々のことをいう。アンベードカルによる仏教への集団改宗の運動は、ダルマパーラの大塔返還運動に並ぶ、仏教復興の動きとして取り上げられてきた（佐藤 一九八〇、二〇一三、佐々木他 一九六六、土井 一九七六）。一九九二年の新仏教徒による大塔返還運動は、アンベードカルの死後、新たな指導者のもとで組織され、仏教徒による大規模な抗議運動として注目を集めた[29]。だがここでも、仏教徒の側に注目する文献が少なくない。

このように、日本において、ダルマパーラや新仏教徒の側に注目した議論が多く見受けられる背景には、仏教無きインドの地における「仏教の復興」の萌芽をそれらの運動にみているからにほかならない。さらに言えば新仏教徒の運動の場合、運動を率いていたのが日本人の仏教僧だということが、その活動に注目が集まる理由の一つといえるだろう。

しかし、本書の関心からいえば、こうした研究は、偏った視点にとどまるものであるといわざるをえない。そのため、大塔をめぐる宗教的緊張の事例を取り上げながらも、仏教徒の運動自体が地元の人々にとってどのように受け止められているのかといった点や、大塔やその周囲を取り巻く多様な宗教的現実や、社会との間に生じる葛藤や緊張を読み解くまでには至っていない。

こうした特徴を持った日本の研究に対し、西欧では、同じく英領期に生じたブッダガヤの大塔をめぐる宗教的緊張に関して、英領期に残された豊富な資料をもとに人類学者や宗教学者による手堅い研究が行われてきた。例えば、トレヴィシック（Trevithick 1988, 1999）やキンナード（Kinnard 1998）、コップランド（Copland 2004）の研究が挙げられる。

いずれの研究も、一八九一年にダルマパーラとマハントとの間に生じた大塔をめぐる緊張を取り上げている。特に、人類学者であるトレヴィシックは、スリランカのダルマパーラが残した書簡や裁判などの記録を手がかりとしながら、一八七四年から一九四九年にわたる両宗教の緊張の歴史的プロセスを詳細に記述している（Trevithick 1988）。一方、キンナードは、トレヴィシックと同じように、ブッダガヤの寺院論争を取り上げているが、大塔返還運動に乗り出したダルマパーラを取り巻くオリエンタリストたちの存在に注目し、彼らがダルマパーラに与えた影響を取り上げている（Kinnard 1998）。また、キンナードは、ブッダガヤを〝a multivalent sacred place〟と称し、仏教の地であると同時に、ヒンドゥー教の地として、ブッダガヤの多様な「聖地」の一端を表現しようとしている。それに対しコップランドは、両者の紛争をめぐり、英領政府の立場や介入の動きに注意を払う（Copland 2004）。

彼らの研究は、ダルマパーラの活動にフォーカスを当てる日本の研究と異なり、仏教徒とヒンドゥー教徒との宗教的緊張を取り上げ、その問題を仏教の運動の側を後押ししている西欧の影響や、当時の英領政府の関係など多角的な角度から考察を加えており、大塔をめぐるブッダガヤの多宗教的現実の一面を捉えることに成功している。こうした先行的研究は、本文で取り上げるように、独立以降の歴史的遺跡をめぐる管理体制の成立の議論とも関わる。だが、彼らの研究は、あくまで一九四九年のブッダガヤ寺院法成立に至るまでの時代に関心があり、大塔をめぐり働いた多様な関係がその管理体制を成立させるまでは論じてはいるものの、寺院管理組織成立後の「聖地」との関わりや、ブッダガヤ社会の社会的構造や経済的、政治的な仕組みを論じるまでには至っていない。

独立後の動きとしては、近年、新たな研究を確認することができる（Doyle 1997 や David 2009）。ドイルやデイヴィッドの研究は、先に述べたトレヴィシック（Trevithick 1988, 1999）やキンナード（Kinnard 1998）、コップランド（Copland 2004）と同様に、仏教的関心からブッダガヤを取り上げたのではないという意味において、日本において中心をなしてきた研究とは一線を引くものであり、また独立以降のブッダガヤを現地でのフィールド調査に基づき議論しているという意味において先の文献とは異なる。

もう少し具体的にみれば、ドイルは、大塔をめぐる宗教的緊張を取り上げているが、それは歴史的背景にすぎず、彼女は、仏教の地とされながらもヒンドゥー教と場所を共有する宗教的な地であることに関心を向けており、伝統的に受け入れられてきた双方のナラティブや儀礼などの分析を通して両宗教が織りなすブッダガヤの様相を議論している。ブッダガヤを仏教とヒンドゥー教の両宗教の側面から取り上げる彼女の議論は、本書の関心と部分的に重なるものがある。本書との違いを述べるとすれば、それはブッダガヤ社会の取り上げ方にある。ドイルはどちらかと言えば、仏教に対置させてヒンドゥー教の立場を取り上げ議論するものであり、マハントを中心とする社会構造とその変化に関しては取り上げてはいない。また、「ツーリズム」の観点からブッダガヤの調査を行っているデイヴィッドの研究は、観光地としての発展や、世界遺産をはじめとするブッダガヤの開発を取り上げるものであり、本書と重なる部分がある。だが、デイヴィッドの議論の中心はブッダガヤの観光地としての展開と開発の制度的な分析に重きがあり、ブッダガヤの社会構造的な側面との関連を論じるまでには至っていない。

2　ブッダガヤ研究の空白領域

さらに、ブッダガヤをめぐる研究には空白領域がある。その空白領域とは、一つは、先にも触れたようなブッダガヤの寺院管理に関する研究であり、もう一つはブッダガヤの社会に関する研究である。以下で述べるように、いずれもまったく言及がないわけではない。だが、その取り上げられ方は、本書の課題を考えた場合、非常に限定的なものにとどまっている。

①ブッダガヤの寺院管理に関する研究　先にみた大塔をめぐる宗教的緊張は、独立後の大塔の管理を司る組織形成に至るきっかけとなる事件という意味において重要である。大塔管理組織であるブッダガヤ寺院管理委員会（The Bodhgaya Temple Management Committee：以下ＢＴＭＣと略す）による寺院管理体制の成立に関しては、トレヴィシック（Trevithick 1988, 1999）をはじめ様々な研究者によって述べられてきた。日本においても、仏教学者である佐藤（一九八八、二〇一三）が、寺院管理制度の成立に至るなかで影響力を及ぼしたマハーボーディ・ソサエティ（大菩提会）の大塔返還を求める動きについてまとめており、寺院法の成立の歴史的背景やその管理の制度的側面に言及している。だが、佐藤（一九八八）の議論は、あくまで歴史的、制度的な面を取り上げるにとどまっていた。

寺院管理を取り上げた文献のなかには、インド国内において仏教を学びカルカッタ大学の教授であるＤ・Ｋ・バルア（Barua 1981）や記者として活躍するバネルジー（Banerjee 1994, 2000）のように、組織の活動を具体的に取り上げたものも確認できる。

とはいえ、寺院管理組織の成立から約五〇年の時が経つにもかかわらず、未だに、寺院管理のあり方やその内実に関しては新たな研究が進められているとはいいがたく、まだまだ検討の余地が残されている。バルアやバネルジーも、ＢＴＭＣの活動に関して興味深い記述を残しているとはいえ、バルア（Barua 1981）は、主として一九七〇年代、バネルジー（Banerjee 1994, 2000）は一九八〇年までの動きを中心に論じたものであり、寺院管理体制や寺院管理組織の内外に対する議論には至っていないのだ。

それに対して、ドイル（Doyle 1997）は、博士論文において、ブッダの悟りと関わる大塔周囲に点在する七か所の位置への標識（サインボード）の設置をめぐるＢＴＭＣの対応を取り上げており、仏教徒のメンバーへのインタビューを手がかりにしながら興味深い調査を行っている。この七か所とは、ブッダが菩提樹の下で悟りを開いた後に、七週間にわたり、七か所で瞑想したとされる場所のことを指す。だが、あくまで標識の設置という事柄をめぐる組織対応を取り上げるにとどまっており、寺院管理組織が対外的にどのような活動をしているのかといったことに関してはさらなる調査研究を必要としている。

②ブッダガヤにおける社会の研究　そしてもう一つ取り上げなければならないのは、ブッダガヤの社会に関する研究についてである。ブッダガヤは、仏教最大の聖地として知られ、国内外の仏教徒に尊ばれている地であるが、生活者の大半はヒンドゥー教徒でありイスラーム教徒である。こうした状況はどちらかといえば当然視されており、「仏教聖地」がヒンドゥー教徒やイスラーム教徒といった人々の生活する社会を下敷きにしながら築き上げられているにもかかわらず、これまでの研究は、ブッダガヤ社会に関する調査を行っていないし、多様な宗教的、社会的現実に十分な注意を払ってきたとはいえない。

もちろん、なかにはブッダガヤの地元の社会や人々の生活の一端に触れた文献も散見できる。例えば、インド研究者の間で古典となっている吉岡昭彦の『インドとイギリス』では、ブッダガヤの当時の地主の支配下におかれた農民の経済的状況や地主と地主を支えた土地制度について触れている。仏教遺跡や仏教の地として取り上げられることが多いブッダガヤの社会経済的側面に触れているものとして貴重である（吉岡 一九七五）。また、ＮＨＫ取材班によって書かれた『永遠のガンジス』は、ガンジス河の源流から河口へと向かうなかで、様々な都市や地域の様子や人々とのやりとりなどを取り上げているが、そのなかで、さほど多くはない紙面でブッダガヤについても触れており、一九八〇年代当時のブッダガヤについてまとめられた資料として意義深い（ＮＨＫ取材班　一九八〇）。さらに、大橋正明は、『「不可触民」と教育』のなかで、ブッダガヤを拠点に活動するＮＧＯの社会活動の歴史的活動プロセスや、教育支援について触れている（大橋　二〇〇一）。ブッダガヤの政治的、社会的バックグラウンドを踏まえ、サマンバヤ・アーシュラム[30]の活動実態を調査している。その主たる関心はブッダガヤにおいて活動するＮＧＯとその活動の成果である。ほかにも杉田暉道（一九七九、一九八〇）はブッダガヤの保健医療をとりまく同地域の社会事情について医療関係者の立場から取り上げている。だが、いずれもブッダガヤ社会について触れた数少ない文献には違いないが、ブッダガヤが「仏教聖地」としてヒンドゥー教徒を中心とする社会の上に築き上げられてきたということや、「仏教聖地」として築き上げられていくうえで、地元社会やその変化がどういった力として働いていたのか、ということに答えるものではないのだ。

以上、ブッダガヤに関する研究をみてくると、ブッダガヤを取り上げる文献は仏教的な視点に依拠した研究が殊のほか多い。その一方、ブッダガヤの大塔をはじめとする歴史的遺跡の管理組織や、その組織が成立後、どのように「聖地」再建に関わってきたのかという点や、また「仏教聖地」として注目を集める以前に築き上げられてきたヒンドゥー教徒やイスラーム教徒が生活する社会やその社会の変化が、「聖地」再建にいかなる影響を及ぼしているのかといった点をめぐる研究は手薄なのである。本書が、ブッダガヤにおいて異なる社会的、経済的利害を持った集団との関係を視野におきながら「聖地」再建を議論する理由はここにもある。

いうまでもなく、ブッダガヤに関するこれまでの研究において手薄になっているところに光を当てることはそれ自体として取り組むべき課題である。だが、そのような課題に取り組むことを含めて、本書の取り組みは、誰もが疑いなく「仏教聖地」とみなしてきたブッダガヤを、今一度そうした視点から切り離し、そもそもブッダガヤが

「聖地」として立ち現れてくるそのプロセスを捉え直すというより基本的な課題に関わっている。

冒頭で述べたように、近年各地において「聖地」をめぐり宗教的、経済的、政治的関心が改めて向けられるようになるなかで、地域によって多岐にわたる関心とそれに基づく働きかけは、「聖地」とされる地のあり方を多様な姿・形へと変貌させ、時に、大きな緊張関係へと発展させることにつながることもある。そのような状況からして、「聖地」を主としてその宗教的意義において捉えること、つまりその宗教的な由来または起源という観点から捉えることはそれ自体として意味があるとはいえ、その地のあり方を固定的で静態的なものとみなしてしまう恐れがあり、それゆえ宗教以外に「聖地」のあり方に関わり、働きかける要素を見落としかねない。その意味で、「聖地」の由来や起源をめぐって、どのような力が働いているのか、どのような緊張や葛藤、妥協が働いているのかを紐解くことが課題となる。だとすれば、ブッダ悟りの地であるから「仏教聖地」だと疑うこともなくみなされてきたブッダガヤに関しても、その地が最初から「仏教聖地」だというごくごく自明な見方に囚われることなく、ブッダガヤにおける「聖地」のあり方に接近する別の方法が求められるのではないか。そこで、注目したいのが「場所」という概念である。

次章で、改めて、これまでの「聖地」や「巡礼」に加え、「場所」をめぐる議論を取り上げ、本書の「聖地」をめぐる捉え方を示したい。

註

（1）ナショナルジオグラフィックは、カラー写真を駆使し、『いつかは行きたい一生に一度だけの旅　世界の聖地 BEST 500』を刊行している。世界各地の様々な自然の聖地や歴史的聖地の数々が紹介されている。また、「聖地」

を特集した雑誌や文献の数は、二〇〇〇年代に入って著しく増加している。CiNii において「聖地」をキーワードに検索をかけると九二二件の文献が数えられる。一九八〇年までは一〇件にも満たず、一九八〇―一九九〇年代にかけてその数は増えるものの、多くても二〇件にとどまった。ところが、二〇〇〇年を前後に四〇件を上回り、二〇一〇年前後には一〇〇件を超える。

(2) これまでに「ボードガヤー」、「ブッダガヤー」、「ブッダ・ガヤー」などと表記されてきた。インド研究者などの間では「Bodhgayā」を「ボードガヤー」、「Buddhagayā」を「ブッダガヤー」と訳しているが、一般的にはこの地が「ブッダガヤ」として紹介されることも少なくない。本書は、一般的な理解を出発点にしていることから、「ブッダガヤ」で表記を統一する。

(3) 特に、学術的な評価やメディアの力による場所への新たな意味や価値の付与、ツーリズム産業の発展、国境を超えた消費を促す市場原理への場所の組み込み、さらには国内の諸政策や諸戦略に絡み取られた資源としての場所の商品化の動きもあるだろう。

(4) 特に、「近代以前には異なる宗教が民衆レベルでは共存」することが多かったが、一九九二年インドのヒンドゥー教の聖地として知られるアヨーディヤ（Ayodhya）にイスラーム教のモスクが建てられていたことをめぐり生じたアヨーディヤ事件や、中東和平交渉において二〇〇〇年に聖地問題が顕在化したエルサレムなど、「近代以降には宗教対立が聖地問題として発現し、激化することが多くなった」との指摘がある（岸本 二〇〇四：四一二）。

(5) 金剛宝座および大塔周囲の欄干は大塔よりも起源が古く紀元二五〇年頃とされている。

(6) http://www.unesco.jp/contents/isan/standerd.html（二〇〇九年七月二十六日確認）

(7) ガヤ県は人口約三四六万人であり、ビハール州にある三七県のなかで五番目に人口の多い県である。Census of India 2001 Provisional population totals Bihar series 11

(8) 二〇〇二年にビハール州から分離し、州に昇格した。

(9) インドの地方自治体は大きく分けて農村自治体（Rural authorities: Panchayats）と都市自治体（Urban authorities: Municipalities）の二つがあり、それぞれの自治体が、各々の管轄するエリアの自治を担っている。そして、人口規模におうじて異なる名称が与えられている。ナガル・パンチャーヤットとはその一つである。

(10) Bodhagaya Population Census 2001 (http://www.census 2011.co.in/data/town/801406-bodh-gaya-bihar.html)。

(11) ちなみに、農村自治エリアを含めたブッダガヤの人口は約一八万五六三九人(Census 2001)である。ブッダガヤの総人口も増加傾向にあり、一九九一年から二〇〇一年の一〇年間に約五万人増加している(Census of India 1991 Religion Table C-9 Bihar series-5)。

(12) 通常、ヒンドゥー教の寺院の院長のことをマハンタ(Mahantha)というが、地元では、マハント(Mahant)と呼称、表記することも少なくないことから、本書では統一してマハントと表記する。

(13) 本書で取り上げる集落のほかに、ブッダガヤの都市自治エリア内の集落で聞き取り調査を行ったところ、指定カーストや後進諸階級によって構成された集落が少なくなかった。

(14) 指定カーストの人々は、公共機関や教育機関、国や州議会などにおいて一七~一八パーセントの割合で優先的に採用されるなどの措置がとられている。

(15) 指定カーストや指定部族を除く「その他の後進諸階級」は、対象基準や優遇措置に関して憲法には明示されておらず、中央政府レベルにおいて基準などをめぐって争点となってきた。一九六〇年以降になると各州レベルで教育と雇用の留保政策の実施が進んでいる。

(16) こうした地域的性格は、ビハール州やウッタル・プラデーシュ州といったヒンディーベルト地帯と称され、インドのなかでも経済的に貧困地域あるいは後進地域として知られる地域に典型的だともいいうる。

(17) H. Patty 氏、男性、年齢不明(二〇〇五年八月三十日)および P. Singh 氏、男性、五十八歳、大学教授(二〇〇五年九月十一日)へのインタビュー。

(18) 中村了昭によれば、デイヴィズは西洋研究における仏教研究の草分け的存在である。デイヴィズは十九世紀にパーリ語研究に関与し、仏教の研究に着手した後に数々の仏教に関する著書を出版している。

(19) 彌永(一九九四)は、十八世紀末から十九世紀前半にかけて西欧の関心の対象がインドの古代思想に移ったと述べている。渡辺照宏によれば、ヨーロッパにおいて仏教学やインド学が成立し、展開をみせた背景には、ヨーロッパにおいてギリシア=ラテンの古典的研究に関する方法論が確立していたということが影響しているという(渡辺一九七四)。日本の仏教学やインド学などの分野において、ヨーロッパ留学者が多いのは、ヨーロッパにおいて仏典研究が進み、仏教学やインド学の研究が進んでいたからだといえよう。

(20)　明治二十三年にイギリスに留学。マックス・ミューラー（Max Müller）に師事し、日本におけるインド哲学研究の開拓者とされる。

(21)　インドを代表する聖なる河として名高いガンジス河を上流から河口にかけて辿りながら、その周辺都市や地域を訪れ、それぞれの地でのエピソードを交えるなかで仏教の地を紹介している文献である。

(22)　『21世紀仏教への旅　インド編』（講談社、二〇〇六年）では、上下二巻にわたってインドを取り上げており、著者である五木寛之が、インドの仏教の地を旅し、ブッダの生涯のエピソードを織り込みながら、二十一世紀の成長著しいインドや仏教の地の今を取り上げたものである。

(23)　ブッダの悟りを担当する神坂は、ブッダの悟りのエピソードについて述べる一方で、日本人の訪印が「前人未到」といわれた一八八三（明治十六）年、日本人として初めてブッダガヤを訪れた北畠道龍を取り上げている。

(24)　応地（一九八四）によれば、当時の日本人は天竺を仏教的な世界観に基づき構想していた。

(25)　ブッダガヤ寺院論争としても知られる大塔をめぐる宗教論争には、当事者である仏教側の活動に日本が賛同しており、寺院購入への積極的な姿勢を示していたことから、日本との関わりから先行研究を紐解くことが求められる。

(26)　日本では大菩提会という名でも知られる。

(27)　ダルマパーラは、スリランカの仏教復興にも寄与した人物としても取り上げられる（奈良　一九七九）。また杉本はダルマパーラをプロテスタント仏教の中心人物とみている（杉本　二〇〇三）。

(28)　アンベードカルは、カースト制度というインド独特の社会的制度と、そういった伝統に縛られ、虐げられた低カーストの地位向上を目指し闘った。

(29)　日本でも新仏教徒運動とその運動を率いた佐々井秀嶺に注目した文献は少なくない（西村　一九八六、アジス　一九九四、山本　二〇〇四など）。

(30)　ヴィノーバー・バーベー（Vinoba Bhave）によって創設されたＮＧＯのことをいう。サマンバヤは「ハーモニー」、「調和」、アーシュラムは「道場」と訳される。

第一章　先行研究の検討

一　聖地論・巡礼論とその課題

一―一　「聖地」をめぐる研究の諸相

本章では、ブッダガヤの事例を紐解く前に、「聖地」および「巡礼」さらには「場所」を主題とする先行研究を検討する。まず、「聖地」をめぐる研究を確認しておこう。

「聖地のない宗教はない」（星野　一九九六：三五）、「聖地や聖書を持たない宗教」はありえない（佐藤潔人　一九八〇：一五七）と述べられていることからもわかるように、「聖地」はとりわけ宗教と深く結びついた場所として論じられてきた。例えば、イスラーム教やキリスト教、仏教といった世界宗教の聖地は、それぞれの宗教の創始者あるいは開祖した人物との関わりの深い場所が「聖地」と称されている。また創始者がはっきりせず確たる教義などを有さない民俗宗教や樹木や川、岩などを信仰するような自然宗教では、生活のなかで信仰され継承されてきたような場所や太古の自然が「聖地」とされ、なかには、奇跡的な出来事が生じたとされる場所なども また「聖地」といわれている。

「聖地」を基本的にその宗教的な内実から捉える立場の延長線上で、「聖地」は、何より、私たちが普段生活する日常的な場所や空間とは明確に異なる、もしくはかけ離れた、特別な場所や空間、地域として捉えられてきた。例えば、小田淑子（二〇〇三）は、「聖地」を、聖なるものを帯び、日常生活から区別された場所だと述べているし、藤井正雄は、「聖地」と「聖域」を区分し、「聖地」より狭い概念として「聖域」を位置づけ、「日常の俗的空間とは切り離された聖なる空間」（藤井　一九八七：二七）と定義している。吉澤五郎は、聖地の原義を「信仰または伝承によって神聖視される特定の地域」と述べている（吉澤　一九九九：六一）。星野英紀（一九九六）によれば、人類学者のプレストンは「聖地」の成立条件の一つに「精神的な磁気作用」を持つ場所を挙げている[1]。ここにみられるのは、「聖地」という場所の本質をそれに宿る宗教的な意味（聖なるもの、宗教的人物との関わりや史実など）との関係に求めるような見方である。その意味において「聖地」は、「聖なるもの」そのものであり、聖なる人物との関わりや、伝承や史実による根拠、さらには磁気作用を帯びたような、他の場所とは明らかに異なる特異な場所となる。

その観点からすれば、「聖地」をめぐるこれまでの研究が、特定の教団を取り上げ、その教団が聖なる場所とみなしている「聖地」と、その教団との関係を論じてきたことも理解できる。なるほど、この場合の「聖地」は宗教的な場所以外の何ものでもなく、その場所を信仰する教団に従属的なものであり、どちらかといえば、「聖地」をめぐる特定の教団の側に関心が向けられがちである。例えば、宗教学者の島井由紀子（一九八六）は解脱会、社会学者の森岡清美（一九八二）は立正佼成会、さらに地理学者の藤村健一（二〇〇三）は大本教団、人類学者の平山眞（二〇〇二）は大和教団というように、「聖地」は新宗教教団との関係において取り上げられてきた。ただし、これらの研究においてこうした教団と「聖地」の取り上げられ方はいずれも異なっており、島井（一九八六）は、解脱会の教祖とその信者との関係に注目し、聖地や巡礼がそれらの関係のなかで作りだされていくことをみている。

一方、森岡（一九八二）は、聖地への参詣の仕方を修行団参、記念団参、観光団参の三つに類型化し、さらに聖地を根本聖地、イベント聖地、巡礼聖地の三つに類型化することで、時代や他の宗教教団との関係のなかで教団の内外に「聖地」を創りだしていくような、「聖地」の確立過程を考察している。そこで森岡（一九八二）は聖地の確立が教団の確立の一側面をなしていることを示している。藤村（二〇〇三）は、聖地の成立とその変遷を教団と教団を取り巻く政治や社会との関係から紐解いている。そして、平山（二〇〇二）は、大和教団の聖地巡礼に関する考察を行っている。

もちろん、教団と「聖地」の関係に注目するにしても、そこに注目する理由は様々である。宗教学者の島井（一九八六）は教団内部の主導者の言説を通して、「聖なるもの」「聖なる世界」を読み取ろうとしているのに対し、社会学者の森岡（一九八二）は、教団組織を取り上げながら、「聖地」を教団と信者との結束を高めるための教団の機能的要素として捉え、「聖地」が新宗教教団の連帯を強化するために作りだした教団の戦略的装置とみなしている。さらにいえば、森岡（一九八二）は、「聖地」を訪れている人々の近代化に伴う移動手段の変化や、聖地参詣目的の変化、さらには巡礼する人々の属性の変化といったことを通して、巡礼をめぐる社会的変化を論じようとするものでもある。

同じく教団と「聖地」を取り上げるとしても、そこには少なくとも二つの研究動向、すなわち一方は「聖地」の「聖性」を捉える研究、もう一方では「聖地」ではなく教団の連帯に重きをおいている研究がみられる。

一—二　「巡礼」研究にみる「聖地」

次に取り上げられるのは、「聖地」を「巡礼」との関係において捉える研究である。特に日本における「巡礼」

は日本独自の社会的慣習の一つとして、四国八十八か所めぐりで知られる四国遍路に関する調査研究が数多く行われてきた。これまでに宗教学、民俗学、地理学、人類学、社会学など様々な分野の研究者によって研究が重ねられている。(2)

「巡礼」は一般的に、日常的な場所を一時的に離れて、聖なる場所へと向かい、再び日常に戻るという、聖なる場所と俗なる日常的な場所との往復、つまりは「聖」と「俗」の間の移動のプロセスとして捉えられてきた。例えば、星野英紀は、巡礼が「一時日常空間・時間である俗領域から離れ、非日常的時間・空間である聖領域に一時滞在して聖対象に近接し、再び元の俗領域に復帰する、という方向をと」るものであり、巡礼者は「俗から聖へそして聖から俗へという軌跡をたどる」（星野 一九八〇：九二）と述べている。ほかにも、社会学者の長田攻一・坂田正顕（一九九九）は、巡礼を「聖」と「俗」の空間的往復運動のためのチャンネル装置と述べており、民俗学者の小嶋博巳は、聖と俗の二つの空間の距離と、それを結ぶ「空間移動の過程」（小嶋 一九八七：二五六）に巡礼を捉えている。この場合、「聖地」は、「巡礼」の目的地として位置づけられている。だがなかには、仏教学者である頼富本宏（二〇〇三）のように、四国遍路の個々の札所を「点の聖性」とし、それをつなぐ遍路道は「線の聖性」と呼び、四国遍路の聖性を、部分と全体の両面からなるものとして捉えようとする見方もある。だが、多くの場合が「巡礼」を、日常的、世俗的な場所と「聖地」あるいは「聖所」との往復運動のなかに捉えている。

その一方で、「巡礼」は「宗教的儀礼」としてもみなされている。例えば、星野は、巡礼を「移動」の観点からも捉えているが、「巡礼者の聖化というプロセスをもつ移行性を中核とした儀礼構造」（星野 一九八〇：九二）を持ったものとも述べていたり、また、「日常生活を一時離れ、聖地に向かい、そこで聖なるものと近接し、ふたたび日常生活に戻る行動」（星野 一九八一：六二）とも述べている。(3) 星野の議論からも推測しうるが、「巡礼」を「移動のプロセス」とみるのか、「宗教儀礼」とみるのかをめぐっては、論者によってその重みづけは異なっている。民俗学者の小嶋は、「巡礼の文化では、礼所礼所における礼拝よりも、どちらかと言えば巡り歩くという過程そのものに重要な意味が与えられる傾向がある」（小嶋 一九八七：二五二）と述べているように、巡礼の宗教儀礼としての側面を捉えつつも、そのプロセスの方に力点をおいていることがわかる。

さて、これまでの「巡礼」をめぐる研究は、「巡礼」の捉え方を論じることがすべてではない。特に取り上げておきたいのは、近年の経済的、社会的変化のなかでの「巡礼」の変化に注目し、巡礼者の動機や今日の巡礼の実態などへの接近を試みている研究である。

吉澤五郎は、巡礼が民衆化の進展を辿るなかで、私的な癒しや利益、遊びや好奇心などへと動機が多様化し、巡礼自体が宗教的修行ではなく、世俗的な要因を巻き込みながら、複合的になっていることを指摘する（吉澤 一九九九：五五）。長田・坂田は、巡礼を、「多様な社会的エージェントが相互作用しつつ巡礼の多様な社会的意味が産出・伝承される独特の社会的行為空間を構成して」（長田・坂田 一九九九：三）いるものとみなしている。そして、現代社会における巡礼を、「巡礼者、礼所関係者、地元沿道住民、行政組織、交通・旅行関連業者、宿泊関連業者、用品関連業者、多数の社会的主体と各種の物的巡礼装置が織りなす複雑な社会過程」（同）と位置づけている。

また、日本の「遍路」と一神教を基盤に持つ西洋の「巡礼」との比較も試みられてきた。宗教学者である山折哲雄（一九八一）は、キリスト教やイスラーム教といった一神教を信仰する世界における巡礼を「聖」と「俗」の往復の形態だと述べているのに対し、四国遍路は遍路道が円を描く特徴を有しているとしている。星野（一九八〇）もまた、四国遍路の空間的な拡がり全体が「聖地」だと述べ、一神教の巡礼との違いを論じている。

これまでの巡礼をめぐる研究を「巡礼論」と呼ぶならば、巡礼論において「聖地」は「巡礼」と切り離せない関係にある。だが、「巡礼論」においては、「聖地」そのものを取り上げるというよりは、「巡礼」というプロセスや宗教的儀礼としての側面に関心が向けられており、その場合、どちらかといえば「聖地」は「巡礼」の付属物にすぎない。頼富（二〇〇三）や星野（一九八〇）のように、四国遍路を、空間的広がりを持った「聖地」として捉える研究もあるが、巡礼論の多くは「聖地」そのものを議論の中心に据えているというよりは、「聖地」を暗黙のうちに前提にしており、議論のなかに埋め込んでしまっているのだ。

一—三　「聖地」の特徴に注目する研究の傾向

こうした「聖地」を教団や「巡礼」のなかで取り上げる研究以外に、「聖地」と「巡礼」を一枚岩にみなすのではなく、「聖地」という事柄を形作る複合性や重層性からみて、そのダイナミクスに注目した研究（佐藤潔人　一九八〇、河野　一九九三ａｂ、星野　一九九六）や、「聖地」がそもそも複数の宗教によって信仰されていることを指摘する研究がある（吉澤　一九九九、杉山他　一九八〇、星野　一九九六、植島　二〇〇〇）。例えば、「聖地」の複合性や重層性に関した研究を挙げるならば、佐藤のように、「文化の空間的積層」という概念を用いながら、「聖地や聖所を特殊な場のダイナミックスとして空間論的」に把握することを試みている研究がある（佐藤潔人　一九八〇：一五七）。そのほかにも、河野眞（一九九三ａｂ）のように、西ヨーロッパのカトリック巡礼を取り上げ、サンティアゴ巡礼の歴史的盛衰を捉え、その背後にある教会側の巡礼に対する位置づけの変化などを議論する研究がある。河野は、巡礼を「時間」と「空間」に注目して議論することの必要性を論じている。また、星野（一九九六）は、時間軸と空間軸を設定し、それを枠組みとしながら、両軸のなかに聖地の「構造的複合性」を捉えようとしている。[4]星野（一九九六）は、時間軸を宗教出現以前から今日に至るまでの「聖地」の起源となる史実の重なりを議論し、空間軸を、聖所を移動する大中小の様々な規模で織りなされる巡礼の地理的な拡がりのなかで論じている(5)。

そのほかにも、歴史的資料を手がかりに「聖地」の「複合性」や「重層性」を指摘する研究もある。例えば、「聖地」が複数の宗教によって信仰されていることに注目する研究として、杉山二郎他(一九八〇)は、聖地は太古から種々の異なる聖なるものが重なり合い、重層的になっていると述べており、さらにそのような状態の「聖地」を「バームクーヘン状をなしている」と表現している。宗教学者の星野もまた、聖地が宗教伝統の聖地になる前から聖地であると同時に、周囲にも同一宗教の聖地が数多く存在し、聖地性が多重的に増強されることで、聖地として存在していると述べている(星野 一九九六：四八)。さらに吉澤も、自然宗教や民俗信仰を土台に聖地が形成されていると述べ、単一宗教の信仰の地とされていたとしても、それ以前にそもそも「聖地」が複数の宗教によって信仰されている点に注目している(吉澤 一九九九：六三)。さらに、こうした特徴が世界宗教の「聖地」においても認められる点を指摘しているのが植島啓司である。植島は、ユダヤ教、キリスト教、イスラーム教の「聖地」として知られるエルサレムも、三宗教に先立ってバハイ教やドゥールズ教など一〇〇以上の宗教の信仰の跡が認められていると述べている(植島 二〇〇〇)。

ここで取り上げた杉山他(一九八〇)や、星野(一九九六)、吉澤(一九九九)、植島(二〇〇〇)のいずれも、「聖地」が太古の時代から信仰の地として継承されていることを指摘しているのだが、彼らがそこから読み解くのは、青木保も述べているように、「聖地」の「本来的な場所の力の効果」(青木他 一九九一)であったり、「場所そのものに特別な力」(植島 二〇〇〇)があるということなのである。こうした見方は、山折他(一九九一)にも確認できる。山折他もまた、「聖地」においていくつもの宗教による信仰の跡を認め、「聖地」というものが個々の宗教を超えて信仰される場所だと述べている(山折他 一九九一：九四)。

「聖地」には個々の宗教を超えた何かが存在し、場所の持つ力があるという、「聖地」の宗教的な力に注目した研究、つまり「聖なるものの実在性」を論じた研究は、「聖地」を取り上げる研究において決して珍しくない。「聖なるもの」の実在性を重視する研究は、宗教学者であるエリアーデの「聖俗論」に精通していることが多分にある（植島 二〇〇〇、佐藤潔人 一九八〇、荒木 二〇〇一、吉澤 一九九九、小田淑子 二〇〇三などが例として挙げられる）。

エリアーデは、「聖なるもの」に関心を寄せ、「聖地」を俗なるもののうちに「聖なるものの顕現」した場所とみる。エリアーデによれば、聖なるものは俗なるものとはまったく違った何かであり、それが自ら顕れる（Eliade 1957＝一九六九）。人が聖なるものだとわかりうるのは、聖なるものが自ら顕れるからであり、しかも俗なるものとはまったく違った何かであるとわかるからである。例えば、石の聖化、「聖なる石」を考えるならば、石は石であり続けながら、石ではない何かを顕わにする。ある時、突然単なる石ではない何かを顕わにすることによって、他の石から区別される（荒木 二〇〇一：一七五）。エリアーデは、聖なるものが、俗なる世界に現れることを「ヒエロファニー」と捉え、宗教の本質的な様態であるとみなした。

このエリアーデの聖俗論に依拠した研究者は、「聖地」を「聖なるもの」が顕現している場所とみなし、われわれの手によって創造されるものではなく、「場所」自体が「聖なる力」を有しているとみている。[6] 例えば、植島（二〇〇〇）は「聖地」を、「聖」が顕現する、独特の現象が現れる場所として捉えているし、佐藤は、「聖地」を聖と俗の空間表現として捉え、「聖地」を常にヒエロファニーやテオファニーによって認識されている場所だと述べている（佐藤潔人 一九八〇：一六四）。「聖地」を捉える研究の多くは、多かれ少なかれこうした「聖地」の「聖なるもの」に対して関心を払ってきたといってよい。

先にも述べたように、いかなる宗教も必ず「聖地」を有していることを前提にした研究や、「聖地」を信仰する個人あるいは集団（教団）の研究、さらにはエリアーデの聖俗論に依拠した聖地論は、どちらかといえば「聖地」を聖なるものの顕現する場所であることを前提にしてきたし、そうでなくとも「聖地」を捉える研究は「聖地」を「聖なる地」とみなすことを当然視している。確かに、「聖地」を信奉し、何かしらご利益あるいは力が得られる所だと信じる信者にとって、そこが「聖なるもの」が顕現した宗教的な場所・空間以外の何ものでもないとみなすことは疑いようのないことかもしれない。また「聖地」の「聖なるもの」に対する関心の高さは、信者はもちろんのこと、「宗教とは何か」という根本的な命題に答えようとする宗教学はいうまでもなく「宗教」に関心を寄せる研究者たちにとって当然のことかもしれない。

しかし、「聖地」を自明視し、「聖なるもの」を絶対視する見方は、あくまで「聖地」を読み解く一つの視点にすぎない。「聖地」を取り巻く状況は刻々と変化しており、「聖地」に向けられる「まなざし」や、そこに働く力は多様なものである。特に、近年、「聖地」は、信仰を共有する人々（個人や集団）だけでなく、多様な目的を持った人々が訪れるようになるなかで、(7) 経済的な効果が期待される資源として活用され、(8) 時に集団のアイデンティティの強化を図るための政治的手段として利用されるなど、経済的、政治的意味や価値を伴い、(9) 様々な思惑や利害を異にする社会的諸主体が織りなす場になっている。

それにもかかわらず、「聖地」がまさに「聖なるもの」あるいは宗教的な意味を持つ以外の何ものでもないということを前提にした捉え方では、多様な諸主体が各々の利害とまなざしにおいて働きかける「聖地」やその結果「争点」となる「聖地」を捉えられない。言い換えれば、「聖地」をその「宗教的意味」において捉えること自体、争点としての「聖地」に関わり、働きかける諸主体の一つにほかならず、そのような特定の関心からみたものを「聖地」そのものとする捉え方では、思惑や利害を異にする諸主体に突き動かされながら、その都度、築き上げられていく「聖地」の動態を見落とすことになるだろう。

もちろん、グローバル化の只中にある「聖地」に、研究者がまったく無関心だというわけではない。「聖地」を取り上げる宗教社会学者や宗教学者らの研究のなかには、二〇〇〇年代中頃から、ツーリズムの影響に晒されている「聖地」の現状に注目し、「聖地」と「ツーリズム」との結びつきを積極的に取り上げようとする研究が現れ始める。なかでも宗教学者の山中弘は、その関係を積極的に議論していくことの重要性をたびたび指摘してきた（山中 二〇〇六、二〇〇七、二〇〇九、二〇一二ほか）。

しかし、二十世紀以降、「ツーリズム」はすでにそれほど目新しいテーマではないはずなのに、なぜ、宗教学や宗教社会学の研究者によって注目されているのだろうか。山中によれば、「聖地」へ向かう動機や「聖地」の基準も「非常に流動的で曖昧になってきている」（山中 二〇〇七：一四五）にもかかわらず、宗教を研究する宗教学者や宗教社会学者によって行われてきた研究は、「ツーリズムを正面から考えるという問題意識は希薄」であったため、宗教とツーリズムに焦点を当てるような研究の蓄積が少ないという問題があった（山中 二〇一二：四）。山中の指摘は、「聖なるもの」という宗教的・宗教学的な事柄に主眼をおき、その視点から「聖地」を取り上げてきた宗教学や宗教社会学の視点が、もはや今日の「聖地」を読み解くうえで限界にきていることを示唆している。そして、こうした実情を踏まえながら、山中は、宗教学においても、ツーリズムとの関わりのなかで「巡礼論」や「聖地論」の再検討を行っていく必要があると論じている（山中 二〇〇七：一四六、山中 二〇〇六、二〇〇九）。二〇〇七年に、日本宗教学会において組まれたテーマセッション「ツーリズム・聖地・巡礼」は、まさに、宗教学や宗教社会学の領域が「ツーリズム」という現象を軽視してきたという反省に基づき、「聖地」や「巡礼」を改めて今日的文脈のうえで議論する取り組みであったといってよい（『宗教研究』八〇（四））。そして、そのセッションは、

「ツーリズム」とますます切り離せなくなりつつある「聖地」や「巡礼」に改めて焦点を合わせ、その研究課題としての意義を確認するものであったと考えられる。その意味で、こうしたセッションの登場自体が、「聖なるもの」への関心に強く規定されてきた「聖地」をめぐる研究の新たな潮流の表れだといえよう。

そのセッションのなかで山中は、近年「聖地のもつアプリオリな聖性を否定し、それらを様々な言説の競合とせめぎ合いによる構築物として」「聖地」が捉えられるようになっていると述べている（山中 二〇〇七：一四五）。そして、実際に、日本における各地の「聖地」を事例にしながら、「聖地」と観光（ツーリズム）や地域社会との関わりが注目されつつある（森 二〇〇七、浅川 二〇〇七、松井 二〇〇七、木村 二〇〇七、平良 二〇〇七）。森悟朗は、神奈川県の江の島を取り上げ、江島神社を取り巻く環境の変化のなかで、観光開発と地域住民中心のまちづくりと神社保存をめぐって揺れ動く地域の葛藤を報告している（森 二〇〇七：一四六―一四七）。浅川泰宏は、四国遍路を観光の観点から考察を進めている（浅川 二〇〇七：一四七―一四八）。松井圭介は、長崎県のカトリック教会群を取り上げ、「聖なる空間が観光地として構築されていく様態」をツーリズムとの関わりから検討している（松井 二〇〇七：一四八―一四九）。また木村勝彦も、長崎県の教会群を取り上げるが、なかでも「長崎県の教会群を世界遺産にする会」の運動に注目し、教会群に向けられる「まなざし」の変化と教会群の文化財としての保存、地域的振興、信仰をめぐる様々なジレンマを議論している（木村 二〇〇七：一五〇―一五一）。さらに、平良直は、沖縄の首里城を事例に、「聖地」を競合の場として捉える観点から分析することで、沖縄において「聖地」として記憶されてきた場所と観光との関わりを報告している（平良 二〇〇七：一六四―一六五）。

以上のことからもうかがえるように、「ツーリズム」に注意を払った「聖地」をめぐる研究は、ツーリズムという新たな地域活性化の戦略と結びついた「聖地」の現状を捉え、自治体や国、観光業者、運動などに注目しながら、地元との間の緊張や葛藤に注目しつつある。確かに、こうした研究は、ある特定の教団内の分析や、「聖地」に向かう巡礼を儀礼として取り上げて「聖地」に接近しようとする研究とは異なり、「聖地」をめぐる多様な諸主体との関わりから捉えようとする研究に違いない。だが、こうした「ツーリズム」を意識した「聖地」研究は、地域資源をめぐる他の地域社会の研究との境界が曖昧なものとなる可能性があり、その境界を意識すればするほど、「聖なるもの」「宗教的なるもの」を研究することになりかねない。筆者は、「聖地」を論じるということが「聖なるもの」や「宗教的なるもの」を見出すことにあるものでもなければ、逆に「聖地」をはじめから地域資源以外の何ものでもないと決めつけたうえで、緊張や葛藤を取り上げて議論することでもないと考える。もちろん、「聖なるもの」や「宗教的なるもの」を「聖地」に見出そうとする人もいるだろうし、地域資源とみなす人もいるだろう。そこには緊張や葛藤が生じるだろう。重要なのは、「聖地」を論じるということが、様々な現象を伴い、緊張や葛藤を孕みながら「聖地」が立ち現れてくる過程と、思惑や利害を異にする諸主体の関係によって築き上げられていく社会的メカニズムを読み解くことにほかならず、それが「場所」として働きかけられ、その場所性において争点となり、そのなかで「聖地」として築き上げられていくことを見届けることにある。

「聖地」を主に宗教的な内実から捉える見方に対して、ツーリズムという宗教外の要素から「聖地」の現実を捉える取り組みは、いうまでもなく刺激的である。それは、「聖地」という「場所」を形作る要素が決して単純ではないという気づきに結びつくからだ。であればこそ、残る課題は鮮明である。もし「聖地」を形作るプロセスや、その要素の多元性や重層性に着目するならば、もっと積極的に「聖地」に関わっている諸要素のあり方やそれらの要素の間にみられるダイナミクスの解明に取り組むべきではないだろうか。

以下ではそのような取り組みの可能性を「場所」を題材にする諸研究を検討するなかで探ってみよう。

二 「聖地」の「場所」研究としての位置づけ

二―一 「場所」をめぐる研究動向

「場所」という概念は、都市研究者をはじめ様々な分野の研究者によって注目を集めてきた。もちろん、「聖地」を取り上げる研究においても「場所」という言葉は使用されていた(山中編 二〇〇六、二〇〇九)。あくまでもそこでは「場所」は「聖地」とされる特定の地域を指し示す「聖性を帯びた場所」としての意味において使用されている。だが、都市研究者らによって議論されてきた「場所」は、ある土地を指し示すような意味とは異なるという点において注目に値する。

上野俊哉・毛利嘉孝(二〇〇〇)は、空間(space)や場所(place)への関心が、都市研究(アーバンスタディーズ)をはじめ、人類学や地理学、経済学、哲学、社会学、メディア論の領域において、ますます大きくなっていると指摘し、町村敬志(二〇〇七)もまた場所(place)への関心が世界的に高まっていると述べている。「場所」に対する関心の高まりは、「空間」に対する理解が、グローバル化に伴う経済、社会全体の変動とともに大きく変化したことと無関係ではない。

まず、「空間」について述べておけば、「空間」に対する関心は、一九九〇年代前後から、人文、社会諸科学での都市論・都市研究の展開において高まったとされる(上野・毛利 二〇〇〇:二二三、加藤・大城 二〇〇六:ii)。日本の都市社会学においても「空間」は重要なテーマの一つとして関心を集めてきた(吉見 一九九三)。こうした動きは、一九六〇年代までシカゴ学派の影響下にあった都市研究から、一九七〇年代に入り新都市社会学が台頭すると、ルフェーヴルの『空間の生産』の再評価を起点に「空間の独自な意義」が析出され[10]、一九八〇年代後半に「空間論」が再燃するとともに生じた（吉原 一九九三：二一〇—二一五）。そこで問題視されたのは、都市社会学において支配的アプローチを築いてきた人間生態学やアーバニズム論が、いずれも「空間を自然発生的で不可避的」なものと捉え、「1つの「容器（コンテナー）」のように見なし」てきたことにあった（吉原 一九九九：二四〇）。というのも、そこでの「空間」は「そこにあるもの」あるいは「外的な環境」として、関心の対象から排除されてきたからである。

こうした反省のもと、「空間」は、単なる容器なのではなく、それ自体が生成されるような社会的なものとして捉えられるようになった（吉原 一九九九、大城 二〇〇三など）。例えば、吉見俊哉は、「もはや空間をモノが配置されるための容器とみなすことはできない」とし、「空間」が誰にとっても共通の普遍的なものとして存在するのではなく、「異なる知覚や実践、関係性に応じ、いくつもの空間が重層的に生成し、経験されているという認識から出発しなければならない」（吉見 二〇〇三）と述べている。それまで自明視されていた「空間」それ自体が問うべき主題となって登場していることがうかがえる[11]。

また、「場所」に関しても、「空間」の改変やそれに対する抵抗など様々な諸力の動きのなかで積極的に捉えられようとしている。特に「場所」は、一九七〇年代から八〇年代後半にかけて関心が向けられてきた（上野・毛利 二〇〇〇、町村 二〇〇七）。ジョン・アーリによれば、「場所」理解の変化は、この頃に「ほぼすべての場所で生じた驚くべき経済的変容」に加え、「社会諸科学のなかで同時に生じた政治経済学的アプローチの復活」によって生じたという（Urry 1995＝二〇〇三：五）。

では、「場所」という概念はどのような意味において注目されてきたのか。遠城明雄は「場所」の概念に対するアプローチの違いを、大きく三つに分けている(遠城 一九九八)。

まず、「場所」を個人や集団のアイデンティティ形成の基盤とし、日常的な経験に基づいたものとみなす人文主義地理学による「場所」概念の流れを汲むものである(遠城 一九九八:四、二一四)。この立場の「場所」が注目されたのは一九六〇年代後半から一九七〇年代とされる。一九五〇年代に「計量革命」というパラダイム転換に伴い、それまで重視された法則追求志向の「説明」という、数字の操作による「説明」からは抜け落ちてしまう「人間の生活が具体的に営まれる場所の経験」や「日常生活世界」が注目されるようになった(大城 二〇〇三:一一九、加藤・大城 二〇〇六:八九)。代表的研究者に、イーフー・トゥアンやエドワード・レルフが挙げられる。彼らが「場所」をどのように捉えているかを簡単に触れておくと、レルフ(Relph 1976＝一九九九)は、人々が日々の生活のなかで知識や経験を伴った「生きられた世界」に注目し、その一つの現象として「場所」を捉えている[12]。またトゥアン(Tuan 1977＝一九九三)は、感情や思考が複合したような人間の「感覚」や「経験」に注意を払い、それらを場所の構成要素とみている。例えば、湖という物体的なものは、写真に残すことによって、ほぼ永遠に手元にとどめることが可能であるが、「その場所の特質と、われわれとその場所の出会いの特質」は、「捉えることはできない」(Tuan 1977＝一九九三:二六二)。つまり、場所というものには、物質的なもの以上に「経験」や「感情」が付与されていると議論している。

そしてもう一つは、新都市社会学の流れを築いたマルクス主義にみられる、「場所の差異」を問題とする立場だという。この代表的な立場にデイヴィッド・ハーヴェイが挙げられる。ハーヴェイは、マニュエル・カステルと同じく、ルフェーヴルの議論にならいながら、都市空間の分析を行ったことで知られる。ルフェーヴルの『空間の生産』は、都市社会学において自明視されていた「空間」を改めて問い直す契機となり、「空間」の独自の意義に目を向けることを促してきた。そして、一九八〇年代以降の都市をめぐる議論に大きな影響を与えた。新都市社会学者として知られるハーヴェイやカステルの都市空間を紐解く議論は、「空間」を、「国家や資本によって生産され、集合的に消費されていくもの」として捉えている（吉見 一九九三）。特にハーヴェイは、一九七〇年代以降の技術革新や経済構造の世界的な変化が「時間―空間の圧縮」の進行によって、「空間」の均質化を進めるものとみなされていたのに対し、むしろ逆にそれが場所間の競争を高めると捉えていた（遠城 一九九八：二一四）。ようするに、ハーヴェイは、場所を、資本主義の展開とともに生じた空間と時間の再編のなかで、他の場所との差異化を図る過程において捉えている。こうした、マルクス主義の流れを引く「場所」とは、外部資本の移動を伴うような権力によってつくりだされるものとみなすところに議論の中心がある。その場合、外部資本や、それを動かす権力は、どこもかしこも同じような場所とみなしているのではなく、場所の微妙な特徴や差異を捉え、力を働かせているというのだ。

さらに、三つ目は、「場所の両義性」を特徴とする立場で、前述の二つの側面が「お互いが規定し合う関係」によって形成されるような特徴に関心を寄せる立場だという（遠城 一九九八：二一四）。この立場は、「場所」をどちらかの立場に依拠するような、決定論的理解に距離をおき、「個人や集団間の対立と協同を含んだ条件依存的な出来事の契機の場」（同：二一五）として捉えようとするものだと遠城は述べている。(13)「場所」の両義性については、町村（二〇〇七）も指摘している。

地理学においては、「空間」や「風景」と合わせて「場所」が「社会の再生産過程との関連においていかにしてつくりだされ、維持され、かつ解釈されているのかを問うことが、いままさに研究のひとつの潮流として現れはじめている」段階にあることがすでに指摘されている（荒山・大城 一九九八：七）。また、日本の都市社会学においても「場所」が言及されるようになっていることからもわかるように、「場所」への関心は高まりをみせつつある。だが、そこにみられる関心は、主に「空間」あるいは「場所」をめぐる理論的検討に向けられているように思われる[14]。特に、先に述べた地理学における議論でいえば、新都市社会学を構成する「空間」理論を主軸にしたような議論であるといえる[15]。とはいえ、「場所」は、こうした理論的文脈においてのみ関心を集めてきただけではなく、実証的研究からも取り上げられてきた。次に、実証研究において「場所」がどのように論じられてきたかをみておこう。

二―二 「場所」をめぐる実証研究

「場所」は、具体的な事例のなかにおいても実に多様な角度から取り上げられてきた。地理学の大城直樹（一九九八）は、「沖縄」を事例に取り上げながら、「沖縄」をめぐる諸言説や外部から作り上げられる表象とそれをめぐる抵抗や葛藤を議論している。他者によって表象される「沖縄」によって、現実の「多様性、差異性、雑多性」が隠蔽されていることを指摘する。それと同時に、本土と沖縄との間に歴史的、政治的に横たわる関係性の構図を内包しながら、表象され続けていく沖縄イメージへの抵抗や批判的立場に注目する。また、同じく地理学の遠城明雄（一九九八）は、「場所」を三つに区別しながら、博多を象徴する神事である山笠を取り上げ、町の盛衰と山笠を支える地縁集団が変化するプロセスにおいて、「博多」という場所の表象と経験との間にみられるズレを議論している。大城と遠城は、いずれも外部からの表象される「場所」と、実際に生活者によって経験されている「場所」との相違や、どういった人による表象であるのかによっても「場所」は異なるし、諸集団ごとに経験される「場所」が異なることを、具体的な事例のなかから論じている。

それに対し都市社会学の町村敬志は、都市における「たまり場」を取り上げ、場所の創出と解体の過程を議論している（町村 一九九九）。町村はそこで、「場所」をグローバル化に伴う都市の様々な活動が「差異を含んだ形で噴出してくる領域」として論じている。ここで町村は、「場所」の特質を「グローバル化とローカル化のはざまで生まれる」ものとして論じている点に一つの特徴がある。また、町村はこのように場所を議論するだけでなく、もう少し広く「場所」に関して論じており、場所性の創出に関わる過程として、消費の対象としての場所の生産にも注目している。そのなかで、「観光のまなざし」の対象として「場所」が絶えず再生産されていることや、地域の歴史や歴史的建造物などを場所の差異化のために活用し、こうした場所性が商品価値を高めるうえでの戦略のなかで用いられている例を挙げている[16]（町村 二〇〇七：二二六―二二七）。

さらに、地域研究における「場所」をめぐる議論として触れておかなければならないのは、環境社会学者による研究であろう。特に、環境社会学者によって「場所」は、歴史的環境や自然環境、景観、町並み保存といった、開発と保存を緊張の争点とするような事例を取り上げた調査研究において論じられてきた[17]。例えば、小樽運河を事例に町並み保存の運動を取り上げてきた堀川三郎の研究が挙げられる。堀川は、運河の埋め立てを伴う都市計画に反対し町並みの保存を求める運動を、都市空間をめぐる「場所性」を争点にしたものだとみている。堀川のいう「場所性」とは、そこに住む人々のアイデンティティと結びついた固有な空間であり、「画一的な都市・地域開発への対抗点」（堀川 一九九八：一二八）として提起されるものだという。

堀川のように歴史的環境（景観、町並み保存）に関する事例のほかにも、自然保護に注目する研究も少なくない。だが、そこでは必ずしも「場所」という概念を使用しているわけではない。桑子敏雄（一九九九）や関礼子（一九九九）は、「空間の履歴」という概念を用いながら、「空間」の多義性に注目する。関は「空間」が均質的なものではなく、空間を構成する地形や文化、歴史、生態系などによって評価できる価値に加え、生きる人々にとっての価値を「空間」に見出す。桑子もまた、そこに暮らす人々の文化や歴史が空間の価値を構成する要素とみなす。桑子は、空間の持つ履歴を「空間の豊かさの重要な指標」だと述べており、歴史的な出来事によって意味づけを与えられ、人々の多様な価値観を支える場だと述べている。関は、自然保護をめぐる運動の事例を通して、自然破壊を伴う開発に対する自然保護運動の反対行動ではなく、運動に携わる住民の自然に対する主体的な価値の発見や意味づけや「地域の中で歴史的・文化的に築き上げられ、個人の中に経験的に息づいている「自然との関係」」に注目している。

ところで、こうした桑子や関の「空間の履歴」の概念に対する言及は、トゥアンが述べる「場所」の議論と重なり合う。トゥアン（Tuan 1977 = 一九九三）は、空間が限定された意味を与えられることで秩序付けられ、場所に変化すると述べており、「空間の履歴」という概念自体が、トゥアンのいう「場所」の特徴を併せ持っている。それに、トゥアンやレルフは、まさに住民運動の顕在化を、「場所」をめぐる議論のなかに位置づけており、この点を考慮しても、ここで取り上げた自然環境や歴史的環境をめぐる住民運動を出発点とする研究は、「場所」をめぐる議論として読み替えることも可能であろう。

だが、「自然」や「歴史」、「町並み」「景観」をめぐる保存を争点とする現象を取り上げる研究が、「場所」論と異なるのは、彼らの議論が国家主導の開発や公共事業に対する地域住民側の反対運動の動きに注目している点にある。どちらかといえば、歴史的環境や自然環境、景観、町並みをめぐる議論は、開発という人々の生活を脅かすような開発と、それに抗っていく住民運動などの、両者の間に確認できる「価値」の相違を争点として論じられてきた[18]。いずれも、生活者としての住民が、自分たちの生きる場所あるいは空間に様々な意味や価値を再発見し、新たな意味や価値を戦略的に付与しながら、運動として開発計画に対抗していくその多様な様相を読み取ることができる。そこでの議論は、当初は「開発か」、「保存か」をめぐる争点に注目していたが、次第にその争点がそれほど単純ではないということが住民運動側の多様な運動戦略などを読み解くなかで示されるようになっている。

そのため、「歴史的環境」や町並み、景観をめぐる議論は、少なからず「国家」と「地域社会」との対立の構図を前提にしており、「運動」の生成や展開、地域再生への関心が一つの特徴となっている。それゆえ、ここでは「場所」への関心は後景に退いているといえよう。

だがなかには、「場所」への関心により接近した議論も確認できる。京都の都市景観を取り上げてきた野田浩資（二〇〇一、二〇〇〇）や奉行所復元をめぐる地元との緊張を取り上げてきた岩本通弥（二〇〇七）は、「景観」や「歴史的施設」をめぐる緊張に注目しているが、対象への切り込み方は、開発か保存かといった争点をめぐって当事者となるような国家に反対する住民運動ではない。

野田（二〇〇一）は、歴史的環境をめぐる評価、鑑定する「まなざし」に注目し、外側の視線と内側の視線の交錯に目を向けることで、そのなかで地域社会の問い直しや地域社会の再構築されていく過程を議論している。特に、野田（二〇〇〇）においては、具体的に歴史都市京都を事例にしながら、京都という都市のあり方が社会的に「構築」されていくプロセスを「景観問題」を手がかりとしながら論じている。「都市に刻まれていく歴史」を、「景観問題」をめぐる様々な「活動」が積み重なった結果であるとみなす。そして、京都という都市が、堆積している文化的な力と経済的な力がぶつかり合うなかで、意思決定のプロセスのなかに現れているものとして捉えている。野田（二〇〇一、二〇〇〇）の議論は、京都という都市自体が、様々な諸活動のなかで築き上げられていくプロセスを論じているという意味において、国家と住民という二項対立軸のなかに議論を落とし込んでしまわないところは、本書との課題と合致する。

その一方で、岩本（二〇〇七）は、奉行所復元の事業を事例にしながら、歴史的な文化財が孕む問題を指摘する。国家的な施策のもとに行われている奉行所の復元という事業は、公共事業のような開発とは異なり、日本の歴史を保存する事業である。だが、その事業は、歴史自体、地域住民の生活からはかけ離れているばかりか、外部の者（観光客）の視線によって構成された施策に基づいたものとなっている。それに対し、地元の人々の暮らしに根ざした文化活動は片隅へと追いやられていると指摘する。岩本の分析は、住民運動を中心に据えたものではないが、特徴的なのは、「開発」か「保存」かといった争点ではなく、「歴史の保存」自体が、誰の「歴史」であるかによって、地域的争点となりうることを示している。

このように、歴史的環境や自然環境、町並みなどをめぐる議論は、必ずしも「場所」という概念を使用しているわけではない。だが、戦後、日本の国家的規模で生じた開発が各地で進むなか、自覚化されていなかった「自然環境」や「歴史的環境」「町並み」などの保存と開発に対する反対運動への関心は、自分たちの「生」が刻まれた「場所」への気づきを論じるものであって、「場所」の議論以外の何ものでもないということを改めて認めることができる。

以上、地域研究として「場所」がどのように論じられてきたのかを議論してきた。「聖地」を取り上げるにあたって、本書は、様々な思惑や利害が絡み合うなかで常に変容しつつ姿を現している「場所」と、その背後の社会的関係のダイナミクスに関心を向けている。その意味で、上述の「場所」をめぐる議論は、本課題を考えるうえで様々な手がかりを提供してくれると同時に、新たな問いへと導いてくれる。例えば、日本における地域研究において論じられる「場所」は、日本社会独自のコンテクストのうえで論じられているということがみえてくる（日本の各都市や地域社会における地域盛衰や開発問題、地域再建など）。それは裏を返せば、「場所」をめぐる議論が、地域的文脈と無関係には論じることができず、むしろこうした地域的文脈に大きく依存していることを示唆している。それゆえ、「場所」を論じるうえでこうした地域的文脈に注目することが求められる。

だが、地域的文脈に目を向けたとしても、「場所」を余すことなく論じたことにはならないし、同時に様々な場所に対する異なる意味づけを持った集団を取り上げただけでは「場所」をめぐるダイナミクスを論じたことにはならない。先に取り上げた事例でいえば、大城（一九九八）や遠城（一九九八）の議論は、表象と現実を切り結ぶ議論であり、場所の多義性を指摘するものではあっても、その社会的諸主体の「場所」をめぐる関係のメカニズムを論じるまでには至っていない。ただし、遠城の議論は場所を構成する集団の多様性を指摘してはいる。だが、その集団間の関係性に至る検討までには至っていない。町村（二〇〇七）の「たまり場」の事例は「場所」を地域社会のレベルやナショナルのレベルとは異なる次元に捉え、さらに両レベルのはざまで生まれるものとみなしている意味においてそれ自体として興味深い。だが、ローカル社会の多様性や集団の多様性との関係という角度からするとまだまだ議論の余地は残されている。さらに、環境社会学者らによる議論は、「場所」をめぐる争点をクリアーに描き出しており、住民運動をはじめ、地域社会との関係において注意深く論じているといえる。だが、すでに述べたように、運動的側面に力点があり、その運動が場所に及ぼした役割に注意が注がれていることから、争点に関わる運動体や組織体に話が集中しがちだ。

いずれにせよ、「場所」をめぐるダイナミクスに接近するためには、地域的文脈と、多様な争点に注目し、さらにはそこに生じる価値判断に囚われることなく、「場所」をめぐり現れる諸主体の関係性の発生とその力学を論じられなければならないだろう。

二―三　「場所」形成の視点とその課題

以上のような「場所」に対する本書の関心からすると、「場所の形成」に対する関心を前面に打ち出したジョン・アーリの議論は注目に値する。そこで、アーリが「場所」をどのように論じようとしているのかに関して取り上げておこう。

アーリは、「場所」をすでに確立しているものとして捉えるのではなく、「他の諸組織や建物、モノや機械とのネットワーク化されたむすびつきを通して現実のものとな」り、「(再) 生産される」ような、ダイナミックなものとして論じている (Urry 2000 =二〇〇六：xiii)。こうしたアーリの議論は、先に取り上げた日本における地域研究のなかで取り上げられるような「場所」の議論と異なり、「場所」の形成を、ローカルに限定的なものとして捉えていない。どちらかといえば、日本における事例では、「場所」やその意味や価値の多義性を、ローカルに根ざしたもののなかで論じようとする傾向にある。だが、アーリは必ずしも「場所」をローカルにのみ根ざしたものとみなしているわけではなく、むしろ「場所」を「グローバルな諸過程とローカルな諸過程双方の複合的な相互連関」において議論しようとしているのである (Urry 1995 =二〇〇三：二五〇)。この指摘は、すでに「場所」の両義性に注目する理論的研究において、一般的になりつつある見解ではある。もちろん、こうした視点を、前述した研究がまったく無視しているわけではないだろう。例えば、町村敬志 (二〇〇七) の議論はまさにその双方の関係において論じようとするものであるし、ある「場所」に対して流布している言説のような、外部から地域に付与された「表象」とそれをめぐるその地域内部の緊張への注目や、国家的規模の公共事業、さらにそれらに対する反対運動などへの関心は、ナショナルな意味においての文脈とローカルな意味においての文脈の双方を論じたものだといえる。

重要なのは、グローバル／ナショナルとローカルの双方の次元があったとして、双方の関係のあり方がどれほど論じられているのか、ということである。アーリは、「あるエリアのローカルな歴史や文化が、グローバルに展開する経済や社会において、ローカルな経済発展、社会発展に利用可能となりその資源転換されていく個々独自なやり方を説明しうるのは、まさに両者の相互連関」（Urry 1995＝二〇〇三：二五〇）を紐解くことにあるとみている。とりわけ、相互連関を議論することで（資源転換をめぐる）グローバル／ナショナルとローカルの双方のやり方が説明できると述べる。確かに、先に述べた日本の研究は、いずれもナショナルとローカルの相互連関を取り上げているといえるかもしれない。だが、その相互の連関を形作る「個々独自なやり方」に注意を払うことなくして「場所の形成」の内実を十分に捉えられるだろうか。

このような、諸次元の相互連関に注目するアーリが取り上げてきた事例を振り返ってみると、アーリは、「場所」が様々な形で形成されていることをみている。例えば、人々が「まなざし」を向けるような「場所」が、日常的で慣習的なものと区別され、専門家たちによる学術的（科学的）な評価などによってしばしば創りだされる事例であったり[19]、「場所」が内在的に発見され、創りだされているような事例である。

具体的にみておけば、アーリは、何の変哲もない石であっても、そこに珍しさを示す特殊な記号（月の石）が付されることによって、多くの観光客がまなざしを向けるものとなることに注目する（Urry 1990＝一九九五：二三）。この点に関しては、トゥアンも類似の点に注目している。トゥアンによれば、人の目をひくような所ではない水たまりであっても、ひとたびミシシッピ川の水源とされ、「そのあたりの地域が公園に指定されると、そこは人々が訪れて写真を撮りたいと思う場所になる」（Tuan 1977＝一九九三：二八九）。そして、「科学者は、数多くある中から一つの水たまりを選び出して、自分達の公認の指でそれを指し示すことによって、一つの場所を創造することができる」とトゥアンは述べている（同）。

アーリやトゥアンは、ある特定の自然や歴史的な「場所」に対して「科学者」や「専門家」らの知に基づいた言説などが、場所に意味を付与し、人々の「まなざし」を集合的に向けさせるような「場所」を創りだしていることに注目している。こうして「場所」が創りだされることで、人々の移動を促すことになる。つまり、アーリの月の石の事例やトゥアンのミシシッピ川水源の事例は、「場所の形成」の一つの特徴を指摘するものだといえよう。

実際、今や手つかずの自然、悠久の太古の歴史、地域独自に培われ維持されてきた伝統、失われつつあり保存・保護されなければならないとされる数々の自然環境や歴史的環境などが、科学的、史実的な資料やデータをもとに測定、評価され、専門家によるお墨付きを得て、戦略的に利用されている。[20] こうして、ある所が、それまでとは異なる「場所」として立ち現れてくる。こうした議論の特徴は、歴史的遺産の事例においても読み取れる。アーリが取り上げる歴史的遺産の事例は、近代資本主義を象徴し近代化を牽引してきた産業がその役割を終え、遺棄されていたにもかかわらず、その場所が、再評価され、「近代の遺産」という新たな場所として再び光が当てられていく動きを捉えている。つまり、新たな「場所」としての登場を議論しているのだ。

さらにこの歴史的遺産の事例に関していえば、アーリは、地元の人々が自分たちの記憶を発見し、さらにそれを保存しようとしている運動のプロセスのなかに、場所の形成を論じようとしている。アーリは『観光のまなざし』（Urry 1990＝一九九五）と『場所を消費する』（Urry 1995＝二〇〇三）の二冊の著書のなかで、ヒューイスンの *The Heritage Industry* の歴史的遺産の保存、保護をめぐる議論を批判的に取り上げている。ヒューイスンは、かつて隆盛を極めたイギリスの鉄鋼などの産業が陰りをみせる一方で、それらの産業遺産の保存・保護が勢いづくなか、イギリス北東部に再建されたビーミッシュ（光が丘）を取り上げる。ヒューイスンは、この地域の事例から、かつての繁栄の象徴である数々の遺産となった建物が田園地域に持ち込まれ再建されることが、「魅力ある世界」の再創造を意味する一方で、北東部の人々の暮らしが破壊されていることを問題にした（Hewison 1987: 95）。

それに対し、アーリは地元の炭坑夫らの記憶の保存によって実現したウェールズの炭坑の保存の例などを挙げ、ヒューイスンが問題とする議論は、あくまで歴史的遺産という過去のモノの保存にすぎず、遺産を保存しようとする運動の底流にある大衆的基盤を無視していると批判している（Urry 1990 ＝一九九五：一九七）。アーリによれば、ヒューイスンは「モノ」の保存に焦点があり、「記憶の保存」という論点を見落としているというのだ。また、アーリは、ヒューイスンの遺産をめぐる議論を踏まえ、産業遺産をめぐる問題が実のところ「建物を含む一連の人工遺物を訪問客に見せたり、そうした人工遺物をめぐって形成される生活様式を視覚化させようとする際に、視覚化に重きが置かれることに起因して、文化遺産の歴史が歪められてしまう」だけでなく、「そこでは一切の社会的経験は取るに足らないものにされ、周辺に追いやられてしまう」ことにあるとしている（Urry 1995 ＝二〇〇三：二六五）。アーリによれば、歴史的遺産が特定の歴史に対する評価に基づき、視覚化することを目的に保存されているとするならば、それは、ある特定の歴史が切り取られることにほかならず、その選択から抜け落ちた歴史、とりわけ人々がその場所に刻みこんできた記憶を見落としかねないという。

こうして、ヒューイスンとアーリの歴史的遺産をめぐる議論からみえてくるのは、「場所」が、「場所なき権力」によって作りだされることもあれば、そこに住む生活者の記憶を手がかりに彼ら自身の手によって作りだされることもあるということだ。ここに、「場所の形成」の過程でもたらされる歴史と記憶をめぐる選択と排除の問題と、「場所の形成」の、先とは異なるもう一つの特徴を読み取ることができる。

アーリの取り組みには「場所の形成」と、人種的、民族的多様性の問題をつなぎうるような議論の可能性が読み取れる。それは、アーリが歴史的遺産の事例のなかで指摘する「過去を保存すべきか、すべきでないかということではなく、どのような過去を選んでそれを保存するのか」（Urry 1990＝一九九五：一九五）、「誰の歴史が表象されるべきか、また誰の歴史がパッケージ化され商品化されるべきか」（Urry 1995＝二〇〇三：二七五）といった言葉に表れている。このような「誰が、どういった場所（歴史）を問い直しているのか」といった指摘に、多様な個人や集団の存在を考える余地を与えている。まとめれば、アーリの議論は、ある権力を持った主体が場所の形成を担いうる場合もあれば、地元の人々が場所の形成を担いうることを示している。さらに地元の人々のなかからも民族や階層、宗教、ジェンダーといった多様な属性の異なる個人や集団が場所の形成を担いうる可能性を内包している。こういった多様な担い手が、権力と結びつくことによって新たな担い手となりうる可能性もあるのだ。こうした「場所」をめぐる議論にこそ、「聖地」の内実とその様相を描く手がかりがあるのではないだろうか。

三　「聖地」をいかに捉えるか？

以上、「聖地」や「巡礼」および「場所」をめぐる研究を取り上げてきた。本書では、「聖地」を論じるにあたって、「聖地」を特定の宗教の観点から取り上げる視点、「聖地」を宗教的な場所以外の何ものでもないとする視点、さらには「聖地」が「聖地」である所以をそれが位置する「地域社会」だけに求めるような視点はとらない。というのも、このような還元論的な視点では「聖地」が静態的で、固定的なものとして捉えられがちだからである。むしろ、「聖地」とは、様々な思惑や利害を持った個人や集団によって働きかけられ、問い直されるなか、様々な緊張を伴いながら現れる動態的なものである。そこにみられるのは、「聖地」という「場所性」、つまりそのあり方（あるべき姿）をめぐって位相の異なる内外の諸主体が各々の戦略に基づき、対立し、妥協しつつ絡み合うなかで紡ぎ出される「聖地」にほかならない。

「聖地」をはじめからそこにあった実体としてではなく社会的な関係から築き上げられるものとする見方からして、「場所」という概念は示唆に富む。「場所」という概念は、「聖地」を宗教的な場所以外の何ものでもないかのように捉える見方から「聖地」を切り離し、宗教の枠組みに還元論的に囚われずに「聖地」が立ち現れていく動態を読み解く手がかりになる。つまり、「場所」概念は、「聖地」を純粋で混じりけのない信仰の地として一枚岩だとする見方を相対化し、思惑や利害の異なる諸主体が交錯するなか、様々な形で問い直され、争点となって、諸主体のせめぎ合いから立ち現れるプロセスを捉える視点を与える。

特に、このような「場所」概念の社会学的意義は、インド・ブッダガヤにおいて、「仏教聖地」が築き上げられていくプロセスを読み解くうえで有効だと考える。なぜなら、ブッダガヤがインドにおける仏教衰退によって長らく闇に葬られていた状態から今日改めて「仏教聖地」として築き上げられるプロセスには、ある意味極々自明な出来事、すなわち「仏教聖地」として築き上げられた遺跡が一度は忘れられるも、再び「仏教聖地」として蘇るという物語では到底片付けられない複雑かつ多岐にわたる諸要因の絡み合いからなる再建のダイナミクスが働いているからであり、そのダイナミクスにこそ、ブッダガヤの遺跡およびその周辺がブッダガヤに固有な仕方において「聖地」として再建される内実が存在するからである。

現に、ブッダガヤが「忘れられた」状態から「仏教聖地」として再建されるといっても、それは何もその地に、人々の生活に根ざした社会的世界が存在しないというわけではない。ブッダガヤの遺跡群がその仏教的価値において改めて人の関心を集めるはるか以前からその地にはヒンドゥー教中心の社会が根付いている。たとえ、ブッダガヤの遺跡群をその仏教的起源を根拠に「仏教聖地」として再建するにしても、そこにはその遺跡群と地元の人々のつながり方をどう理解し、処理すべきか、という問題が直ちに浮かび上がる。遺跡そのものの再建に重点をおくユネスコの立場はともかく、はたしてブッダガヤを混じりけのない純粋な「仏教聖地」として再建することはできるのだろうか（あるいは再建すべきであろうか）。加えて、その遺跡の修復にイスラーム教の人々が携わっていて、それが当時の英領政府と地元のヒンドゥー教社会の兼ね合いに基づいて図られたとすれば、ブッダガヤがいかなる意味で、いかなる幅や深さにおいて「仏教聖地」、さらには「聖地」であるかという問いは、もはや簡単に答えられるものではない。

以上の点を踏まえ、本書では、「聖地」を任意の関心または利害に限定して捉える視点をとるよりは、「聖地」がすなわちその「場所性」において多様な思惑や利害から問われ、争われるなかで「聖地」として紡ぎ出されていく「場所」としてみられ・働きかけられる様子（ブッダガヤがどのような「場所」で、どのような「場所」であるべきか）、様子を注視して捉えていきたい。そして具体的には、第一に、はじめから実体としてあらかじめ与えられた何かとしての「聖地」ではなく、その都度どのような思惑や利害の異なる諸主体が各々の戦略のなかで絡み合い、どういった「聖地」が築き上げられているのか。第二に、ブッダガヤの「聖地」に働きかける各々の主体が、どのような社会的条件から、どのようなまなざし・戦略を持ってブッダガヤに働きかけるのかを問うこととした。かりに、ブッダガヤに遺跡群が存在するという事態だけで（すなわちブッダガヤがどのような「場所」で、どのような「場所」であるべきかという意味で、ブッダガヤの「場所性」に関わる諸主体と無関係に）ブッダガヤが「聖地」であるのではないとするならば、ブッダガヤにおける遺跡およびその周辺に対する諸主体の現れやその各々のあり方（ブッダガヤに対するまなざしや戦略）もまたブッダガヤが（単に遺跡が散在する地から）「聖地」へと変容する過程からの影響を抜きにしては考えられない。ブッダガヤが「聖地」として形作られていくことは、その過程においてどのような主体がどのようなあり方で形成され登場してくるのか（＝当事者化）を問うことと別ではない。ほかでもなくその両方が絡み合い互いに影響し合う様子を具体的な諸局面において捉えることに本書の課題がある。

註

（1）星野は、J・プレストンが聖地の成立条件として挙げている四つの要素（奇跡的な病気治癒、超自然的存在の出現がある場所、地形的に聖なる感情を起こさせるような特徴を持つこと、簡単には近づけない場所）に加え、民族的国家的アイデンティティの確立や聖遺物の存在を挙げている（星野 一九九六：三五）。

（2）遍路の社会学的研究としては、前田卓が一九七〇年に『巡礼の社会学』を刊行しており、四国遍路を取り上げている。その後、社会学において遍路を取り上げた研究としては、早稲田大学の長田攻一や坂田正顕による、「現代四国遍路の社会学的実証研究」（一九九九）がある。宗教学では、星野（一九八〇、二〇〇一）、民俗学では小嶋（一九八七）、仏教学では頼富（二〇〇三）など、最近では、人類学者である浅川（二〇〇八）が巡礼者を接待する側に注目した研究を行っている。このように、多様な領域の研究者によって四国遍路が取り上げられている。

（3）後者の星野による巡礼の定義は、長田・坂田（一九九九）や小田（一九八九）においても参照されてきた。

（4）しかし、星野（一九九六）は、時間軸と空間軸という軸を設定し議論をしているが、時間と空間の間に何かしらの関連性を見出すものではない。

（5）「聖地」を「聖地」へ向かう巡礼の軌跡を通して空間的に捉えようとする研究は、先述した巡礼研究に確認できる。

（6）チデスターは、このような立場にある見解を実体的主義的見解として位置づけている（Chidester & Linenthal 1995）。また、宗教地理学者である中川正（二〇〇三）は、この立場を「聖地」の実在論的立場に位置づけている。

（7）「聖地」に対する関心は、ネットや雑誌などの情報媒体上においても、各地の聖地での巡礼者の増加という意味においても世界的に高まりをみせており、「聖地」を取り巻く社会的状況が大きく変化している。
（8）国内外の国家的諸政策などによって、国境を超えた消費行動を伴ったツーリズムが促進されるなかで、「聖地」もまた商品化され、市場経済のなかに組み込まれている。
（9）例えばこうした「聖地」の様相は、松井圭介が、「聖地」について、宗教的な価値にとどまらず、文化的、歴史的遺産としての価値や、地域の有力な観光資源として高い経済的価値を有することも少なくないと述べている（松井 二〇〇三：三七）ことにも通ずるだろう。
（10）ルフェーヴルのいう表象空間への注目は、それまでの「空間」に対する認識に、支配的なパラダイムに対する生きられた空間の重要性を示唆した。ルフェーヴルの議論は、その後のカルチュラル・スタディーズにも影響を与えたとされる。
（11）上野・毛利（二〇〇〇）や大城（二〇〇三）は、人文科学や社会科学での「空間」をめぐる顕著な関心の高揚を「空間論的転回」と呼んでいる。特に、大城によれば、「空間」の地位の「理論的領域での再発見ないしは回復」のことをいう（大城 二〇〇三：一一一―一一二）。
（12）「場所の意味は、物質的な背景や物体と人間の活動に根差すかもしれないが、そうしたものの属性ではな」く、「むしろ人間の意図と経験の属性」だと述べている（Relph 1976 = 一九九九：一二四）。
（13）遠城（一九九八）は、この立場としてプレッド（Pred 1984）やロジャーズ（Rogers 1989）、マッシー（Massey 1993）を参照している。
（14）似田貝・矢澤・吉原（二〇〇六）、吉原編（一九九三）、吉原（二〇〇二、二〇〇八）、藤田・吉原（一九九九）、若林（一九九六）など。
（15）では、「場所」概念に注目し「聖地」を論じる本書は、こうした理論的文脈にどう位置づくのか。次に問われなければならないのはこの点だろう。だが、本書においてこうした「場所」をめぐる理論的文脈における位置づけについての検討は今後の課題としたい。
（16）場所性をどのように捉えるかについては論者によって異なる。町村（二〇〇七）は、地域が持っている個性的な特徴を「場所性」と呼んでいる。吉原直樹は、場所性を、「実在する空間、すなわち経験的空間として考えられるべきもの」で、ヒト、モノ、コトといった様々な要素によって規定されるものとして捉えている（吉原　一九九九：二四五）。

（17）歴史的環境の保護と開発をめぐる争点を取り上げた研究は「場所」を論じるものばかりではない。例えば木原啓吉（一九八二）は、日本における町並みをめぐる開発と保存の争点を取り上げてはいるものの、「場所」という言葉を使用してはいない。また、富野暉一郎（二〇〇二）も中央集権的な開発計画と住民運動の間の地域的緊張を取り上げてはいるが、そこで「場所」という言葉が鍵となっているわけではない。

（18）その相違とは、経済的、効率的価値に重きをおくような価値であり、人々の生活に重きをおくような価値である。

（19）学術的（科学的）評価は、場所の創造だけでなく、場所を保存・保護するうえでも重要である。野田は、「保存」への訴えに「客観的」根拠をもたせようとするための主張の形態」として学術的評価を挙げている（野田　二〇〇一：二〇九）。

（20）特に、世界遺産は最たる例といえよう。遺跡を近代の開発や、戦争の惨禍といった危険から救い、人類普遍の遺跡、自然環境を国際的に守るという意図・理念から登場した世界遺産制度は広く知られている。世界遺産の登録は、価値ある遺産の保存・保護や伝統の維持にとって重要なだけでなく、そういった場所の市場価値にもつながるブランドともなっている。外貨獲得、現地の経済活性化、人々の収入向上などの資源として、自国に埋もれた遺跡や豊かな自然環境に注目し世界遺産登録を求める動きは、各地で見受けられる。世界遺産は、国家的関心事であると同時に、それを有する地方自治体の地域活性化の重要資源であり、さらには観光業者による観光戦略の要となる。

第二章　忘れられた「仏教聖地」の蘇生

一　はじめに

ブッダガヤは仏教最大の聖地として知られる。今日、その地は仏教創始者であるブッダ（釈迦）が悟りを開いた地として、ブッダを尊び、仏教を信ずる者たちや信仰をもとに訪れる巡礼者のみならず、国や地域を超えて、そこに散在する遺跡の持つ文化的、歴史的な価値に惹かれた人々の称賛と関心の的になっている。と同時に、ブッダガヤは、とりわけ大塔や金剛宝座といった歴史的遺跡の周囲において、今現在祈りが捧げられ、宗教的な儀礼を執り行う場所でもある。

しかし、ここで一つ疑問が浮かび上がる。はたしてブッダガヤが今日人々を惹きつけるその「場所の意味」は、ブッダが二五五〇年以上も昔にこの地で悟りを開き、それを記念して大塔が建立されて以来変わらず今日に至っているのだろうか。確かに、仏教の歴史は久しく知られており、現に世界宗教の一つとなっている。だが、インドにおいて仏教ゆかりの地としてのブッダガヤが「忘れられた地」と化していたことも否めない。このような史実に基づいていえば、ブッダガヤが世界の舞台に登場した歴史は決して長くはない。とするならば、仏教がインドにおいて衰退するなかで、仏教の地としての意味が剝ぎ取られていた場所が、どのように「仏教聖地」として（再び）姿を現すことになったのだろうか。ここでは、ブッダガヤが「仏教聖地」であるということが決して最初から自明な事実であったわけではないことを示し、仏教衰退とともに忘れられていた地が「場所」の意味を取り戻していく過程を議論していく。

二　姿を消す仏教と忘れられた「仏教聖地」――インドにおける仏教の盛衰

二―一　インドにおける仏教の繁栄

今から二五五〇年以上も昔に、仏教創始者であるブッダはブッダガヤの地において悟りを開いた。このブッダの教えは、ブッダの死後、弟子たちによって整理され、聖典としてまとめられていく。聖典の成立経緯を辿ることは困難とされているが、アショーカ王が統一国家を築いた紀元前三世紀頃には、多くの経典が存在していたとされる（渡辺 一九七四：一四七）。紀元前二六〇年頃に即位するアショーカ王は、熱心な仏教帰依者となると同時に、仏教教団（サンガ）を保護した。こうした仏教教団の保護によって、教団は発展し、仏教聖典の編集や整備がさらに進むなど、仏教は大いに発展することになった。

インド史上最大の帝国を築いたというアショーカ王は、自身も仏教に帰依するとともに、仏教の思想に基づいた法（ダルマ）を社会道徳とし、それに基づき国を統治することを目指した。その際、アショーカ王は、法による統治理念などを岩石や石柱に刻み、各地の要衝に設置するなど、仏教の宣教活動を行った。そして、八万四〇〇〇の仏塔を建立し、仏跡の巡礼を行い、さらには仏教の伝道の援助にも携わっている。その後も仏教は、紀元前一二八年に即位したカニシカ（Kanishka）王や六〇〇年代に即位したハルシャ（Harsha）王など、王からの援助を受ける

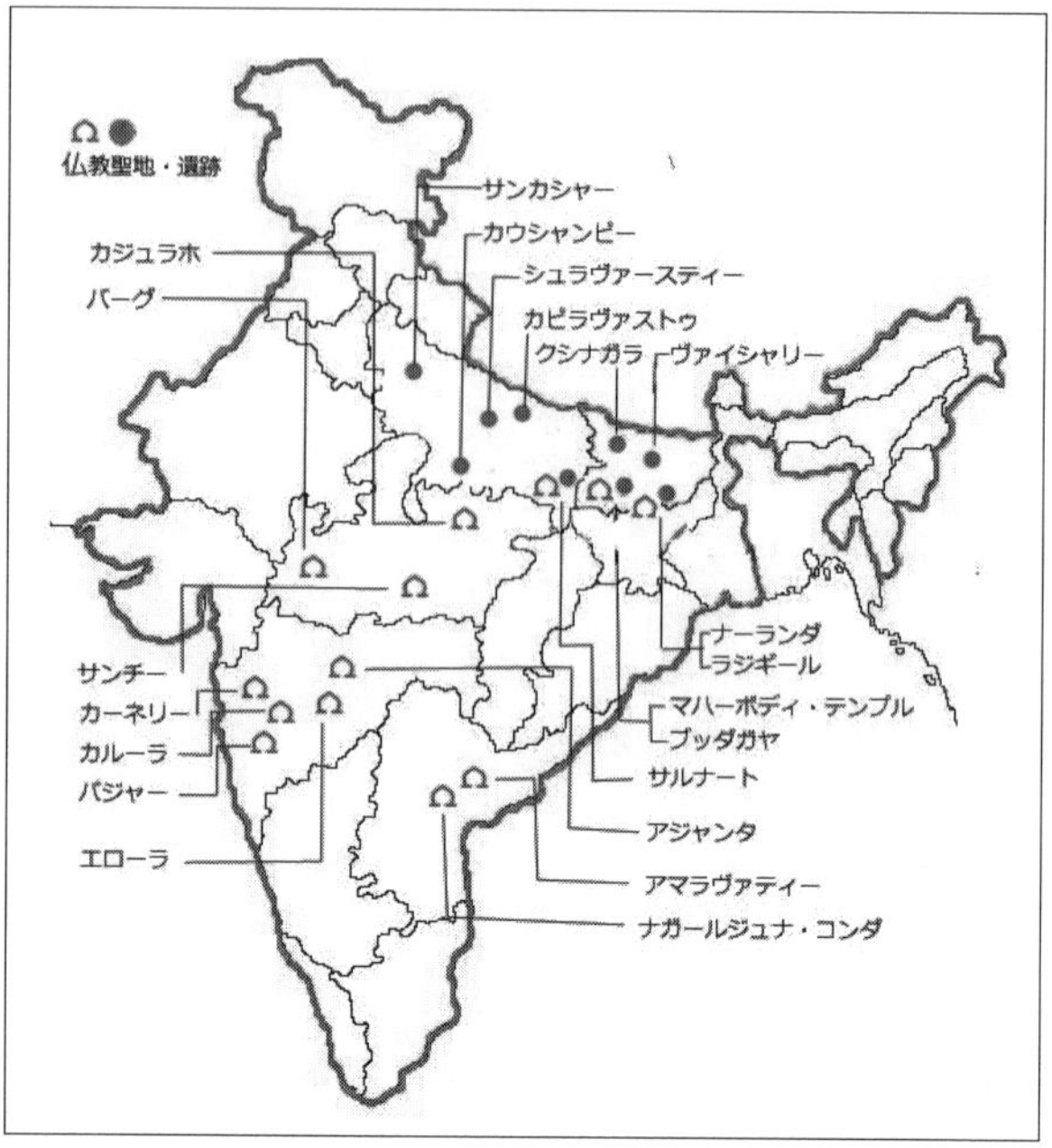

地図2－1　仏教遺跡と聖地の分布

ことで繁栄した。『法顕伝』[1]を残した中国僧の法顕が五世紀初頭にインドを訪れた際に、仏教が栄えていた当時のインドの様子を伝えている。

また、各地に仏教が広がっていたことは、点在する仏教遺跡の存在からも浮かび上がる。特に、北インドのウッタル・プラデーシュ州やビハール州を横切るガンジス河流域には、ブッダとの関わりの深い場所が点在している。例えば、ブッダガヤでは、アショーカ王によって作られたとされる金剛宝座が発見されているし、ブッダの生誕の地であるルンビニーや、初めて説法を行った地であるサルナートでもアショーカ王の石柱が発見されている。ビハール州は、州の名が僧院＝ビハーラに由来しており、またビハール州を仏教の「ホームグラウンド」と呼ぶ者もいるように、仏教との結びつきは深い。

なかでも、ブッダ生誕の地とされるルンビニー（ネパール）、悟りの地であるブッダガヤ、初めて説法（初転法輪）を行った地であるサルナート、涅槃の地であるクシナガラは、仏教「四大聖地」として知られ、尊ばれている。

さらに、ブッダが長期にわたって滞在し、教化活動を行った「シュラーヴァスティー」「ラジギール」「ヴァイシャリー」「カピラヴァストゥ」などは仏教の地として名高い地域である。

二―二　衰退する仏教――遺棄される「仏教聖地」

しかし、アショーカ王の時代に法（ダルマ）によるインド統一が目指され、仏教は発展したにもかかわらず、十三世紀頃になると、仏教徒の大半がインドから姿を消すことになった。七世紀前半にインドを旅行した中国人僧である玄奘（六〇二―六六四）が訪れたときにはすでに仏教の衰退は始まっており、八世紀初頭になるとかなり衰退が進んでいたことが中国人僧、義浄（六三五―七一三）によって伝えられている（中村 一九九八：五四九）。

ブッダガヤに関しても十三世紀頃、仏教衰退の只中にあったことが指摘されている（桜部 一九六〇、佐藤 一九八八、田崎 一九九三）。ブッダガヤの当時の様子は、一二三四―一二三六年にブッダガヤやナーランダを訪れたチベット人僧侶のダルマスヴァーミン（Dharmasvāmin）が伝えていた。彼の記録は、インドにおける仏教衰退の様子を捉えているとして注目された[2]。ダルマスヴァーミンは、一二三四年七月から十月頃にブッダガヤを訪れ、その当時、ブッダガヤに「住する僧侶は四名のみ、しかもトルシュカの兵来る、の報に全員が北に逃れ、一七日の後にようやく兵が去って大塔に戻り得た」（佐藤 一九八八：一二一）と記録し、大塔に常駐する仏教僧の存在を伝えている。そして、異教徒によって大塔の仏像が破壊されないように、煉瓦で門をふさいだり漆喰を塗り重ね、偽物の像を設置するなどの策が講じられていた様子も記録していた（田崎 一九九三：七三）。ダルマスヴァーミンは、十三世紀以降、ブッダガヤが仏教徒の活動の中心地ではなくなり、忘れられていく様を捉えている（Trevithick 1999: 636）。

また、大塔の修復を記す記録からも、仏教徒との関わりが途絶え、インドにおける仏教の衰退が読み取れる。大塔周囲に残された遺物からは、大塔を訪れた仏教徒が修復に携わったことを記した記録がみられる。特に、その記録は、ビルマの人々がたびたび修復に携わっていたことを伝えている。[3] だが、記録を辿ると、大塔の修復に関する記録は一三〇六年にビルマの王によって行われたのを最後に残されていないという（Banerjee 2000: 127）。この頃を境に、仏教徒との関わりが途絶えたことがうかがえる。

このように、仏教発祥地であるインドにおける仏教は、十三世紀初頭に衰退に拍車がかかることで姿を消すことになる。[4] この頃からインドは「仏教の空白の時代」（佐々木他 一九六六）を迎える。そのうえ、インドにおける仏教衰退の事実は、仏教徒が発祥の地から姿を消したということだけにとどまらない。仏教衰退とともに「仏教聖地」とされる地をはじめ、仏教所縁の地が「忘れられた」ということでもある。それも、仏教徒に「忘れられた」という認知的意味だけではない。仏教の地に建立された建造物は、形をとどめていないものがほとんどで、仏教の地であることすら特定できない状態にあった。それゆえ、「忘れられた」ということは、仏教の地としての意味を失い、実態としても忘れられていたことに注意しなければならない。

先にも述べたように、仏教隆盛期にインド各地に建立された仏塔や僧院などの仏教建造物は、異教徒による侵略の過程で破壊されたり、仏教徒に遺棄され、長年の風雨やたび重なる自然災害に晒されることで、崩れ去り、土に埋もれ、往時の姿をとどめているものはほとんどなかった。[5] 例えば、生誕の地ルンビニーは、地震や洪水、さらには干ばつや飢饉といった自然災害に幾度も遭遇し、その場所は十九世紀末まで特定されていなかった（Bidari 2004＝二〇〇六：一三七）。ブッダが最初に説法を行った地として知られるサルナートに建てられていたとされる僧院は、六〇〇年代に一五〇〇〇人の僧侶が学んでいたと中国僧の玄奘が記録しているが、十二世紀にはイスラーム教徒に破壊されたとされる。涅槃の地とされるクシナガラは、一八八〇年代に発見されるまで世界的にも知られておらずジャングルのなかにあった。[6] そして、ブッダがたびたび訪れたとされるかつての商業都市ヴァイシャリーにある遺跡の一帯は、大部分が地中に埋まり、アショーカ王の石柱の頭のみが地上に顔を出していたにすぎない状態であった。[7] さらに、ブッダガヤの大塔も、基底部分の発掘が行われるまでは埋まっていた。大塔自体も朽ち果て、煉瓦造りの建造物が全体的に崩れ落ち、ところどころ雑草が顔を出しているような惨憺たる状況が、英領期に撮られた写真に記録されている。

「仏教聖地」として知られる場所は、今でこそ多くの国内外の人々を惹きつけている。だが、その多くは、建造物の存在を推測しうる跡は残るが、完全な姿や形をとどめているものはほとんどない。つまり「仏教聖地」は、エドワード・レルフの言い方を借りれば、「元々の意味をはぎ取られ」「死んでしまった場所」となってしまったのである[8]（Relph 1999＝二〇〇四：八八）。

ここで、「場所の意味」という観点から確認しておくべきことがある。それは、ブッダガヤの場合、物理的な意味において大塔は建造物の一部が地中に埋まり[9]、全体的に荒廃が進んではいたが[10]、大きな崩壊を免れているような状態ではあった。それゆえ、他の「仏教聖地」や仏教遺跡とは異なる。

だが、大塔が物理的にその姿をとどめていたからといって、仏教の地としての意味まで失わずにいたわけではない。むしろ、「仏教の地」としての性格はすでに失っており、「忘れられた地」であったといわなければならない。

ではここでいうように、ブッダガヤが、「忘れられた地」となったことは、それが人々の生活とは無縁の、いうなれば人気のない密林の奥深くに眠る地になってしまったことを意味するだろうか。実はそうではない。仏教はインドにおいてヒンドゥー教化したとも論じられており（佐々木他　一九六七、神田・柴田　一九八〇）、ブッダガヤも例外ではなかった（Kailash 1992、Banerjee 2000、Bahadur 1892）。十九世紀後半頃には、ブッダガヤに、四九七戸、三〇五〇人（イスラーム教徒三九二人）が住んでいた（斎藤 一九八五：二五〇）。仏教衰退によって建造物が完全に崩れ去っていた「仏教聖地」や仏教遺跡とは異なり、ブッダガヤには人々が住んでいて、その生活が今日に至っても続いている点にこそブッダガヤという地が他の「仏教聖地」や仏教遺跡とは異なる固有性がある。

もちろん、仏教衰退後、遺跡の周囲に人々が生活の場を築いていたというケースはブッダガヤに限らない。例えば、ルンビニーのように、ある時期までは生活する人々がいたと考えられ、またヴァイシャリーでも、同地の考古学者によれば、地中に埋まった仏教遺跡の上に人々が生活の場を築いていたようである。しかし、ルンビニーでは、たび重なる自然災害によって人々はその場所から去り、ヴァイシャリーでは、その後の仏教遺跡の発掘の過程で立ち退きを強いられており、今では、そこにどういった社会が築き上げられていたのかは知る由もない。

それに対し、ブッダガヤは、ヒンドゥー教のシヴァ派の僧院が一五九〇年頃に建てられて以来[11]、僧院の院長であるマハント[12]を中心に社会が築き上げられ[13]、大半の人々はこのマハントに大きく依存した生活を送っていた。マハントやマハントを中心とする社会の存在は、建造物の姿や形をとどめていない他の仏教遺跡や「聖地」と異なっている点ではあるが、そのことが重要なのではない。むしろ、大塔は仏教の地としての意味を失い、忘れられながら、かつマハントの所有物となっていた。大塔がマハントの所有となるのは、シャー・アラム皇帝が当時のマハントであるチャイタンニャ・ギリに与えた一七二七年頃とされる（Banerjee 2000: 128, Rastrapal 1992ab ほか）。広大な土地の所有者でもあり、ビハール州のなかでも二番目に大きな地主[14]でもあったマハントが大塔を所有していたことは、一八九二年の英領政府によってまとめられたマハントが所有する不動産リストにも確認できる。リストには、二一二にのぼるマハントの不動産が挙げられており、そのなかに蓮池や菩提樹とともに、大塔の名が記されている（Bahadur 1892）。ただし、大塔およびその周囲がいつ頃からどのように使用されていたかに関しては意見の分かれるところである。バンデョパッディヤは、マハントによる管理になり、大塔がヒンドゥー教の礼拝所としての性格を持つようになっていたと述べている（Bandyopadhyay 1992: 23）のに対し、一八九〇年代まではヒンドゥー教徒の宗教的な目的のために使用されていなかったとする見方も確認できる。[15] そのうえ、大塔に使用されていた煉瓦が地元の人々によって住居の建築材として持ち去られて大塔は解体しつつあり、大塔を飾っていた数々の仏像も元の位置から動かされていたともいう。[16] その意味で、大塔という歴史的遺跡は「ヒンドゥー教徒」にとってすら宗教的な意味をも失った「真に忘れられた地」となっていた可能性を推測することができるだろう。

三　目覚める「仏教聖地」――十七―十九世紀

三―一　イギリスのインド統治と「仏教」をめぐる諸研究

では、仏教の衰退とともに、インドから仏教徒が姿を消すなかで、忘れられた地と化した場所は、いかにして仏教の地としての意味を取り戻していくのだろうか。

そこで、まず議論しておく必要があるのは、西欧における「仏教」への注目である。「仏教空白」の時代を経て、「仏教」に注目が集まるのは十九世紀以降のことである。「仏教」の存在自体は、マルコ・ポーロ以来、探検家の報告によってヨーロッパでも知られていたが、「仏教」に対する関心は十九世紀に高まる（渡辺 一九七四：二二）。この十九世紀という時代は、インドがイギリスの統治下におかれていた時代である。西欧列強諸国がアジアへと領土を拡大し始める十八世紀に、英領政府をはじめとするヨーロッパ諸国は、「統治」の必要性から、インドやインド周辺のアジアの国々の情報を各地で収集し、様々な調査や研究を進めてきた。特に、英領政府は、法律文書を調査するために十八世紀末頃からインドの古代文献の研究に着手している。その最初となるのは、一七七三年にベンガル総督となったウォレン・ヘイスティングズ（Warren Hastings 1732-1818）によるサンスクリット語のインド古来の法典の翻訳である。その後、サンスクリット語を学んだイギリス人によって、サンスクリット語の聖典の翻訳が次々に発表されていく。[17] 十九世紀は、サンスクリット語を専門とする研究者が輩出され[18]、数々の研究成果がもたらされたことから、「サンスクリット語研究の黄金時代」（渡辺 一九七四：二二）と呼ばれる。発表されたサンスクリット語の文献の多くは、バラモン文化に根ざしたものであったが、十九世紀半ばになると、ネパールにおいてサンスクリット語の仏教文献の写本の存在が知られるようになり、サンスクリット語の仏教原典の研究へと道を開くことになった。

また、十九世紀は、インド周辺諸国における「仏教」にも関心が向けられ始める。一八一五年に英領政府がスリランカを統治下におくと、インドの場合と同じく、統治上の目的からパーリ語文献が翻訳され、編集され出版された。一八八二年にはリス・デイヴィズ（Thomas William Rhys Davids 1843-1922）が「パーリ聖典協会」を創立し、パーリ語聖典の組織的研究が進められる。スリランカやビルマ、タイの国々におけるパーリ語聖典への注目は、仏教研究のさらなる探化につながる。[19]

こうして統治を目的に法律文書の調査を契機に進められた古代文献研究は、サンスクリット語やパーリ語などの非ヨーロッパ諸国言語の研究を進展させた。そして、ヨーロッパの文献学の伝統に影響を受けながら、数々の文献が翻訳されていくことで、「仏教」に関する研究を飛躍的に発展させる。[20] フィリップ・アーモンドが、十九世紀前半に西欧において「仏教」が発見されたと指摘しているように（Almond 1988）、インドには無き「仏教」の存在が、古典文献や聖典の書物を通して「発見」されていく。[21] この頃は、まだ「仏教」はあくまで聖典内の概念でしかなかったが、十八世紀末から十九世紀にかけて「仏教」が生きているスリランカでの研究に及ぶと、次第に、宗教としての「仏教」概念が定着していく[22]。

もちろん、ヨーロッパにおける仏教に対する関心はインドやスリランカの聖典にとどまらない。十九世紀初頭には、チベット語の仏教文献にも関心が向けられていく。十八世紀に着手され始めた中国の言語や文化の研究は、漢文を学ぶヨーロッパ諸国の学者を輩出することになり、漢文の仏教資料の研究へと展開していく。こういった取り組みは、チベットの僧侶の旅行記、中国人僧侶の旅行記[23]を紐解き、広く世界に紹介するきっかけを作り、当時の仏教事情を知りうる貴重な手がかりを提供したといえよう。

以上のように、インドの地に起源を持ち、さらにアジア各地へと変化を遂げながら伝播し、インドにおいては衰退した「仏教」が、十九世紀前後に西欧において注目されてきた。インドの場合、英領政府は、約一五〇年にも及ぶ統治の過程で、インドの歴史や社会だけでなく「仏教」をめぐる諸研究を開花させる重要な役割を担ってきたといえよう。

だが、文献を中心とする仏教研究は、仏教が当時も生きていたネパールやチベット、スリランカ、タイなどの国々に残された仏教聖典を手がかりにしている。つまり、この頃の「仏教」に対する関心からすれば、すでに仏教が存在していなかったインドは、文献中心の「仏教」研究のなかでは周辺に位置づけられていたといえよう。

三―二　可視化される歴史――英領期における考古学的発見

インドにおける遺跡や遺品に対する調査に最も大きな影響を与えたのは、一七五〇年に、紀元前三世紀頃のアショーカ王の石柱刻文が発見されたことにある。アショーカ王は、インド史上最大の帝国を建設し、仏教を篤く信仰する。在位中に、法勅として岸壁や石柱に銘刻を残した。アショーカ王が建立した石柱はインドにおいて現存する仏教関連の最古の遺品とされ、石柱の発見とそこに刻まれた碑文の解読は、インド史の発見に一石を投じただけでなく、その後の仏教史研究を大きく展開させ、さらにインドにおける考古学的調査を発展させるきっかけとなっている（佐藤 一九八八：一二一）。

アショーカ王の石柱の発見がインド史において注目されるのは、日本や中国にみられるような編纂された「史書」がインドにはなく、それまでインドの古代史を知る手がかりが限定的なものにとどまっていたからである。そのため、一七五〇年に発見された石柱に刻まれたブラフミー文字が一八三七年に解読[24]されると、インドの古代史を知りうるインド最古の記録として称賛され、インドの空白の歴史を紐解くうえで注目を集めた[25]。この石柱に刻まれたアショーカ王の法勅は、当時の統治の理念や当時の社会などを記していた。広範囲にわたって発見されたアショーカ王の石柱それ自体が、王の勢力や、国土統治の範囲を浮かび上がらせる有力な資料となった。また、アショーカ王の石柱は、仏塔と並んで古代の仏教美術のなかでも最古の遺品とされ、仏教美術の発展をも促すことになった（佐々木他 一九六七：一二八）。

この一七五〇年の石柱の発見と一八三七年の文字の解読を機に、考古学研究が飛躍的に動き出すことになった。まず、この発見を受け、考古学者らによってカルカッタにベンガル王立アジア協会（考古学調査局の前身）が創設され、インド全土にわたる遺跡の探検が企画され、古代遺跡の調査が進められた。一七八四年に発足したアジア協会は、イギリス東インド会社の総督であり、イギリス人の考古学者でもあったウィリアム・ジョーンズ（William Jones）をはじめ、熱心な学者グループによって創設された。アジアの歴史や遺跡、芸術、知識、文学などの研究を促進することを主な目的とした協会は、調査や発掘などの成果を報告するための機関誌（アジア調査雑誌：The

Asiatic Researches）を一七八八年に出版する。一八一四年になると協会のメンバーによって収集された古物を展示する博物館を設置する。

アジア協会の活動は、当初、文献調査に偏っており、遺跡の調査・発掘といった「純粋な考古学」とはかけ離れたものであった。(26) しかし、一八〇〇年代になると、徐々に英領政府が考古学調査に組織的に取り組むことを促すような成果(27)が発表されるようになる。一八六三年には、ブッダガヤの大塔の調査および発掘にも大きく寄与するアレクサンダー・カニンガム（Alexander Cunningham）が、インド全土にわたる考古学的遺跡調査を企画している。特に、この十九世紀の仏教遺跡の発見は、一八六二年に創設されたインド考古学調査局（Archaeological Survey of India：以下ASIと略す）の影響力が大きい。ASIが設立されると、考古学的研究が本格的に始動し、歴史的遺跡の調査や発掘が行われていく。特に、ASIは創設当初から、一八六五年までに北インドの広範囲にわたる調査を行っている。この調査の中心的役割を担ったカニンガムは、北インドに点在するすべての寺院と歴史的場所を調査し、その結果報告を行った（前田 一九九五：五三）。ASIはブッダガヤの調査および発掘をいち早く行っている。一八八〇年に涅槃の地であるクシナガラを再発見しており、その後も、ブッダ生誕の地ルンビニーやブッダが育った場所でもあるカピラヴァストゥ、教化活動を行った場所として知られるサルナート、シュラーヴァスティーといった「仏教聖地」とされる地の調査、発掘を手がけている。インドにおける考古学的基盤が確立するのは、まさにこの頃とされる。(28) 特に、ブッダガヤでは、一八六四年にカニンガムの指揮によって、大塔の周囲にトレンチが掘られている。(29) その後、一八七七年からブッダガヤの大塔の修復が、ビルマ王のミンドン・ミンの指示によって進められた。しかし、ビルマ王の指示による大塔修復は、ビルマとイギリスとの間の戦争の勃発によって完了を待たずして終了することになったため、ASIがその修復の後を引き継ぐような形で手がけることとなった（komos による評価報告書)。それが、一八八〇―一八八四年にかけてＡＳＩが着手した大塔の修復である。この四年間にわたる大塔の修復は、二〇万ルピー(約四六〇〇ドル)の費用をかけた大規模なものであった(Banerjee 2000: 129, Department of Tourism, Ministry of Tourism & Culture Government of India 2002: 15)。大塔は五世紀に建てられた寺院であることが一八八一年のカニンガムの所見から明らかにされた(Department of Tourism, Ministry of Tourism & Culture Government of India 2002: 13)。そして、金剛宝座が掘り当てられ、さらにその下からは仏舎利が発見される。ＡＳＩによる大塔の建立起源の特定や、遺跡や仏舎利の発見を受けて、ブッダガヤは歴史的価値のある場所として評価され、さらにブッダ悟りの地であることの確証を摑むこととなる。カイラーシュはこうしたＡＳＩによる大塔の修復や発掘を「仏教徒の最も神聖な場所に光がもたらされた」出来事と称しており(Kailash 1992)、特別な意味を持ったものとして捉えている。

こうしたＡＳＩの取り組みは、「仏教」に対する関心が、もともと英領政府の統治的観点から必要不可欠な取り組みとして着手されるなかで高められ、すでに「仏教」無きインドにおける遺跡や遺物にも向けられるようになったことに始まる。ＡＳＩは、インド史および仏教史の空白を埋めるべく、資料となる数多くの朽ち果てた状態にあった遺跡や遺物に次々に光を当て、ブッダガヤをはじめ仏教所縁の地の調査や発掘に欠かせない役割を担うことになった。

ＡＳＩによる考古学的調査が重要なのは、このように場所の特定に直接関わっていくからである。だが、ＡＳＩによる考古学的調査や遺跡の発掘は、各方面の「仏教」に関する諸研究の成果に基づき進められている。こうした成果なくして場所の特定には至らなかったであろう。ＡＳＩの行った北インドの仏教遺跡の調査は、四―五世紀頃にインドを訪れた法顕の『法顕伝』や七世紀頃に訪れた玄奘の『大唐西域記』といった記録を手がかりに行われていた（前田 一九九八など）。英領統治下におかれるはるか昔に、インドの地に向かった彼らが残した記録は、当時の仏教の地がどのような状況にあったのかをうかがい知る資料として貴重である。それだけでなく、こうした異なる時代に訪れている玄奘や法顕、義浄といった中国僧によって残された記録が「仏教の地」の場所を特定するための手がかりになっている。

このように、十七世紀以来、西欧において着々と「仏教」をめぐる諸研究が積み上げられ、十八世紀以降のそれらの成果と結びつきながら十九世紀以降に仏教遺跡などの調査や発掘が進むといった、一連の西欧諸国での「知」の構築とともに、忘れられていた「場所」は、仏教の地としての史実的意味を取り戻し、確たる姿を現した。そして、「仏教聖地」として築き上げられていくための土台を用意し、今日の「仏教聖地」の輪郭が象られることになったといえよう。それは言い換えれば、西欧での仏教に関する多方面での研究の蓄積が実を結んだところに、「仏教の地」が可視化されることになったということである。

とはいえ、「仏教の地」としての可視化が、即座に、宗教的な意味をも獲得したというわけではない。では、ブッダの悟りの地として場所の史実的な意味を取り戻したブッダガヤが、どのような形で宗教的な場所としての意味を取り戻していくのか。そこで、次に、姿を現した「仏教の地」が、宗教的な場所としてどのように意味づけられていくのかについてみていきたい。

四　呼び覚まされる「仏教聖地」――十九世紀末から二十世紀初頭

四―一　大塔返還を求める仏教徒――宗教的意味を獲得する遺跡

先にも述べたように、ブッダガヤの場合、仏教衰退と地域社会との関係は特異である。つまり、ブッダガヤは仏教徒に忘れられていたとはいえ、それが無人の荒地と化していたことを意味するのではなかった。ブッダガヤには、ASIによる調査や発掘が進められる以前からすでにヒンドゥー教のマハントを中心とする社会が築き上げられており、マハントが大塔を所有し、管理していたのである。ブッダガヤの大塔がヒンドゥー教のマハントに帰属していることを問題にしたのは、スリランカ出身の仏教徒であるダルマパーラであった。「仏教改革家」としても知られるダルマパーラは、マハントに専有されている大塔を仏教徒の手に取り戻そうと、自身の生涯をかけて大塔返還運動に取り組んだ。ダルマパーラの活動は、インドにおける仏教復興の動きの一つとして日本でも紹介されている[30]（佐藤 一九八〇、佐々木他 一九六七）。

ダルマパーラによる大塔を仏教徒の手に取り戻そうという試みは一八九一年頃にさかのぼる。ダルマパーラは一八九一年一月に日本人僧（真言宗）の釈興然[31]らとともにブッダガヤを訪れている。彼らがそこで見たのは、仏教徒に無視され、ヒンドゥー教徒によって彫刻が運び去られ、仏像が冒瀆されているという惨憺たる現状であった。ブッダガヤを「仏教徒にとってあらゆる聖地の中で最も聖なるところ[32]」として捉えていたダルマパーラにとって、その現状は耐えがたいものに映っていた。その当時の日記に、ブッダガヤに「一人の仏教徒もこの塔と彫刻とを文化芸術の破壊者の手から防御するために、ここに止まっていないとはなんというあわれなことか」（サンガラクシタ一九五六＝一九九一：一一九―一二〇）と記し、仏教徒こそが聖地を守る義務および権利を持つと確信を抱いていた。

ダルマパーラは、「ブッダガヤの回復のため」に、同年の一八九一年五月に現在のスリランカのコロンボにマハーボーディ・ソサエティ（日本では大菩提会として知られる）を創設し、大塔の返還をめぐる組織的活動を展開し始める。[33]もちろん、このソサエティの活動はそれだけに限らない。佐藤良純（一九八〇、一九八八）によれば、マハーボーディ・ソサエティ設立趣意書に記された協会の目的は次のようにまとめられている。（一）インド各地に仏教寺院、仏教カレッジの設立、（二）中国、日本、シャム（タイ）、カンボジア、セイロン（スリランカ）、チッタゴン（バングラデシュ）、ネパール、チベット、アラカン（ビルマ）を代表する比丘によるブッダガヤ大菩提寺の維持、管理、（三）英語、インド諸語による仏教書の出版などである。

しかし、仏教寺院返還をめぐるマハントとの交渉は容易ではなかった。一八九一年一月にブッダガヤに初めて訪れ、ビルマでの募金を即座に行い、五月にマハーボーディ・ソサエティを創設すると、その年の七月にはマハントに大塔返還の交渉を行っている。その後、ダルマパーラは、国際的に支援の呼びかけを行う一方で、ブッダガヤに足をたびたび運び、マハントに所有権の移譲を求めて交渉を続けている。活動初期の段階には、日本がブッダガヤの大塔を購入する提案も持ち上がった。この提案は、一八九一年十月にブッダガヤにおいて開催された世界仏教国際会議において示された。この会議にはセイロン、中国、チッタゴン、日本からは三名（釈興然を含む）が参加している。大塔の購入に関する申し出は、この会議の場で取り上げられた。そしてその申し出を行ったのが日本の西本願寺であった（佐藤良純　一九八〇、サンガラクシタ　一九五六＝一九九一：一二四）。

そして、一八九二年には、カルカッタに協会の事務所を移し、カルカッタを拠点に国内外に支部を作り[34]、仏教国間のニュースの交換を目的に六〇年以上も“The Maha Bodhi Journal”と称する機関誌の発行を行った。読者はアジアをはじめヨーロッパやアメリカにも及んだという。ブッダガヤにおける大塔の返還を求めるために多大なエネルギーを費やし、マハントから大塔を購入するための資金集めを行っていた（サンガラクシタ 一九五六＝一九九一：一二五）。さらに、ダルマパーラは、英領政府やマハントやヒンドゥー教関係者に大塔の返還を求め、直接交渉を重ねている。

しかし、マハントをはじめとするヒンドゥー教徒の側は、仏教徒の要求を聞き入れなかった。マハントとの交渉は難航し、一八九三年二月、マハントの弟子によって、当時、ブッダガヤに駐在していた仏教僧と召使いが暴行を受ける事件が起こった。また、一八九五年には、一八九三年に東京の天徳寺から贈られた仏像を大塔内に設置したことをめぐってマハント側が集団でそれを阻止する事件が生じ、ダルマパーラの大塔返還実現の行く手を阻んでいた[35]。日本の仏像を大塔内に安置しようとした際、冒瀆行為だとしてヒンドゥー教徒の反対にあい、マハント関係者との間で暴力的な衝突に至る対立があった。その間に、ダルマパーラは、ベナレス（現在のヴァラナシ）のヒンドゥー教のバラモンたちにも大塔の権限の移譲に関する交渉を試みているが、バラモンたちは、ブッダがヒンドゥー教の神、ヴィシュヌの化身だとの見方を示し、ブッダガヤの大塔はヒンドゥーの寺院であり仏教徒に寺院の所有権限はないと、マハント側を支持した（同：一三六）。マハントは、ダルマパーラのマハーボーディ・ソサエティ建設のための土地提供の要請をも拒んだ[36]（Pratap 2007）。

このような逆境に立たされながらも、大塔返還を求める活動は、インド国内にとどまらず世界各国に向けて行われていた。ダルマパーラは、「アジア各国を中心とし、欧米諸国の仏教に関心を有する人々に、この聖地の所有権の仏教徒への移譲と、復興への運動の助力を求め」て世界で会合を開き、仏教復興の重要性を説いてまわった（佐藤 一九八八：一二三）。

ダルマパーラの活動は、スリランカやインド国内はもちろん、ヨーロッパ、アメリカ、日本やアジア各地に及んでいる。そして、講演活動や刊行物の発行などを通して働きかけを続けながら協力、支援を呼びかけ、忘れられヒンドゥー教の地と化している仏教の地への関心を世界に向けて促そうとするものであった。日本には四回訪れている。日本では、真言宗の釈興然やその師匠である釈雲照(37)らが協力し、大塔の購入を検討していた。彼らが、ブッダガヤに世界の仏教の中心地の形成を目的としていたことは見落とせない。

以上で取り上げた一連の経緯は、大塔の宗教的帰属をめぐって、マハントと仏教徒との間で宗教的緊張を顕在化させることになり、それがひいては大塔をはじめブッダガヤに、宗教的な意味を付与することにつながっている点において注目に値する。ようするに、大塔の返還を求めて立ち上がったダルマパーラは、仏教徒に遺棄され、ヒンドゥー教徒の所有下にあり、ヒンドゥー教の神々が祀られていた大塔が、仏教徒にとって神聖な地であることを訴え、その宗教的な意味を見出すのである。そして、ブッダガヤの大塔を、仏教徒によって管理することを目指した彼らの取り組みは、ヒンドゥー教化した場所の仏教化を求めるものであって、ＡＳＩによって調査・発掘されるなかで「仏教の地」として意味づけられた場所に宗教的な意味を付与し、さらに、宗教的な意味において場所の復興を試みるものであったといえよう。

四―二　ヒンドゥー社会に埋め込まれた仏教遺跡

しかし、ダルマパーラの活動が実を結び、ただちに大塔が仏教徒の手に返還されたわけではない。大塔の現状は、英領政府による考古学調査機関が発掘を行った当時と変わらず、マハントの所有物のままであり、マハントの手中にあった。そのうえ、大塔がいかに仏教徒に尊ばれる場所として再発見されたといっても、それは依然としてヒンドゥー教徒やイスラーム教徒の人々が生活している場所や空間と切り離されておらず、ブッダガヤ社会のなかに埋め込まれていた。

ブッダガヤの人々は、大塔や金剛宝座、菩提樹のある一帯を取り囲むように集落を築いていた。その集落はタリディ集落と呼ばれ、この集落に隣接するようにウラエル集落やティカビガ集落が連なっている。タリディ集落と大塔が位置する場所との間に、空間を隔てる壁は存在しなかった。人々の居住地は、大塔からさほど離れていない場所にあった。聞き取りを行うなかでも、寺院管理敷地内となり、人々の生活空間から切り離された所に、かつては自分の住まいがあったと話す者がいた。人々は日常的に容易に大塔付近まで近づくことができたし、豚などの動物も走りまわっているような状態だったという。それだけでなく、大塔横の蓮池は、人々によって日常的に洗濯を行う場所として利用されていたと話す者もいた。

夏の暑い日になると、大塔付近で涼をとっていたという証言からもうかがえるように、大塔は人々の生活と共にあった。また、大塔の周囲では祖先崇拝（シュラーッダ）の儀礼が行われていた。各地からヒンドゥー教徒が集団で訪れ、この儀礼を執り行った。その数は少なくなかったと、独立以前にブッダガヤを訪れたZ氏[38]は述べている。このように、仏教の地としての意味を取り戻し、宗教的な意味を付与されながらも、大塔とその周辺の空間は、ブッダガヤに住む人々の生活空間から切り離されたものではないばかりか、人々の生活空間の一部となっていたことがわかる。

加えて、大塔やその周辺の遺跡が前述したように地域の人々の生活と結びついていたことは、それがマハントを中心とする社会体制に組み込まれていたことを物語る。マハントは、ヒンドゥー教の司祭でありながら、広大な土地所有者であり、経済的、政治的にも絶対的な権力を持ち、ブッダガヤの人々の生活を社会的、経済的に強く規定してきた。このマハントを中心とする体制は、ブッダガヤの人々が、職能カーストに基づいてマハントとの関係を築き、労働者としてマハントの僧院や土地で働き、労働の対価として食料などの供給を受けるなど、経済的にも社会的にもマハントの影響下に築き上げられているような支配のあり方のことをいう。

この支配体制は、上位となる高カーストであるマハントと、不浄とされる低カーストの人々とは接触ができないといったカースト身分制度に基づいた規範と、「マハント・ルール」[39]と称される慣習的な規則の上に成り立っており、時間・空間をはじめ、政治的、経済的、社会的な事柄にまで及んだ（前島 二〇〇七）。例えば、ブッダガヤの土地に住む低カーストや後進カーストの人々はマハントの許可なく自由な経済活動を行うことができず、大塔周囲の集落に住む彼らの大半が、各家から必ず一人を労働力としてマハントのもとに出し、僧院あるいはマハントの土地で働いていた[40]。土地の作付け、収穫物の刈り取りや運搬、食料などの分配、宗教的儀式など、マハントとの関係は、それぞれ役割を持った職能カーストが担っていた。マハントは、人々を監視し、労働対価として現物給付（米、油など）を行っていた[41]。もし、マハントのルールに違反した場合、マハントから暴力による制裁を受けることもあった。

また、マハントの影響力は、ブッダガヤ地域社会の内部のことにとどまらない。英領政府が大塔修復に着手するのに先立ち、ビルマの王の使節団が大塔の修復に取りかかった際にも、マハントによる許可を得ていたように、マハントは無視できない存在であったことがわかる。そのうえ、独立以前にブッダガヤを訪れたZ氏によれば、その当時、マハントから許可を得て参詣したと話しており、ブッダガヤの外部から訪れる人々の大塔への参詣に関しても、マハントの影響力が多かれ少なかれあった。

こうしたマハント支配体制と結びついたカーストによる身分秩序やそれに伴う社会的関係は、ブッダガヤの生活者と大塔との接触のあり方にも表れている。大塔内にはシヴァリンガ（シヴァ神の偶像）やブッダ像が安置され、高カーストであるマハントやその弟子がヒンドゥー教の神として祀り、祈りを捧げていた[42]。マハントは、大塔に、専属のプージャーリを配属させ、プージャーを執り行わせていた。また、大塔と並ぶように建てられているヒンドゥー教の寺院もマハントが所有し、ここでもマハントのヒンドゥー教の僧院から配属された専属のプージャーリによるプージャーが行われており、プージャーリはいずれも高カーストであった。

一方、地元の人々が大塔に出入りすることや参拝をすることは容易なことではなかったようだ。特に、低カーストは不浄な存在とみなされたため、高カーストとの接触を拒まれ、ヒンドゥー教寺院への入場が拒否されていただけでなく、ブッダガヤの大塔においても例外なく入場を拒まれていた。高カーストが儀礼の際に使用する井戸が大塔の近くにあり、その井戸は低カーストが使用することは禁じられ、低カースト専用の井戸が別に設けられていた。

このように、大塔周囲の場所の利用は人々の生活やカースト規範、マハントの支配体制に規定されており、マハントを中心とした関係性のなかで宗教的礼拝や儀礼が執り行われ、参詣が行われていたということからみても、大塔およびその周辺が、マハントを中心とする社会的秩序のなかに埋め込まれていたといえよう。

註

（1）中国人のインド旅行記としては最古のものとされており、五世紀初頭のインドの様子を伝えているという（中村一九九八：五六六）。

（2）原著者であるダルマスヴァーミンの名前を題として一九五九年に刊行されたその書の内容について、桜部は「インド仏教滅亡時の事情を、仏教者の側から伝えた殆ど唯一の記録といえようから、インド史の資料としても、まことに珍重すべきものの一つ」と述べている（桜部　一九六〇：二一九）。

（3）バネルジー（Banerjee 2000）によると、初期の修復は、六世紀から七世紀頃のスリランカの仏教僧（プラークヤータ・キルティ）によって着手され、一〇八四年から一一一二年の間に、ビルマのパガンのチャンジッタ王により、一一六七年頃にはビルマのアラカンのレットヤミンナム王、一二九八年には、アラカンのミンディ王によって大塔の修復がなされている。ビルマ人によってなされた最も新しい修復の記録は、一三〇五―一三〇六年の頃にさかのぼる。

（4）ただし、ビルマやネパールといったインドの国境付近やラダック地方で仏教は信仰されていた。

（5）インド西部のマハーラーシュトラ州にあるエローラの石窟寺院は仏教遺跡としても知られる。インド中部のマディヤ・プラデーシュ州にあるサーンチーにも仏教遺跡が残る。「仏教聖地」として知られるルンビニーやサルナート、クシナガラ、ヴァイシャリー、ラジギールなどは、建造物の形を部分的に残している所もあるが、大半は石畳が広がっている状態である。

（6）The Buddhist Destinations in India（http://ebudhaindia.com/destinations/kushinagar.htm　二〇一四年十二月二十日確認）

（7）ヴァイシャリーでの考古学者の話（二〇〇九年調査より）。

（8）レルフ（Relph 1999＝二〇〇四）は、ストーンヘインジ、カルナック、アステカ、インカなどの遺跡を取り上げている。

（9）インドに攻め入ったイスラーム教徒による破壊から大塔を守るために、仏教徒が土で埋めたからだといわれている。

（10）初期の修復は、七―十一世紀にかけて行われてきた。十一世紀（一〇三五―一〇七九）には、ビルマ人によって大塔の修復が行われたということが指摘されている（Department of Tourism, Ministry of Tourism & Culture Government of India: 14）。十二世紀の大塔の修復に関する記録を最後に修復の記録は残されていない。

（11）僧院（Math）を創建したのは、ヒンドゥー教のシヴァ派の遊行者サンニャーシ（Sanniyasi）であった初代マハントのゴサイン・ガマンディ・ギリだという。

（12）第十五代目とされるマハント・スドラーシャン・ギリが二〇一三年になくなったことから、ラメーシュ・ギリが第十六代目のマハントとなっている。僧院には、マハントのほかに、秘書をはじめ三〇名ほどのヒンドゥー教徒のサドゥー（修行僧）が生活をしている。今日のマハントのこの地域における力はほとんどない。現地での聞き取り調査によると、以前は三〇〇〇人ほどのヒンドゥー教徒の僧侶や数多くの動物を所有し、兵隊も抱えていたという。

（13）カイラーシュによれば、ブッダガヤはシヴァ派の中心地として十八世紀に繁栄したとある（Kailash 1992: 68）。

（14）このようにマハントが地主としての力を確たるものとした背景には、英領期に確立したザミーンダーリー制度の導入があると考えられる。この制度は、十八世紀後半頃から地租を確実に徴収するために東インド会社が基礎を築いた。土地所有者と認められた者を徴税請負人（ザミーンダール）とし、土地所有権を与え、税を徴収させるものであった（小和田 一九六二）。

（15）BodhGaya: To The Navel of the Earth-History of Pilgrimage to BodhGaya（http://www.buddhanet.net/bodh_gaya/bodh_gaya01.htm 二〇〇五年七月十日確認）

（16）同右。

（17）チャールズ・ウィルキンズが一七八五年に『バガヴァッド＝ギーター』の英訳を発表。一七八九年にはウィリアム・ジョーンズが『シャクンタラー』を英訳している。

（18）渡辺によると、サンスクリット語の研究は、イギリスやフランス、ドイツ、オーストリア、オランダ、ロシアなどにおいて目覚ましい成果を上げている（渡辺 一九七四：二二）。

（19）例えば、その成果として、一八八〇年に出版されるデイヴィヅの『仏教』や一八八一年のオルデンベルク（Hermann Oldenberg 1854-1920）による『仏陀』、ファウスベル（Viggo Fausböll 1821-1908）の一八五五年『ダンマパッダ』、一八七七―一八九七年の『ジャータカ』などが挙げられる。

（20）積み重ねられた成果はインド学や仏教学へと水路づけられていく。日本の研究者も、ヨーロッパに多くを学んでいる。例えば、日本における近代インド哲学研究の開拓者とされる高楠順次郎や立花俊道は英国に学び、ドイツやフランスに学んだ研究者も少なくない。

（21）杉本によれば、十九世紀頃に西欧で認識された仏教は、キリスト教により近い存在として評価されていた（杉本 二〇〇三：七二）。

(22) 紀元前一〇〇〇年頃から「仏教」の存在は知られていたのだが、宗教としての実体と結びついていなかった。

(23) 仏教遺跡の巡拝や経典を求めて中国僧がインドを訪れていたことは知られている。四―八世紀にかけて名が後世に伝えられた僧だけでも一六九名に及ぶという（鎌田 二〇〇三：三七、Hazra 1983）。なかでも、三九九年から四一二年にかけて一四年にわたって経典を求めて旅をしたとされる法顕や、多くの経典を中国にもたらし、一九年かけて翻訳を行った玄奘が有名である。

(24) ブラフミー文字はアショーカ王時代に使用された文字の一つで、イギリスの東洋学者ジェームズ・プリンセプ（James Prinsep）によって解読された。

(25) アショーカ王は、刻文を残した最古の王とされている。刻文は、アフガニスタンからガンジス河流域にかけて分布しており、その刻文は、王の統治理念を記したものとされている（辛島 二〇〇〇：七六）。

(26) Archaological Survey of India. HP. http://www.asi.nic.in/profile2.html.

(27) なかでも、マイソールの調査を行ったハミルトン（Buchanan Hamilton）の報告書を受けて、英領政府は一八〇七年にさらなる調査を行うよう指示を出している。

(28) 一八六六年になると突如考古学調査は廃止され、考古学の活動はいったん縮小する。しかし、一八七〇年再びアレクサンダー・カニンガムによって考古学調査が実施され、中央インドにおける数々の仏教地などが発見されてる。カニンガムはインド考古学に大きな功績を残したとされる。

(29) 大塔の基底部分の発掘の際に掘り下げられたことによって、現在大塔は周囲より約五メートル低い場所に位置している。

(30) インドにおける仏教復興の動きとしては、ダルマパーラの運動に加え、新仏教徒による運動が挙げられる。そのほかにも、佐藤良純（一九八〇）は、一七五〇年に始まる考古学的発掘調査や研究を仏教の復興に位置づけている。また佐々木他（一九六七）は、藤井日達によるインドのボンベイ、カルカッタ、ラジギールでの日本山妙法寺の活動を挙げている。

(31) 浄土真宗本願寺派は僧侶の海外渡航を積極的に支援しており、一八七〇―一八八四年に僧侶たちの代表団を派遣している。興然は、第一五回の神智学会年次総会に日本代表として参加し、ダルマパーラとマハーボーディ・ソサエティの創設にも携わっている。日本における仏教の再活性化に取り組むために釈尊正風会を設立している（Jaffe 2002＝二〇〇二：七四）。
（32）サンガラクシタの「ダルマパーラの生涯」のなかで取り上げられた、ダルマパーラの日記のなかで述べられている（サンガラクシタ 一九五六＝一九九一：一一九）。
（33）協会の役員としては、総裁H・S・オルコット（Olcott）大佐（神智学協会）、事務局長H・ダルマパーラ、理事には日本のS・堀内氏（インド仏跡復興協会、東京）をはじめタイやビルマなどの代表者となっている（佐藤良純 一九八〇：一一三）。
（34）日本においても東京、熱海、名古屋にその支部がある。
（35）マハント側とダルマパーラ側との間で相次いで生じた「ブッダガヤ寺院事件」は、裁判にもつれ込むも、寺院の所有権については決着をみなかった。
（36）マハントが土地の提供や建物の建設を拒絶していたということは、インタビューからも確認できた。I. Saw 氏によると「マハーボーディ・ソサエティを建てた時に、マハントが象を連れてきて、お寺をつぶした」（I. Saw 氏、男性、七十代、雑貨屋を営む。二〇〇四年調査記録より）。また、D. Saw 氏によると、「マハーボーディ・ソサエティが建てられようとした時に、マハントはマハーボーディ・ソサイエティを一〇〇回ぐらい壊した。夜になると村から一―二万人の人々がやってきて、建物に使っていた煉瓦などをすべて持っていった」と話した（D. Saw 氏、男性、七十三歳、土産物屋。二〇〇五年九月二十四日）。
（37）釈興然がインドに向かうことになったのは、一八八六年にインドの仏跡の惨状を知った釈雲照から、現地調査のための派遣要請を受けたからであった（Jaffe 2002＝二〇〇二：七四）。
（38）Z氏、七十七歳、仏教僧（二〇〇五年九月二十二日）。
（39）マガダ大学の考古学の教授であるP. Singh 氏、男性、五十八歳（二〇〇五年九月十一日）。
（40）H. Patty 氏は、「自分のしたいことができなかった。自由ではなかった。間違えたことをしたらマハントに叩かれたり、仕事をもらえなかったり、米などをもらえなくなることがあった」という（H. Patty 氏、男性、年齢不明。二〇〇五年八月三十日）。

（41）　A. Saw 氏は「マハントからは、現金ではなく、籾殻のついた米を一日に二・三キログラムもらっていた」と話す（A. Saw 氏、男性、八十二歳、油売り。二〇〇五年十二月二十日）。Md S 氏は「マハントからの仕事があってもなくてもマハントのところに行って、毎日二・五キログラムの米をもらった」（Md S 氏、男性、六十歳、イスラーム教徒、建物の建設に携わる職業。二〇〇五年八月十八日）と話している他、働き口や、米、油など毎日の食料や衣類、家の建築資材などをマハントから提供してもらっていたと話す者もいた。

（42）　その場所がいつ頃からヒンドゥー教の祈りの場として機能していたかについては不明確な点が多い。

第三章　「仏教聖地」における宗教的空間の再構築

一　はじめに

ブッダガヤをはじめ、インド各地に点在する「仏教聖地」と称される地は、十三世紀の仏教衰退とともに荒廃の一途を辿り、忘れられた。そして、ブッダガヤをはじめ「仏教聖地」とされる地が、再びブッダの生涯と結びついた地とされるまでに六〇〇年以上の年月を要していた。こうした発見も、「仏教」が、西欧における「キリスト教」とは異なる「宗教」の一つとして、様々な角度から関心を集めたことに端を発している。

しかし、こうした発見は、歴史的な場所としての発見であって、「仏教聖地」の現実を築くためのきっかけにすぎない。ある時期まで忘れられていたブッダガヤが、単なるメモリアルセンターではないのは、発見された歴史的遺跡が、ブッダ悟りの地としての史実と結びつけられたというだけにとどまらないからである。

では、何が、大塔を単なる歴史的遺跡にとどまらせることなく、ブッダガヤを「仏教聖地」として生まれ変わらせているのだろうか。ここでは、ブッダガヤで行われている宗教儀礼の展開や仏教寺院の建設経緯を調査し、また統計データによる流入者の推移や住民へのインタビューを総合的に考察することで、「仏教聖地」の宗教的場所や空間の変容と深化のプロセスを検討する。

二　グローバル化する場所――「仏教最大の聖地」としてのブッダガヤの現在

二―一　「仏教の地」に対する内外の関心

インドにおいて仏教が衰退した十三世紀頃から「仏教空白の時代」と称される時代が続く。だが、この時代に、いわば終止符を打つことになったのが英領期の時代であった。特に十九世紀頃になると、前章で述べたように、忘れられていた歴史的遺跡が、再び発見され、可視化され、さらに仏教徒にとって尊ぶべき「仏教聖地」としてブッダガヤが注目されていく。

十九世紀以前に、日本からブッダガヤを訪れようとする人々は皆無ではなかった[1]が、この地を初めて訪れたとされる日本人は、一八八三年の浄土真宗の北畠道龍上人だとされている。十九世紀は、日本でも世界各国に目を向けはじめた頃で、ヨーロッパ、アメリカなどへ留学をする者が現れ始めており、そういった人のなかに、インドに足を運ぶ者がいたことは興味深い。例えば、一八七六年にサンスクリット語を学ぶために渡英した仏教学者の南條文雄は、一八八七年にブッダガヤを訪れている。彼らをはじめ、十九世紀にインドを訪れた日本人は七名、さらに二十世紀初頭には三〇名を超える日本人が仏跡を訪れている。加えて、十九世紀にはブッダガヤとビルマの人々との関わりが確認できる。ビルマとブッダガヤとの関係は古く、十二世紀頃までさかのぼることができ、たびたびビルマ人が大塔の修復に携わっていたことが、遺物の記録から明らかにされている。十三世紀以降、ビルマ人による記録は途絶えていたものの、十九世紀には、イギリスが大塔の発掘や修復をする直前に、ビルマの王による使節団が大塔の修復をマハントに願い出て、修復に着手している。こうして、「仏教ゆかりの地」としてのブッダガヤに対する国外からの関心は渡航がまだまだ容易ではなかった時代から確認できるし、その数が微々たるものだとしても、仏教ゆかりの地を偲ぶ人々がインドに足を運ぶようになる十九世紀には、ブッダガヤに対する宗教的関心が高まり始めていると考えられる。

とはいえ、その当時のブッダガヤの大塔は、世界各地の仏教徒が集団で訪れ、祈りを捧げるような求心力を帯びた場所であったとはいいがたい。どちらかといえば、まだまだ大塔は発見されて間もない単なる歴史的遺跡であって、それを中心にしながら、国内外の人々が祈りをささげ儀式を繰り広げるような地となるにはほど遠い状況であったといわねばならない。

では、国内外の人々がブッダガヤに関心を向け、訪れるようになるのはいつ頃のことなのだろうか。インタビュー調査に基づけば、インドが独立する以前も、ブッダガヤを訪れる外国人はいたようであるが、その数は多いとはいいがたい。早くから数珠を売り始めていたD. Saw氏は、[2] 第二次世界大戦時に中国人の軍隊が五〇〇人ほど訪れ、ブッダが悟りを開いた菩提樹の実だといって数珠を購入していったり、アメリカやイギリスの軍人が訪れ、大塔に参詣し、子どもたちにお金をくれたと話している。[3] だが、西ベンガル州出身の仏教僧であるZ氏によれば、独立前後の頃は、仏教徒がブッダガヤを訪れるということはほとんどなかった。二〇〇五年当時七十七歳であったZ氏は、一九四五年にブッダガヤを父と訪れた当時、チッタゴン（バングラデシュ）やカルカッタのわずかな仏教徒が来ていたにすぎず、タイや日本、韓国などの外国人仏教徒は誰もいなかったと話している。[4]

ところが、インドが独立し、一九五六年になると、ブッダガヤに外国人の仏教徒が訪れるようになったという。一九五六年には、インドが国を挙げて催した仏教二五〇〇年祝祭であるブッダ・ジャヤンティ（Buddha Jayanthi）が開催されている。D. Saw 氏は、この祝祭の開催によって、ブッダガヤの名が世界に知られるようになり、人が来るようになったと述べており、一九五六年が国外から広く関心が向けられる一つの転換点だとみなしている。この点は、地元の大学の教授で考古学者である P. Singh 氏も同様に、一九五六年の祭典がその後の外国人の参詣を後押ししていると話していた。[5]

その後、ブッダガヤを訪れる外国人がさらに増え始めるのは一九七〇年代半ば頃である。チャイ屋を営む R. Singh 氏は、一九五六年から一九七〇年代にかけて、タイや日本をはじめ各国寺院が建立され始めた頃に、観光客が増え始めたと述べ[6]、C. Yadav 氏はその頃からブッダガヤが発展し始めたと話す。[7]

一九八〇年頃から、訪れる人はさらに勢いを増す。名古屋に本山をおく大乗教の印度別院の駐在員であった T. Suba 氏[8]によると、一九七〇年代以降同寺院ではゲストハウスを設置して、国外の人々を受け入れ始めているが、宿泊する外国人の数は一九八〇年代後半にピークを迎えたという。一九八四年にホテルを経営し始めた G. Prasad 氏[9]も、一九八四年から一九八九年にかけて訪れる人々が増加したとみている。大乗教印度別院のゲストハウスで受け入れる外国人の数は、各国寺院がゲストハウスを併設し、一九八九年頃から民間のホテルやゲストハウスが整えられていくことで、ピーク時を下回ったと T. Suba 氏は話すが、いうまでもなく、そのことがブッダガヤを訪れる外国人の減少を意味しないだろう。

このように、ブッダガヤを訪れる外国人は、一九五六年のブッダ・ジャヤンティをきっかけに訪れ始め、他国の仏教寺院や宿泊施設が整えられていくとともに、その数も増加してきたことがうかがえる。

特に、ビハール州における仏教ゆかりの地のなかでもブッダガヤが国内外の人々の関心が高いことは、表3-1からわかる。表3-1はビハール州政府の観光局が、一九九〇年の一月から十二月までの間に同州を訪れた三〇〇万六六一五人（国内滞在者二八九万五七一〇人、外国人滞在者一一万九〇五人）が、三七の主要都市のどこに滞在した

表3－1　ビハール州主要都市別滞在者数（1990年）

	合計		外国人滞在者		国内滞在者	
1	ブッダガヤ	537,535	ブッダガヤ	62,289	ラジギール	528,493
2	ラジギール	533,350	ガヤ	13,926	ブッダガヤ	475,236
3	ジャムシェドプル	281,400	ラクサウル	8,727	ジャムシェドプル	279,236
4	デーオーガル	196,544	ダルバンガ	5,425	デーオーガル	194,411
5	ダーンバード	164,649	ラジギール	4,857	ダーンバード	164,639
6	ガヤ	131,797	シタマリ	3,515	ガヤ	117,871
7	パーニー	112,724	パトナ	2,985	パーニー	112,436
8	ナーランダ	102,883	ジャムシェドプル	2,164	ベグサライ	102,592
9	ベグサライ	102,596	デーオーガル	2,133	ナーランダ	102,545
10	ダルバンガ	85,374	ヴァイシャリー	1,905	マドゥバニ	84,146

出典：Tourism Department of Bihar State India

かを集計したものを加工したものである。網かけしている地名は仏教関連地である。

ビハール州の三七ある都市のなかで最も旅行者が訪れている都市は、ブッダガヤ（五三万七五三五人）である。外国人滞在者に関してもブッダガヤに六万二二八九人が訪れており、その数は他の都市と比べ群を抜いて多い。この数は、外国人滞在者の総数に占める割合にして五六パーセントであり、外国人の半数以上がブッダガヤを訪れていることを示している。さらに、国内滞在者に関してもブッダガヤは四七万五二三六名と、ラジギールに次いで二番目に訪れる人が多い都市となっている。

ブッダガヤを訪れる人々の数も、年々増加の傾向にある。ビハール州観光局によるデータを手がかりに、訪れる人々の推移を確認すると、二〇〇三年に一度減少はするものの、二〇〇九年まで増加し続けていることがわかる(10)（グラフ3-1）。

その後、二〇一二年から二〇一三年にかけてブッダガヤを訪れる人が減少しているが、ブッダガヤに対する国内外の人々の関心が薄れたということを意味しない。二〇一二年の場合、前年にダライ・ラマによるカーラチャックラ・プジャ（Kalachakra Puja）が開催されたため、世界各地からチベット仏教信者をはじめブッダガヤを訪れる人々が極めて多

グラフ3-1　ブッダガヤにおける旅行客の推移[11]

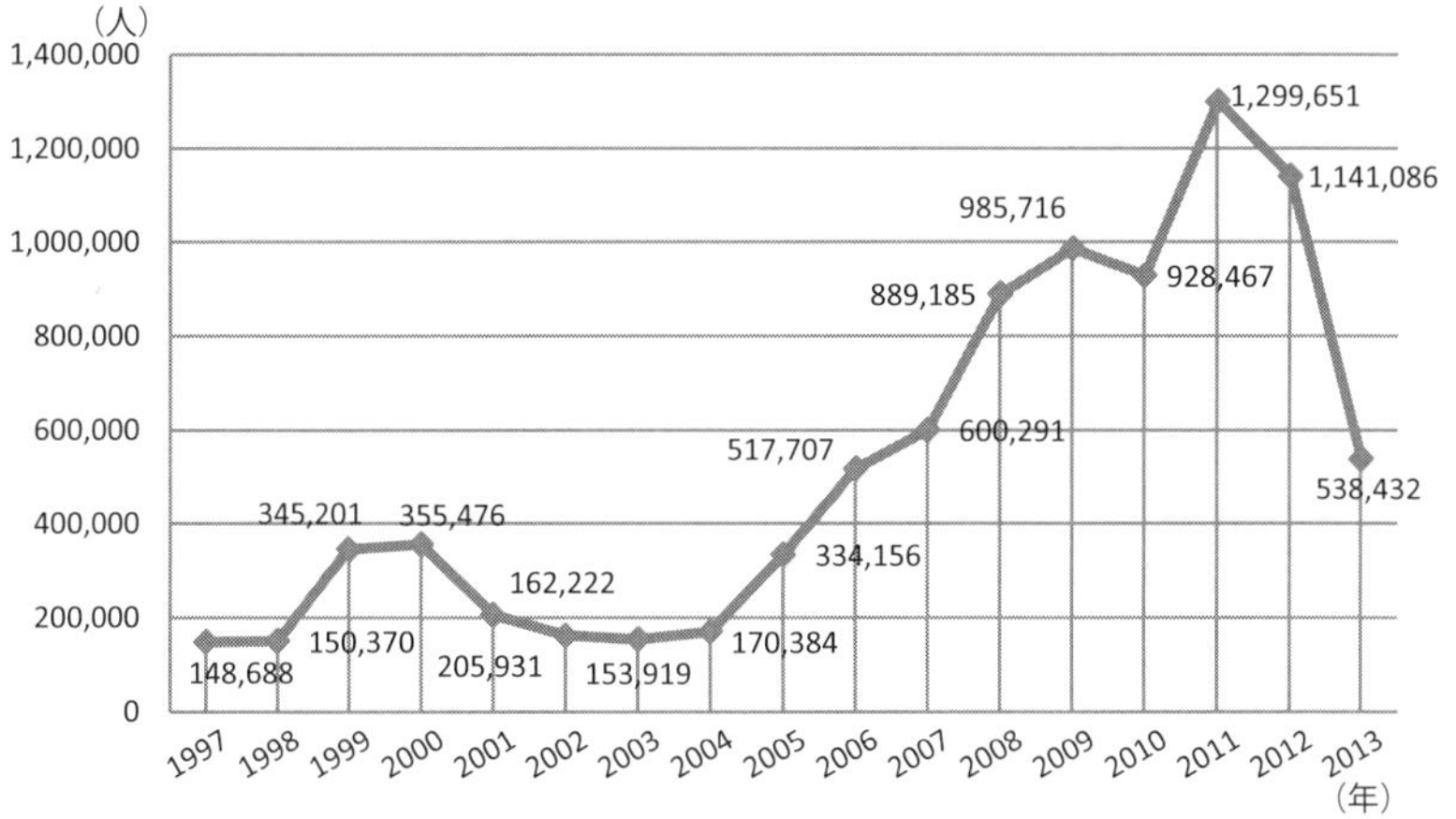

かったためだと考えられる。また、二〇一三年の急激な減少は、同年七月七日にブッダガヤにおいて爆破事件が生じ、チベット仏教僧が負傷するといった事件の発生が影響を及ぼしていると考えられる。

また、インド政府の観光文化省が世界遺産の登録を受けて行った二〇〇二年の報告書によると、十一月から翌年二月にかけて、毎日平均二〇〇〇人、三月から十月にかけて毎日平均五〇〇人、毎年平均四〇万人の人がブッダガヤを訪れている。そのうち三〇パーセントが国外からの人々で、七〇パーセントが国内の人々であると報告されている[12]。二〇〇一年のCensusによれば、ブッダガヤの都市自治エリアの総人口が約三万人と報告されていることから、都市自治エリアの総人口をはるかに上回る数の人々が、ブッダガヤに毎年訪れていることになる。

二―二 「仏教世界」を結びつけるブッダガヤ

一九五六年以降、ブッダガヤが国内外から注目を集めるようになり、訪れる人々の数も増加してきたことをみてきたが、彼ら、彼女らがどのような特徴を持っているのかについて次に確認しておきたい。そこで、ブッダガヤ寺院管理委員会（The Bodhagaya Temple

グラフ3-2　ブッダガヤの宿泊所利用者の出身エリア⑬（2009－2010年）

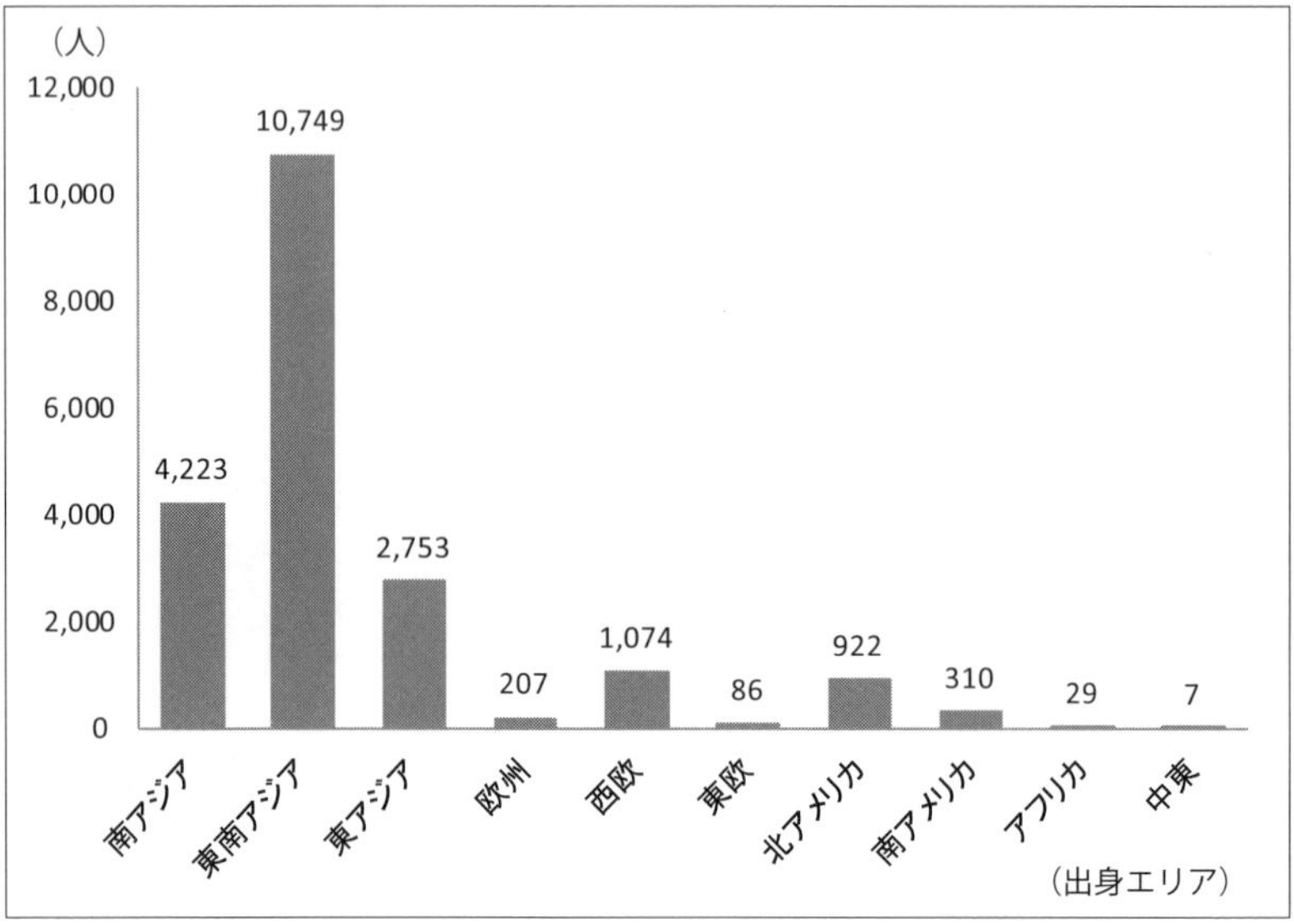

BTMCに報告されたホテル利用者のデータをもとに作成

Management Committee：以下ＢＴＭＣと略す）が、ブッダガヤにある宿泊施設や仏教寺院に宿泊者数および宿泊者の出身国の報告を呼びかけ、それに応えた寺院、宿泊施設の二〇〇九―二〇一〇年の報告データを集計したところ、多様な文化的背景を有した国内外の人々がブッダガヤを訪れていることがわかる（グラフ3-2）。その特徴は、グラフからわかるように、ヨーロッパやアメリカといった西洋諸国と比べて、南アジア、東南アジア、東アジアといったアジア諸国から訪れているということである。

また、アジア諸国に限って、国別に集計すると表3-2のようになる。東南アジアではタイから圧倒的な数の人々が訪れているほか、ベトナムやシンガポールの人々も少なくない。また、南アジアではスリランカからの人々が最も訪れているほか、インド国内の各地域や、ミャンマーやブータンといった国々の人々も数多く訪れている。さらに、東アジアでは日本が最も多く、中国、韓国、台湾といった国々がそれに続く。

表3－2　ブッダガヤの宿泊所利用者の出身国（2009 － 2010 年）

	東南アジア		南アジア		東アジア	
1	タイ	9,818	スリランカ	2,177	日本	1,419
2	ベトナム	392	インド	1,517	中国	462
3	シンガポール	370	ミャンマー	373	韓国	444
4	マレーシア	127	ブータン	94	台湾	406

BTMC に報告されたホテル利用者数のデータを集計し作成

これらの国々は、総じて国内人口に占める仏教徒の割合が相対的に高い。タイやスリランカは、仏教徒の数が八〇パーセントを上回り、ミャンマーやブータン、日本は、五〇―八〇パーセント未満と報告されているし、ベトナム、シンガポール、マレーシア、台湾、韓国は仏教徒が一〇―五〇パーセント未満を占める国である（『ブリタニカ国際年鑑　二〇〇七』）。

また、この表3-2には表れていないが、ブッダガヤを訪れる人々のなかには、中国のチベット自治区やネパール、インドのラダックといった国や地域からの人々も数多く訪れていることに注意しなければならない。毎年、冬季に訪れるチベット仏教の巡礼者の数は目を見張るものがある。後述するように、ブッダガヤで大規模に行われている仏教儀礼は、その大半がチベット仏教系であり、その規模がブッダガヤ所在の宿泊施設のデータに表れないのは、チベット巡礼者の多くが、ホテルではなく、各々の寺院が併設するゲストハウスを利用しているからである[14]。

しかし、単純に、アジア各国・地域から訪れる人々が増えているからといって、ブッダガヤが宗教的な場所へと変貌したと論じるわけにはいかない。なぜなら、ヒトやモノ、カネの移動が容易となった今日、グローバルな規模で人々を惹きつける場所は、何もブッダガヤに限らないし、単に訪れる人々が増加したということだけでは、ブッダガヤという場所が、どうして「観光地」ではなく「聖地」として様々な人々を惹きつけるようになったかを説明できないからである。端的にいえば、ブッダガヤを訪れる人々の向かう先である「歴史的遺跡」が、単なる歴史的モニュメントとして博物館に保管され、展示されているだけの「もの」ではないからである。以下では、大塔周囲で行われる仏教儀礼の展開と、大塔周辺の仏教寺院建立の状況を手がかりに、ブッダガヤという場所の今日的な内実に接近してみたい。

三 「仏教聖地」空間の形成——仏教徒の祈りが捧げられる場所へ

三—一 遺跡周囲で行われる仏教儀礼の起源と展開

ブッダガヤにおける歴史的遺跡（大塔、金剛宝座、菩提樹など）が、単なる歴史的なモニュメントでないというのは、その周囲で祈りを捧げたり、宗教的儀礼を執り行うなど様々な宗教的な行為が、国や地域、民族、人種、言語、宗派、経済的差異、身分や職業、年齢の制限を超えて行われているからにほかならない。近年では、毎年のように仏教儀礼が組織的に行われ、大塔や菩提樹の周囲を彩っており、その規模も大規模なものとなっている。

まず、宗教儀礼が組織的に執り行われる様子から検討しておこう。ブッダガヤで最初に行われた仏教儀礼は、一九五六年に開催されたブッダ・ジャヤンティである。[15] この祝祭は、世界各国・地域の仏教関係者らが招待され、盛大に執り行われた。ブッダ生誕および成道、初転法輪＝初説法、涅槃をあわせたこの祝祭は、ブッダガヤをはじめインド各地でも催された。ブッダガヤでは、大塔やその周囲が色彩豊かな仏旗やイルミネーションで飾られ、ブッダガヤにある各国仏教寺院から国籍の異なる僧侶が、金剛宝座と菩提樹が祀られている場所に会して合同の法要が行われた。[16] インドが国を挙げて二五〇〇年祝祭を開催した背景には、仏教発祥の地において祝祭を執り行うことへのアジア各国からの要請があったと、ブッダガヤのマガダ大学の教授 P. Singh 氏は話す。

この祭典をきっかけに、ブッダガヤにおいてブッダを偲ぶ儀礼が毎年執り行われるように定例化されたことは注目に値する。ＢＴＭＣが一九七二年に刊行し始めた雑誌プラジャナー（Prajñā）によれば、一九五六年以降、毎年ブッダ・プルニマ（Buddha Purnima）が祝われていた。ブッダ・プルニマとは、ブッダの誕生、悟り、涅槃の出来事を賛美し、五月の満月の日となるヴェーサカ・プルニマ（Vaisakh Purnima）に祝われる仏教祭典である。プラジャナーは一九七七年から一度中断し、二〇〇一年に再び刊行されるため、その間に仏教儀礼が続けられていたかどうかについては同雑誌からは確認できないが、二〇〇一年以降のプラジャナーには、ブッダ・プルニマの日に、ブッダ・ジャヤンティが毎年開催されていることが記されている。A. Gupta 氏によると、ブッダ・ジャヤンティでは南インドのダンスが披露されるなど、様々な催しが行われることもあった。[17]二〇〇〇年五月のブッダ・ジャヤンティには六万人の人々がブッダガヤを訪れたと記されている（大工原 二〇〇四：二四）。

また、ブッダガヤで行われている仏教関連行事は、ブッダ・ジャヤンティに限らない。その詳細に関しては表3-3を参照されたい。ブッダ・ジャヤンティをはじめアンベードカル・ジャヤンティ（Ambedkar Jayanthi）、ブッダ・マホッサヴ（Buddha Mahotsav）に関しては、ＢＴＭＣが一主催者として執り行っているのに対し、十月に執り行われているカティーナ・チヴァー・ダーナ（Kathina Civra Dana）および十二月頃から翌年二月にかけて執り行われているモンラン・プジャ＆ピース・セレモニー（Monlam Puja & Peace Ceremony）は、いずれもＢＴＭＣが主催する仏教儀礼ではない。上座部仏教の仏教儀礼となるカティーナ・チヴァー・ダーナは主催者がマハーボーディ・マハー・ビハーラ（Mahabodhi Maha Vihar ＝大菩提寺〈大塔の別称〉の意））となっており、ＢＴＭＣではなく、あくまでＢＴＭＣの駐在僧を中心に催していることになっている。[18]また、モンラン・プジャ＆ピース・セレモニーは、一つの主催者が執り行う一つの仏教儀礼ではなく、宗派の異なる仏教組織（教団）が、それぞれこの期間

表3-3　ブッダガヤで毎年行われている仏教関連フェスティバル

ブッダ・ジャヤンティ	毎年5月(満月の日)
カティーナ・チヴァー・ダーナ	10月
アンベードカル・ジャヤンティ	4月14日
モンラン・プジャ&ピース・セレモニー	12月～2月
ブッダ・マホッサヴ	1月15日～17日

出典：BTMC　HP：http://www.mahabodhi.com/（2009年8月24日確認）

に執り行っている仏教儀礼の総称である。

ＢＴＭＣは、二〇〇八年以降、モンラン・プジャ&ピース・セレモニーにおいて執り行われる仏教儀礼の開催日や主催者の内訳をホームページ上に掲載している。いずれも、大塔や菩提樹の周囲において、一〇〇人を超える僧侶や信者によって執り行われる大規模な儀礼である。毎年開催される儀礼の数は異なるが、二〇〇八―二〇〇九年には一三の儀礼が行われ、二〇〇九―二〇一〇年にかけて一四儀礼、二〇一〇―二〇一一年には一二儀礼、二〇一一―二〇一二年には一一の儀礼が行われており、二〇〇八年以降、毎年一〇を超える数の儀礼が行われ続けている。このモンラン・プジャ&ピース・セレモニーにおいて行われている仏教儀礼は、経年的に行われている仏教儀礼と、毎年その都度行われる単発的な儀礼の二つに大きく分けられる。儀礼の半分以上は、その年ごとに新しく行われているものである。なかでも、二〇〇八―二〇一二年の四年間にはカギュ・モンラン（Kagyu Monlam）、ニグマ・モンラン・チェモ（Nyingma Monlam Chemo）、ティピタカ・チャンティン（Tipitaka Chanting）、ウォーター・ランド・ブッディスト・セレモニー（Water Land Buddhist Ceremony）、カーラチャックラ・プジャの五つの仏教儀礼が経年的に行われている。[19] 最も回数を重ねている儀礼は二〇一一―二〇一二年に第三五回を迎えるカーラチャックラ・プジャである。このプジャは、ダライ・ラマが導師を務め、人類の平和と幸福を祈願するものである。ブッダガヤで行われる仏教儀礼のなかでも古く、また大規模なものであるが、毎年開催されているわけではない。

写真 3－1　カーラチャックラ・プジャの様子（1985 年）

現地の電話ボックスに飾られていた写真

一九八五年に最初のプジャが行われ、その後、数回がブッダガヤで行われた。二〇一二年度のカーラチャックラ・プジャは、ダライ・ラマ一四世によって執り行われる最後のプジャといわれていた。

その次に回数が多い儀礼は、二〇一一―二〇一二年に第二九回目となるカギュ・モンランである。この儀礼の開始時期は一九八二年にさかのぼり、古くからの儀礼の一つである。また、第二二回目となるニグマ・モンラン・チェモは、一九九〇年から始まった。そして、第七回となるティピタカ・チャンティンは二〇〇九年に行われ始める。近年の新たな儀礼として、二〇一一―二〇一二年に第二回目となるウォーター・ランド・ブッディスト・セレモニーがある。

このように、ブッダガヤにおける大規模な仏教儀礼は、一九五六年にＢＴＭＣによってブッダ・プルニマの日にブッダ・ジャヤンティが執り行われて以来、少しずつ数を増やし、二〇〇九年以降大規模な仏教儀礼は、毎年一〇を超えている。ようするに、大塔や菩提樹の周囲で執り行われる仏教儀礼は規模や数において確実に拡大しているのである。

四　「仏教聖地」空間の拡大——歴史的遺跡周辺に展開する各国仏教寺院

四―一　ブッダガヤにおける外国寺院の分布とその増加

ブッダガヤが宗教的な場所へと変貌する過程は、大塔や金剛宝座、菩提樹の周囲のことだけではない。その動きは、ブッダガヤに建立される世界各国・地域の仏教寺院の展開にみることができ、ブッダガヤ地域全体が、広く各国や地域の仏教の拠点となり、常時、世界と結びついていくプロセスとしてみなすこともできる。

まず、ブッダガヤに建てられている寺院の数とその設立のプロセスについてみておこう。二〇一一年、BTMCがホームページ上で公開している寺院の数は四九か寺にのぼる。二〇〇五年当時には三八か寺[20]の仏教寺院が建てられていることが報告されており、二〇一一年までの六年間のうちに一一か寺が新しく建てられたことになる。そして二〇一六年に五か寺増え五四か寺となっている。

インドが独立する一九四七年以前には、一九〇一年にスリランカ、一九三五年にチベット（ゲルグ・パ[21]）と中国、一九三六年にビルマの建物が確認できるが、それら以外の寺院は、一九五〇年代以降に建設が進んだことがわかる。一九五〇年代以降に建てられた初期の仏教寺院は、州政府から土地の提供を受けるか、土地を借用する形で、寺院建設用地を確保している。一九五六年にタイ政府によって建立されたタイ寺（ワット・タイ）は、インド政府から土地の提供を受けている。その後、印度山日本寺、大乗教印度別院、ビルマ寺は、政府の土地を借用する形で寺院を建立している。一九七三年に寺院の設立をみている印度山日本寺は、一九六三年に初代首相ジャワハルラル・ネルー（Jawaharlal Nehru）に建設用地の提供を懇願し、一九六七年には寺院建設用地貸借の契約を結んでいた（インド日本寺落慶式実行委員会　一九七四：一一）。また、一九八〇年代に建てられているベトナムや一九九〇年代に建てられるシッキムの寺院も、印度山日本寺が完成する一九七三年までの間に、寺院建設用地をインド政府から取得し、寺院の建設を進めていた（同：三六）。つまり、実際の寺院の完成は一九八〇年代、一九九〇年代になるが、それに先立って、すでに各国による仏教寺院建設の動きは一九六〇年代、一九七〇年代に着々と進められていたことがうかがえる。

また、ブッダガヤにおける寺院の展開は、寺院自体の建設にとどまらない。それぞれの寺院の規模や機能の拡大といったことも合わせて進んでいる。例えば、独立以前にすでに建てられたスリランカ、ビルマ、チベット（ゲルグ・パ）、中国の寺院は、もともと自国の巡礼者の便宜を図るための小規模な宿泊所であった（サハ　一九九五：一九二）。いずれも独立以降、寺院の建設や修復、施設の拡大を進めている。チベット（ゲルグ・パ）は一九三五年に、大塔から西側に約一〇〇メートル離れた場所に寺院を建てていたが、一九五二年に再建しており、現在では、ブッダガヤでも規模の大きい寺院の一つとなっている[22]。一九三五年に大塔北西約一〇〇メートルに位置する場所に建てられた中国寺は一九九七年に再建されている[23]。そして、大塔の北側約一キロメートル離れた一九三六年に建てられたビルマ寺は、ニランジャナ河のほとりに位置し、二〇〇五年に、寺院の隣に巡礼者の宿泊のためのゲストハウスや、メディテーションホールを新しく建設していた。

ブッダガヤに建てられている寺院は、国や地域、宗派も様々である。現在、一一の国や地域の、宗派の異なる仏教寺院が建てられている。二〇〇五年当時の三八か寺を国別に整理するとグラフ3-3のようになる。三八か寺中、一五か寺はインド国内の仏教教団によって建立されており、最も多い。続いてチベットの寺院が八か寺建てられており、両国でブッダガヤに建てられている寺院の半数以上を占めている。その他の寺院は、数こそ少ないが、スリランカやブータンといった南アジアの国や、ベトナム、ミャンマー、タイといった東南アジアの国々、中国、日本、韓国、台湾といった東アジアの国々というように、アジアの国々によって建てられている。

こうしたアジア各国・地域に及ぶ寺院は、各々の国や地域の特徴を活かした建築様式で建てられていることから、ブッダガヤは国際色豊かな場所となっている。しかも、大塔や金剛宝座のある場所を中心に半径一―二キロメートルの範囲に、地図3-1のような拡がりを持ちながら展開している。

グラフ3-3　仏教寺院建設国・地域[24]

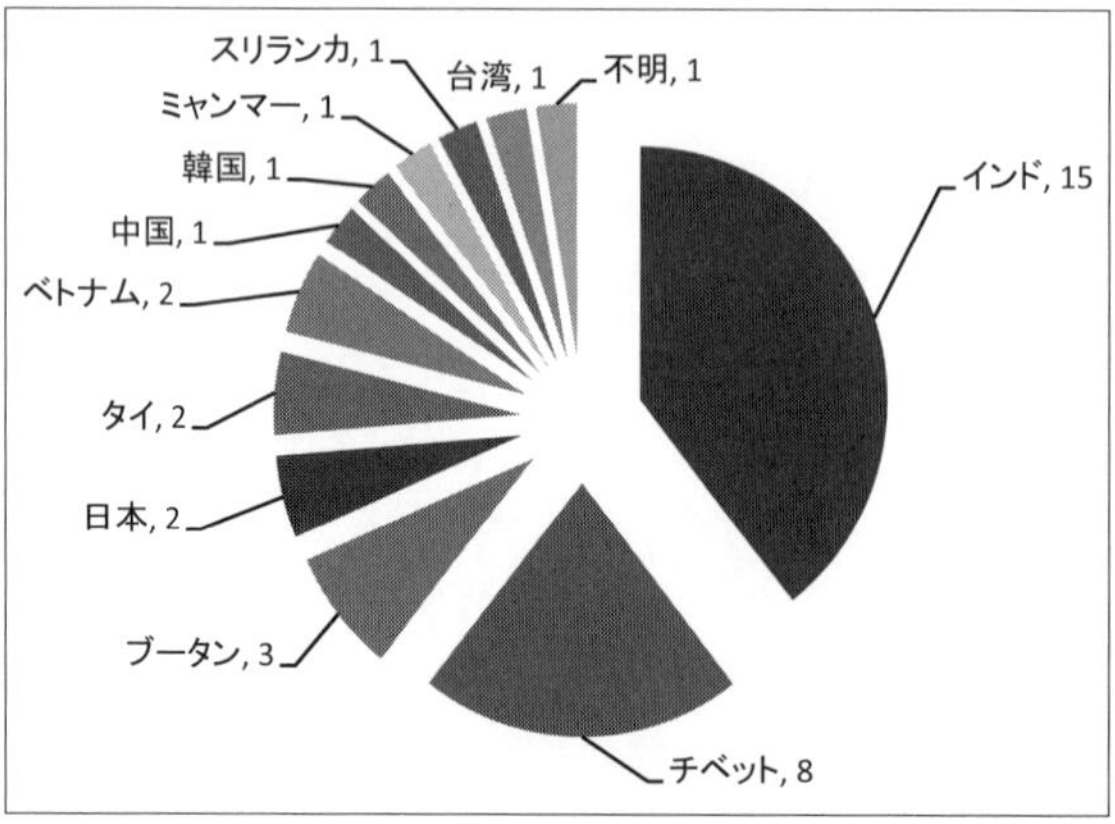

＊数字は仏教寺院の数

もちろん、インドにおける仏教の地に各国・地域の寺院が建てられるという現象は、ブッダガヤに限った話ではない。ブッダの生涯と関わる他の「仏教聖地」をみてみると、同様に各国・地域の寺院の建立を確認することができる。例えば、ブッダ生誕の地であるネパールのルンビニーの場合、日本、韓国、中国、ベトナム、スリランカ、チベット、ミャンマーなどの寺院が建設されている。また、ブッダが教化活動を行った場所としても知られる祇園精舎で有名なシュラーヴァスティーや王舎城で名高いラジギールにおいても、各国・地域の仏教寺院の建設が相次いでいる。シュラーヴァスティーでは、中国、ビルマ、スリランカ、タイの寺院が建てられ、ラジギールでは、日蓮宗の藤井日達が寺院を建てているほか、ビルマ寺院やベンガル寺院が建てられている。

しかし、こうした他の「仏教聖地」と比べても、ブッダガヤが特

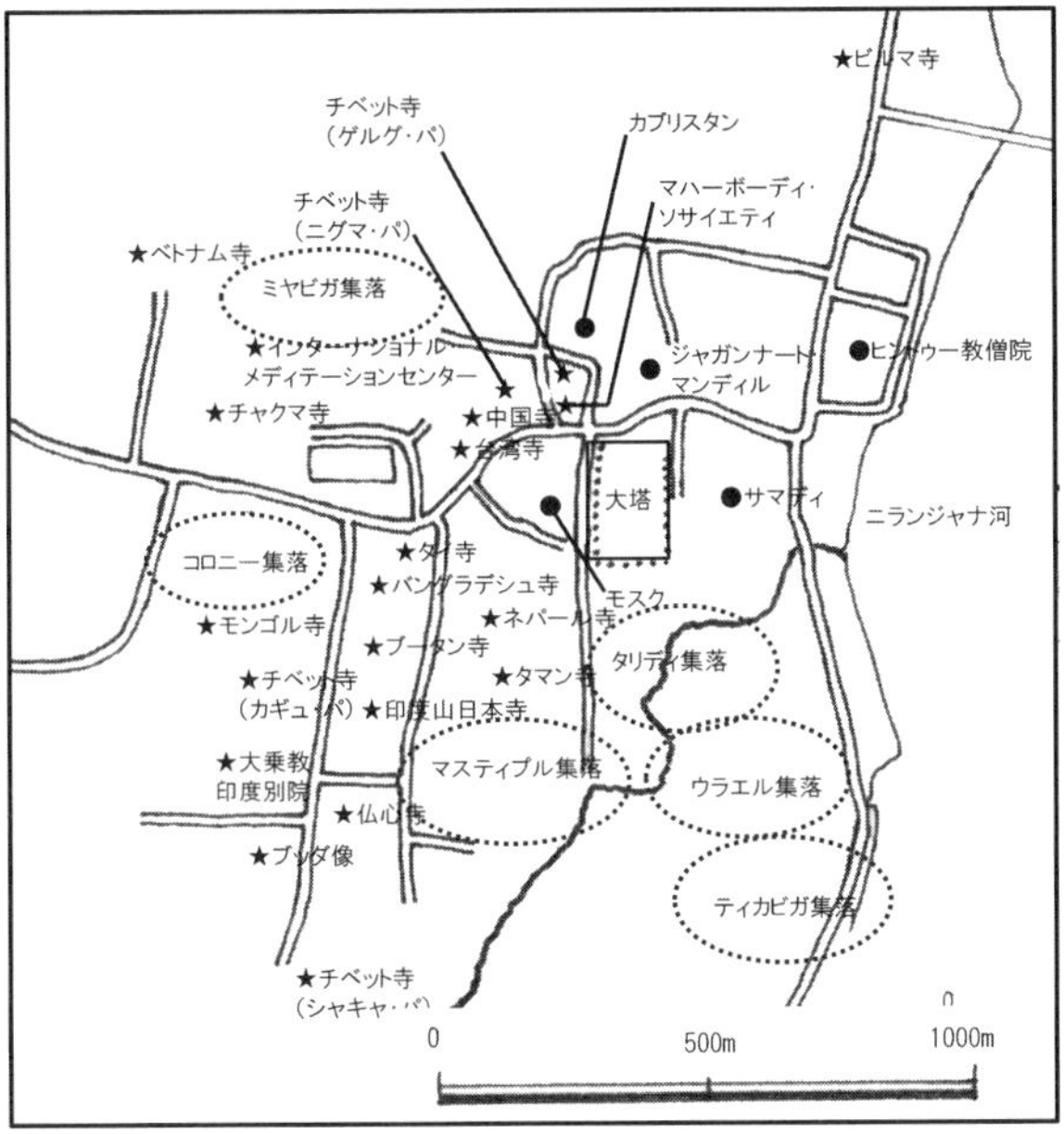

地図３－１　各国仏教寺院の分布

徴的であるのは、すでに五〇近い仏教寺院が建てられているにもかかわらず、今なお寺院建設が続けられ、その数が増え続けている点である。筆者がブッダガヤを調査し始めた二〇〇三年以降も、ブッダガヤ一帯で土地の売買が進んでおり、広がる農地のいたる所に、仏教寺院建設用地が確認できた。そして、建設が着々と進められ、その動きは今なおとどまることを知らない。ブッダガヤは、こうした意味においても、他の「仏教聖地」と比べ、最も人々の関心

マハーボーディ・ソサエティ（スリランカ）

ビルマ寺

大乗教印度別院

中国寺

ベトナム寺

チベット寺（ゲルグ・パ）

モンゴル寺

タイ寺

ブータン寺

印度山日本寺

写真３－２　各国・地域の仏教寺院

が高い場所であることがうかがえる。

五　ブッダガヤの仏教化のターニングポイント

五―一　「仏教聖地」の再建を促した力とは何か

ブッダガヤにおける大塔やその周辺の遺跡が、それ自体として長い歴史を有することに対して異論はないだろう。しかし、歴史的遺跡周囲で大規模な仏教儀礼が執り行われ、祈りが捧げられ、またその周辺一帯で寺院の建設が進められていくプロセスはいずれも独立以降のことで歴史は浅い。

ではなぜブッダガヤに国内外の人々が惹きつけられるようになり、儀礼が執り行われ、その周辺で各国・地域の仏教寺院の建設が進行することになったのか。もちろん、訪れる人々の増加は、ブッダガヤという場所のみが、特別に経験してきた現象ではない。何よりも、他の「聖地」あるいは「巡礼地」として知られる場所でも確認されている。例えば、イアン・リーダーは、ヨーロッパのカトリックの巡礼地に訪れる巡礼者が、一九九〇年代後半以降増加していると指摘する。(25) それだけでなく、リーダーは、イスラーム教の最大の聖地メッカや日本の四国遍路における巡礼者の増加にも注目している（リーダー 二〇〇五）。なぜ、各地で巡礼者が増加しているのだろうか。リーダーはこうした聖地での現象をモダニティの産物として捉えている。リーダーは、巡礼者の動機に注目し、個人がアイデンティティを探究するようになっている点を指摘しているが、それ以外にも、出版物の増大といったメディア媒体の普及やモダニティの拡大として輸送システムや交通網の整備などを挙げている。

確かに、リーダーの指摘はある程度ブッダガヤの事情に関しても当てはまるといっていい。例えば、一九七〇年代後半以降からブッダガヤを訪れる人々の増加は、輸送システムや交通網の整備によるものであることは疑いようがなく、モダニティの拡大というリーダーの指摘に合致する。日本でいえば一九六〇年代後半からインドへの留学体験記や仏教遺跡を訪れた人々の旅行記が一般書として出版されており、情報媒体の普及という点でも、リーダーの指摘は適切であろう。

しかし、ブッダガヤの場合、訪れる人々はとりわけアジアからの人々が多く、さらに国や地域ごとに訪れる人々の増減時期に相違がある。なぜこのような相違が生じているのかに関しては、リーダーのモダニティの拡大ということだけでは捉えられない。こうした訪れる人々の増減の相違にそもそも注目したのは、アジア各国からの巡礼者が訪れ、その数も増加しているにもかかわらず、ブッダガヤの地元観光ガイドが世代によって話す言語に違いがあり、[26]その世代ごとに接触していた人々の出身地に影響を受けているからではないかと考えたからである。インタビューを行っていたところ、一九九三年から一九九七年にビハール州の観光局に勤めた経歴のある X. Singh 氏は、[27]ブッダガヤを訪れる人々の動向に次のような特徴があると述べた。インタビューをまとめると表3-8のようになる。

X. Singh 氏によると、一九五六年頃からブッダガヤを訪れていた人々に多かったのは、ミャンマーやチベット、中国の人々だという。だが、ミャンマーからの人々は一九六五年から減少し、一九六六年頃になると、チベットおよび中国からの人々も減少した。その後、一九六六―一九六七年から日本人の観光客が増加し始め、二〇〇二年になるとその数は減少したという。一九九〇年からは、韓国人の旅行客が増加するが、二〇〇三年以降、減少に転じた。そして、二〇〇二年以降になると、今度は台湾人の観光客が増加し始めたという。このように、東アジアを中心に、ブッダガヤを訪れる旅行者の増減に異なる変動があるのに対し、スリランカやタイからは、毎年、定期的に

表３－８　ブッダガヤを訪れる人々の特徴

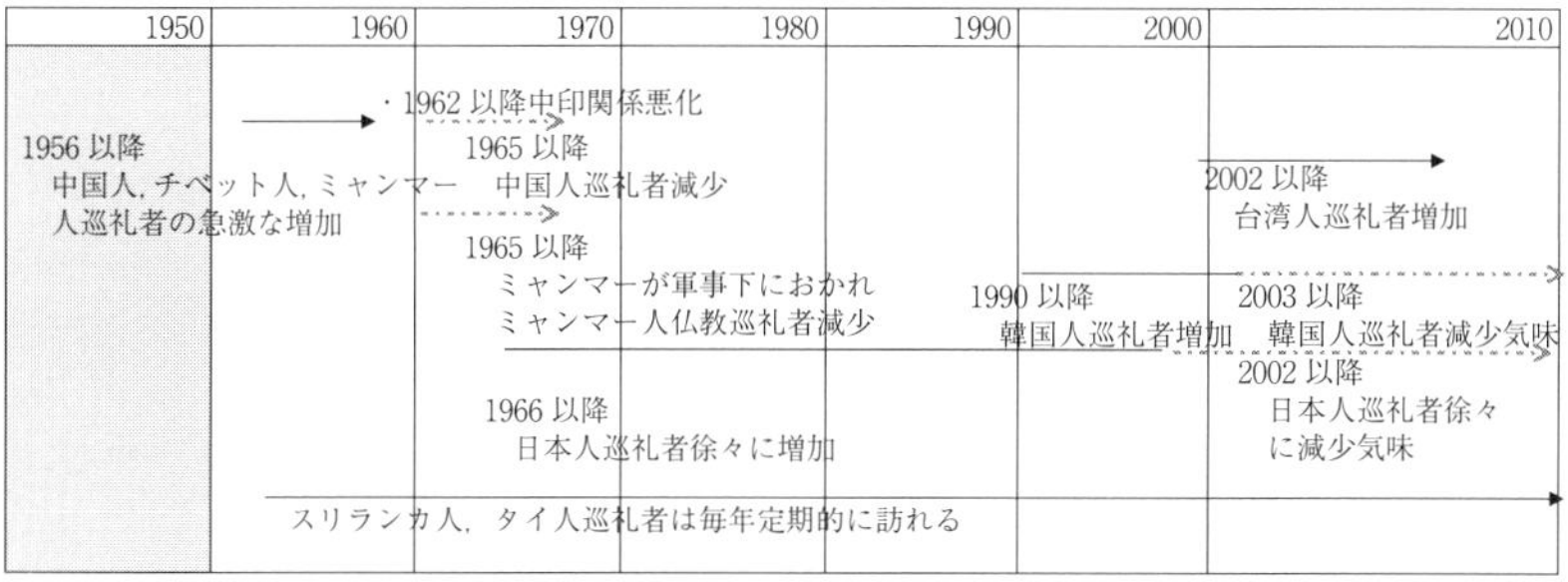

インタビューをもとに作成

人々が訪れているという。特に、スリランカからの巡礼者は多く、また貧しい人が多いのが特徴だという。こうした、アジアの国や地域で、訪れる人々の増減が年代によって偏りがあるような特徴については、リーダーの指摘するようなモダニティの拡大という論点だけでは捉えきれない。

では、ブッダガヤを訪れる人々にみられる傾向はどのように読み取るべきか。この点に関してX. Singh氏のインタビューに基づいていえば、まず、インドと訪れる人々の出身地域あるいは国との政治的関係に注意しなければならない。一九五六年から一九六六年に至るまで、チベットや中国の人々が多かったのは、インドと中国との政治的関係が良好であったことに起因する。しかし、一九六六―一九六七年頃から、チベットや中国からの旅行者が減少する。そこには、一九六四年に中国とインドとの間の国境問題に伴う政治的関係の悪化がある。その結果、大陸からの中国人はインドに来ることができなかったという。こうした中国とインドとの国境をめぐる政治的問題はチベット人の減少にもつながっている。また、影響はそれだけにとどまらず、ブッダガヤの中国寺の維持管理にも表れている。中国人尼僧が寺院管理をしていたという中国寺は、尼僧が亡くなってからは中国からの行き来がないため、代わってインド在住の華人[28]が行い、一九九七年の中国寺の修復にも、彼らが携わったという。そして、二〇〇二年頃からは、台湾からの巡礼者の増加によって、台湾寺が建設され、中国寺の管理もいつしか台湾の人が担うようになった。

やがて、インドとの経済的関係が良好となることで中国から訪れる人々の増加が後押しされている。インドとの政治的関係の悪化から遠のいていた大陸からの中国人は、二〇〇四年頃から、両国の経済的な意味での関係改善が進んだことを受けて、再びブッダガヤを訪れるようになっている。そして、二〇一一年には中国人仏教教団によって大規模な仏教儀礼がブッダガヤで行われるまでになっている。中国におけるチベット自治区の問題は解決していないものの、チベット仏教による仏教儀礼が一九八〇年代頃から行われると、中国のチベット自治区からインドに亡命しているチベット難民などがブッダガヤを訪れていることがわかる。毎年冬に開催されるモンラン・プジャ&ピース・セレモニーにあわせて、チベット難民が押し寄せ、簡易テントをはり、衣類などを売る難民マーケット(Refugee Market)が形成される。

また、ミャンマーからの巡礼者が一九六五年頃から減少するが、それは、ミャンマーが軍事政権下におかれたことが背景にあるという。一方、一九六六―一九六七年頃からの日本人の増加は、一九六四年に海外渡航が自由化されるとともに、その後の高度経済成長に後押しされたものと考えられる。一九六七年にブッダガヤにおいて印度山日本寺の建設が進むのも、こうした動きと無関係ではないだろう。そして、二〇〇二年以降の日本人の減少は、バブル崩壊に伴う日本の経済成長の鈍化による影響とクロスする。[29] また、韓国からの人々が一九九〇年代に訪れ、二〇〇三年に減少傾向に転じたことも、経済動向と無関係ではないだろう。韓国は一九八〇年代後半まで高い経済成長を続け、一九九〇年代に成長が鈍化したとされている。二〇〇二年以降には台湾の人々が増加したとX. Singh氏は述べている。台湾は一九七〇年代後半頃から一九九〇年代にかけてＩＴ産業の発展にともない経済の成長を遂げ経済大国として成長してきた。こうした台湾の経済成長が巡礼者の増加を後押ししているだろう。

このように、ブッダガヤに国外から訪れる人々の増減が、インドとの政治的、経済的関係や、それぞれの国や地域の政治的、経済的状況によって左右されていることがうかがえる。

さらに、ブッダガヤに訪れる国内外の人々が増加した要因として、インド政府の観光戦略をみておく必要があるだろう。なぜなら、アジアの多くの国が戦後以降、国家的プロジェクトとして外貨獲得の手段となる観光に力を入れてきた背景があり、また、インドにおいても政府による観光戦略が国内外の人々がブッダガヤに訪れるきっかけを作っていると考えられるからである。

しかし、インドが観光戦略に力を入れ始めたのは、独立後かなり後になってからのことである。もちろん、独立以前からすでに「観光」を促すような取り組みは確認されている。ただし、それはあくまで交通網を拡張する開発の宣伝にすぎず、経済活動として公式に着手されたものではなかった（Chauhan 1995）。

インドが独立すると、それから間もない一九四八年に、インド政府は、中央観光・交通諮問委員会（A Central Tourist Traffic Advisory Committee）を設置し、一九四九年に通産省内で観光関連事業に着手している。そして一九五八年に観光省を独立機関として設置することで中央政府内での観光関連部署を整えている。さらに、各州にも州の観光開発を推進するための機関が設置され、観光開発会社を設立し、インドは独立以降観光に力を入れるようになってきたと思われる。しかしチョーハン（Chauhan 1995）によれば、インドとパキスタンの分離独立の問題やそれに伴う難民問題といったインド政府が直面した政治的、経済的事情もあり、実際インド政府の観光に対する優先順位は高くはなかった。そのうえ、一九五〇年代以降に始まった各州の観光機関の設置も、一斉に進んだわけではなく、州ごとに設立時期に差があり、ビハール州においては一九八〇年代にようやく設立された。

その後、インド政府が、観光産業を重視した政策を掲げるのは、一九八五―一九九〇年の第七次五か年計画だとされている[30]。そのなかで、インド政府は、外国人旅行者数を年七パーセント増加させる目標をたて、観光推進政策として「観光地のアクセシビリティの確保、民間投資の誘い水のためのインフラ整備」「観光地の利便」や「公共施設拡充」といったことを進めることを謳っている。それに加え注目したいのは、「魅力増加のための遺跡修復、保存、修景」が盛り込まれている点である（観光基盤整備事業〈一九八八年度インド〉評価報告書 二〇〇一：二七六―二七七）。そして、一九九一年には、外国人対象の観光産業の可能性がより強く認識され、「観光年」が宣言されているように、インド政府が観光産業に力を入れ始めていることがうかがえる。

しかし、ショーバン・K・サハは、国家開発計画のなかでの観光事業への投資が少ない点を指摘し、観光産業の可能性が認められるようになりながらも、十分な成果につながっていないことを述べている（サハ 一九九五：一八九）。結局のところ、インド政府が観光に最も力を入れ始めるのは二〇〇〇年代である。二〇〇二年から二〇〇七年の第一〇次五か年計画でも、外国人観光客の増加の促進や、観光振興を通じた雇用の拡大を目標として掲げ、特に、来印者促進のために二〇〇二年に「インクレディブル・インディア」（Incredible India）と称して大々的なキャンペーンを行っている。

図3－1 インド政府観光局の案内パンフレット

キャンペーンのなかで、各地に点在する仏跡は、観光を促進するためのパッケージの一つとなっている。観光局の配布するパンフレットには、「釈尊の足跡を慕って」として、仏跡めぐりを取り扱ったものがあり、仏教遺跡がインド観光の重要なスポットとして取り上げられている。

もちろん、中央政府のキャンペーンに限らず、州政府においても、仏教遺跡は、観光資源として見落とせない要素となっていることは、州政府のＨＰにおいて仏教遺跡を前面に出していることからもうかがえる。特に、仏教遺跡が各地に点在するビハール州やウッタル・プラデーシュ州のそれぞれの観光局にとって、仏跡は観光資源の中心をなしており、巡礼や観光を促す取り組みに力を入れている。なかでもブッダガヤの大塔寺院群は、二〇〇二年にユネスコの世界遺産に登録されたことを受け、ビハール州の観光省が関わりながら仏教関連イベントが企画されたり、新たな開発計画案が策定され実行に移されつつある。

こういった観光に対する中央政府、州政府の取り組みからもわかるように、ブッダガヤを含む仏教聖地や仏教関連地が観光戦略の一つとなっていることは間違いない。さらに、先にみた二〇〇〇年以降の仏教儀礼の増加や、一九九〇年代以降に加速する寺院建設は、インド政府の観光を強化する取り組みと併せて考えると、政府の観光戦略が、人々が同地域に向かう動きをある程度後押ししていると考えることはできよう。

五―二　新生インド政府の国家的戦略

実は、ブッダガヤの場合、この地を訪れる人々の増加や仏教儀礼の開催、仏教寺院の建設は、前述の事情に先立ち、一九五六年のインド政府の取り組みが引き金になっている。インド政府は、一九五六年に、仏教二五〇〇年を記念しブッダ・ジャヤンティを祝う祝祭を、国を挙げて執り行っている。ブッダガヤで初めて執り行われることになったこの祝祭は、生誕、悟り、涅槃といったブッダの生涯の出来事が結びついているといわれている五月の満月の日に、首都のデリーでも盛大に行われた。そのプログラムのなかには、様々な仏教関連のシンポジウムの開催や各国の人々に向けての仏教遺跡巡礼ツアー企画などがみられる。祝祭には、仏教国をはじめ、世界各国の政府関係者、仏教者や学者が招待され、日本からは仏教学者である中村元が出席している。[31] インド政府は、デリーで「2500 Years Buddha Jayanthi Cerebration Commitey」を組織した。その組織の代表を初代首相ジャワハルラル・ネルーが務め、[32] また『2500 Years』を出版し、仏教に関するセミナーも行っている。こうしたインド政府の取り組みを、マガダ大学の教授である P. Singh 氏は、インド政府の外交政策と捉える。[33]「仏教」は、インドにおける宗教や文化、歴史と結びつくと同時に、アジア各地の仏教地域においても重要である。そのため、他のアジアとの関係を築くための手段でもあったというのである。とはいえ、ブッダ・ジャヤンティの開催は、インド政府の一方的な戦略に基づいたものではなく、周辺アジア諸国からの要請もあったようである。

このインド政府によるブッダ・ジャヤンティの開催は、ブッダガヤの「仏教聖地」としての再建に直接的なきっかけを与えている。まず、インド政府の全面的な支援のもとで一九五六年に執り行われたブッダ・ジャヤンティそのものが、ブッダガヤにおいて初めて行われた記念すべき仏教儀礼となり、そして、この祝祭が、その後の外国人の来訪を後押しすることになっていたからである。[34] そのうえ、五月の満月の日には、BTMCによってほぼ毎年のように仏教儀礼が開催され、ブッダガヤで執り行われる重要な仏教の行事となっている。

さらに、この一九五六年のブッダ・ジャヤンティが、ブッダガヤにおける仏教寺院の建立のきっかけになったことも見落とすわけにはいかない。ネルーは、この祝祭が執り行われた際に、各国に向けて仏教寺院の誘致を促す演説を行った（サハ 一九九五：一九二）。そこでネルーが述べたのは、「釈尊のご成道の聖地ブッダガヤに国際仏教社会を建設し、数次の世界戦争を経験してきた人類の末永い国際融和と平和の拠点にしよう」（国際仏教興隆協会リーフレット）ということであり、各国にブッダガヤへの仏教寺院の建設を呼びかける内容であった。実際、初期に建設されたタイ寺や印度山日本寺は、ネルーの呼びかけに呼応する形で寺院の建設が進められていることは明らかである[35]。タイ寺は、一九五六年にインド政府から土地の提供を受けて建設されている。また、タイ寺に続く印度山日本寺の建設も、仏跡巡礼者の増加を背景にしながら、インド政府が当時進めていた「世界各国からの参拝者を集めるべく国際仏教センター」としての都市づくりに、日本として応える使命が後押ししていたとインド日本寺落慶式実行委員会がまとめた記念写真集のなかに記されている（インド日本寺落慶式実行委員会　一九七四）。

ようするに、新生インド政府のブッダガヤにおけるブッダ・ジャヤンティの開催は、仏教儀礼や寺院の建設が今日に至るまで着々とその数を増やしていくための土台を作ったといえよう。事実、そのプロセスには、多数の要因の働きかけがみられる。つまり、インドとインドを訪れる人々の国や地域の政治的、経済的事情に加え、観光資源として売り出そうとするインド政府の思惑、さらには儀礼を執り行い、寺院建立の母体となる仏教教団などの同地への様々な思いが結びつくなかで、ブッダガヤに特有の人々の流れが生み出される。このような諸要因の重層的な絡み合いにこそ、ブッダガヤの大塔やその周辺が、単なる歴史的遺跡としてではなく、宗教的な場所として築き上げられていく内実があり、それを抜きにしてブッダガヤの今日を捉えることはできない。

註

（1）日本では、十二―十三世紀に、インド（天竺）を目指そうとした仏教僧の存在も確認されている。例えば、一一八六年に、栄西（明庵）がインドに向かおうとする。一二〇五年には、明恵上人高弁がインドに向かおうとしていた。高弁は病気で訪印を断念している。

（2）D. Saw 氏、男性、七十三歳、土産物屋（二〇〇五年九月二日）。

（3）同右（二〇〇五年九月二十四日）。

（4）Z氏、男性、七十七歳、仏教僧（二〇〇五年九月二十二日）。Z氏によると、チッタゴン（バングラデシュ）やカルカッタの仏教徒たちは、ヒンドゥー教徒のように、祖先崇拝のためにブッダガヤに来ていたと話す。彼らは、菩提樹や金剛宝座に乳粥を捧げていたという。

(5) P. Singh 氏、男性、五十八歳、(二〇〇五年九月十一日)。

(6) R. Singh 氏、男性、四十八歳、茶屋の経営、都市自治体の副委員長(二〇〇五年九月七日)。

(7) C. Yadav 氏、男性、七十歳、文具店を営む、農業にも従事(二〇〇五年九月二日)。

(8) T. Suba 氏、男性、五十歳代、大乗教印度別院の駐在員(二〇〇四年九月六日)。

(9) G. Prasad 氏、男性、四十歳代、ホテル経営(二〇〇四年調査記録)。

(10) 観光客の数は、ホテルの宿泊者の数から算出されている。ブッダガヤの場合、長らく宿泊施設は一九五六年に建てられた国有ホテルが一つだけであったが、徐々にその数は増えていく。ビハール州政府が観光客のデータを記録し始めたのは一九九〇年代以降のことであり、それまでホテルなどの宿泊者数の政府への報告の義務はなかったという。そのため、一九九〇年代以前にどれほどの人が訪れたのかという統計的な数字はわかっていない。

(11) 一九九七—二〇〇一年のデータは、http://www.bihartimes.come/articles/bdr/tourism.html(二〇〇五年七月十日確認)、二〇〇二—二〇〇九年のデータは、Static of Domestic and Foreign Tourist Visit to the State of Bihar, Year 2002-2009, 二〇一〇〜二〇一三年のデータは、Static of Domestic and Foreign Tourist Visit to the State of Bihar, Year 2001-2013 に基づき加工している。

(12) Department of Tourism Ministry of Tourism & Culture Government of India, 2002; Information Dossier for Nomination of Mahabodhi Temple Complex Bodhgaya as a World Heritage Site, p. 26

(13) BTMCでは二〇〇八年度十二月から、各国仏教寺院およびホテルに、毎月、宿泊者の出身地と人数の提出を求め、利用者を把握する試みを行っていた。ここでは、加工されていない第一次資料をBTMCの協力により得ることができた。そこでの資料をデータ化して加工している。データは、二〇〇八年十二月から二〇一〇年までのものである。ただし、すべての寺院・ホテルが報告をしていない点、報告をしている寺院およびホテルであっても、毎月の報告が行われているとは限らないといった点で問題も多い。しかし、出身国の全体的傾向を捉えるうえで参考になろう。

（14）宿泊施設や仏教寺院が増加するなか、寺院に併設されている宿泊施設をめぐって商業目的であるか否かで、ビハール州政府やホテル関係者との間でしばしば問題になっている。そのため、寺院のなかには、巡礼者や観光客を受け入れているか否かを口外することを拒むところもある。

（15）一九五六年は、仏教二五〇〇年を迎える記念すべき年として、アジア各国でブッダ・ジャヤンティが行われている。スリランカやビルマでは、インドと同じ日に行っている。

（16）大工原の記すところによると、二〇〇〇年に行われたブッダ・ジャヤンティの様子は、国営テレビやラジオを通してインド全土に中継され、南アジアや東南アジアの国々やロシア、チベット、カザフスタンにも放送され、さらには、アメリカのカルフォルニアやオーストラリアでも中継されたという（大工原 二〇〇四：二四）。

（17）A. Gupta氏、男性、七十歳、かつてマハントの運転手をする（二〇〇五年九月九日）。

（18）この儀式は、雨季の修行を積んだ僧侶に、信者が、一年間僧侶が身につける袈裟を捧げ、それに対して僧侶が信者に戒を授けるものである。

（19）そのほかに、上座部仏教が中心となって行っているカティーナ・チヴァー・ダーナ・セレモニー Kathina Civara Dana Ceremony, インターナショナル・ティピタカ・チャンティン・セレモニー International Tipitaka Chanting Ceremony、チベット仏教が行っているカギュ・モンラン Kagyu Monlam, ジョンナン・モンラン・チュモ Jonang Monlam Chemo, カジュ・インターナショナル・モンラン Kagyu International Monlam, ニグマ・モンラン・チェモ Nyingma Monlam Chemo、そしてドゥルク・ナグワン・チベタン・チョーリング Druk Ngwang Thubeten Choling が組織して行っている儀礼の六つである。なお、カーラチャックラ・イニシエーション・モンラン Kalchakra Initiation（Monlam）は、毎年は行われていないが、定期的に行われている。

（20）Heritage Led Perspective Development Plan for Budhgaya, Vision 2005–2031 Final Report 2005 volume II: The Work Studies Ministry of Tourism, Govt. of India

（21）ゲルグ・パは、チベット仏教の四つの宗派のうちの一つである。カルマ・パ（カギュ派の一派）のチベット寺院のLama K.氏によると、チベットの宗派には、カギュ・パ、ニンマ・パ、サチャ・パ、ゲルグ・パの四つがある。ブッダガヤには、この四つの宗派の寺院がすべてあり、各宗派には責任者となるリーダーが一人ずついる。現在は、ダライ・ラマが最高指導者としてそれぞれの四つの宗派をまとめている。

(22) Bodhgaya Management Committee, 2004: 21.

(23) 同右。

(24) Ministry of Tourism, Govt. of India 2005 Heritage Led Perspective Development plan for Budhgaya, vision 2005-2031 Final report volume I: The Work Studies

(25) リーダーは、カトリックの巡礼地として、ルルドや、クロアチアの聖母マリア顕現で有名とされるメジュゴリエ、サンティアゴ・デ・コンポステーラなどを挙げている。

(26) 特に三十代以上に日本語を流暢に操る者が多い。三十代以下になるとフランス語やタイ語を話す者も現れ始める。さらに、近年では中国語を学びガイドを志す者が登場し始めている。

(27) X. Singh 氏、男性、六十五歳、観光局に勤め、現在はガイド（二〇〇五年八月二十日）。

(28) 中国系インド人の場合は、中国政府からの許可を特別に得ることで、中国とインドとの行き来が可能だったようだ。

(29) 一九五六―一九七三年までの日本の経済成長率は平均九・一パーセントであったが、一九七四―一九九〇年はオイルショックの影響もあり年平均四・一パーセントに減少し、さらに一九九一―二〇一一年になるとバブル崩壊から経済成長率は平均〇・八という低い値を示している。http://www.tuins.ac.jp/~ham/tymhnt/butai/keizai2/shotoku/prefincm/ch_gnp.html（二〇一三年九月二十六日閲覧）

(30) 「一九八八年度インド観光基盤整備事業」国際協力機構事後評価報告書（二〇〇一年）より。

(31) そのほかに、在日インド大使館より外務省を通じて大日本仏教協会に代表を推薦するよう依頼があり、日本は、推薦を受けた四〇名の代表者がインドに出向いている（『全佛通信』十一号〈一九五五年〉、二十一号〈一九五六年〉）。

(32) P. Singh 氏、男性、五十八歳、大学教授（二〇〇五年九月十一日）。

(33) 同右。

(34) 第二節で述べたように、D. Saw 氏や P. Singh 氏へのインタビューからもうかがえる。

(35) 二〇〇四年当時日本寺の駐在員であった僧侶に話をうかがうと、ネルーの仏教界への呼びかけは、仏教国を作ろうとしていたのではなく、あくまで経済的基盤を作るための手段であった、という(二〇〇四年九月十一日聞き取り調査より)。

第四章　「聖地」再建の舞台――「仏教聖地」の多元的現実

一　はじめに

忘れられた地と化したブッダガヤが、「仏教聖地」として再建されるのはインド独立以降のことである。ここでいうブッダガヤの「仏教聖地」としての再建は、ようするに、ブッダガヤを再び宗教的な意味が宿る聖地として立て直そうとする、外部からの力の働きかけがあって初めて出てきた動きである。だが、そのプロセスは決して単純なものではない。とりわけ、外からの力を捉えるだけで、この地固有の「聖地」の現実、すなわち「仏教聖地」としてのブッダガヤの現実が見極められるとは思わない。なかでも、ブッダガヤが「仏教聖地」として再建されるに至るプロセスは、それが今日「仏教聖地」として内外で認められるようになったことと、大塔やその周辺の遺跡が宗教的な意義を失い、忘れられていた時期からそこにあったブッダガヤ地域社会、つまりマハント支配体制（さらにはその変容）との関係に注意を払うことなくして十分に捉えることはできない。否、それなくして「仏教聖地」の現実を考えるならば、「仏教聖地」に働く多様な力を見落としかねない。むしろ、「仏教聖地」の現実は、仏教化の展開と地域社会（マハントを中心とする社会の変化）との交錯のなかにあり、そこにこそブッダガヤの地域的固有性を見出せるのではないだろうか。

だとするならば、本章が取り組むべき課題は、仏教化と地域社会がどのような形で交錯しながら「仏教聖地」再建の現実が築き上げられているのかという点である。「仏教聖地」再建を場所の形成の観点から論じようとする本書の取り組みを考えた場合、マハントが「仏教聖地」の形成に及ぼした直接的、間接的影響力を検討することは避けて通れない課題である。本章では、独立以降、「仏教聖地」としての再建過程において、ほぼ時を同じくして動き始めた仏教改宗や観光地化の動き、さらにはヒンドゥー教の寺院の建て直しやモスクの再建といった事例を議論することで、前章で述べた仏教化とマハント中心に築き上げられてきた地域社会との交錯について検討し、「仏教聖地」再建の多元的現実に接近しようと思う。

二　「仏教聖地」というブッダガヤの社会的現実

二―一　「仏教化」の抑止力としてのマハント支配

マハントは、ヒンドゥー教のシヴァ派の僧院の司祭でありながら、広大な土地を所有し、世俗的な権力者である王（マハラジャ）と変わりない経済的、政治的な力を持っていた。祭祀者であると同時に地主でもあるというのは、ビハール州のなかでも極めて珍しいという。実はこうしたマハントの力は、英領期に地税を徴収するために導入されたザミーンダーリー制に支えられながら、絶対的とも言うべき力を不動のものとし、富を築き上げてきた。このザミーンダーリー制とは、特に北インドを中心に導入された土地所有および徴税制度のことを指す。このような背景からわかるように、ブッダガヤが他の歴史的遺跡や「仏教聖地」と異なるのは、まさに、こうしたマハントの力が幅を利かせた社会が存在(1)していたからである。具体的にいえば、インドにおいて多くの仏教遺跡が仏教徒から忘

写真4－1　第十七代マハントとともに（2011年）

れられ荒廃の一途を辿るなか、ブッダガヤの場合はマハントが大塔を所有し、大塔はこのマハント中心の社会的秩序体制のなかに埋め込まれていた。さらに、マハント支配を基礎に築き上げられてきたヒンドゥー教徒やイスラーム教徒の社会が、ブッダガヤが「仏教の地」としての意味を取り戻し、新たな場所を紡ぎ上げられつつあるなかでも現前している。

こういった点から、「生きている（生きられる）遺跡」に至る形成過程を読み解けば、それは必ずしも容易なプロセスを辿ってきたわけではないことがわかる。それはまず、すでに論じたことだが、「仏教の地」の宗教的な意味を取り戻す段階において、マハントが強く抵抗してきたことにみることができる。

具体的にいえば、マハントの抵抗は、ダルマパーラの大塔返還を求める活動に向けられた。ブッダガヤが仏教の地としての意味を取り戻しつつあるなかで、ダルマパーラの活動は、仏教徒にとって神聖な場所であるにもかかわらずヒンドゥー化している大塔に無関心でいる仏教徒に問題を投げかけ、「仏教聖地」への関心を喚起させ、大塔をヒンドゥー教徒から引き離そうとするものであった。こうした活動は、ブッダガヤが仏教の地という史実的な意味だけでなく、その場所の宗教的な意味を覚醒させるもであった。

しかし、マハントは、ダルマパーラの大塔返還を求める請願に応じず、拒絶し、ダルマパーラ率いる仏教僧勢力

写真4－2　ヒンドゥー教シヴァ派の僧院

が大塔内に仏像を持ち込んだ際には、その仏像を撤去させており、この一連の事態は暴力事件にまで及んだ。ブッダがヒンドゥー教のヴィシュヌの化身であるとし、大塔がヒンドゥー教の寺院であることを主張するマハントにとって、スリランカの仏教徒が声高に大塔を仏教寺院であることを主張し、買収を視野に入れた返還運動を行うことは、暴力沙汰にしてまでも阻止すべき脅威だったのかもしれない。このようなマハント側の対応は、ダルマパーラがブッダガヤに寺院の建立を希望した際、マハントが許可を与えなかったことでも読み取れる。ようするに、マハントにとって「大塔はヒンドゥー教の寺院」以外の何ものでもないし、そのほかであってはならなかった。だからこそ、マハントは、大塔をヒンドゥー教、否、自分の手元から引き離そうとする外からの力には徹底的に対抗したのだろう。

二―二　「仏教化」の展開とマハント支配体制

1　揺らぐマハント支配体制

では、いわゆる「仏教化」の力に対して、マハントによる抑止力が働いていたにもかかわらず、ブッダガヤはいかにして国内外の仏教徒の信仰を集めるような「生きている（生きられる）遺跡」として築き上げられることとなったのか。問題は、インド政府が、どのようにして仏教儀礼の開催をブッダガヤにおいて成し遂げ、仏教寺院の建設を呼びかけることができたのかということである。

独立以降のインド政府の対応を振り返ると、一九五六年のブッダ・ジャヤンティの開催に先立って、政府は大塔をマハントから引き離すことに成功している。政府は、一九五三年に大塔の所有権をマハントからビハール州政府に移し、さらに管理の権限をマハントからブッダガヤ寺院管理委員会（ＢＴＭＣ）へと移譲させている。また政府は、ＢＴＭＣへの引き渡しにあたってブッダガヤ寺院法（The Bodh Gaya Temple Act, 1949：以下寺院法と略す）を整備しており、一九四九年にビハール州政府の承認を経て同法を施行した。ＢＴＭＣは、この寺院法に基づき、大塔の管理を担う主体として定められた組織である。一九五六年開催のブッダガヤにおけるブッダ・ジャヤンティは、インド政府とこの新しく定められたＢＴＭＣによって進められている。このような政府による大塔の所有権および管理権の移譲によって、事実上、マハントは大塔の管理者としての絶対的な権限を失い、独占的ともいうべき管理に終止符を打つこととなった。ただし、インド政府は、大塔管理にあたって、マハントの権限を完全に失効させたわけではない。例えば寺院法には、マハントをＢＴＭＣの「永久メンバー」にすることを明文化し、マハントに特権的な地位を与えている。

しかし、マハントは、政府主導の大塔の管理や所有の移譲に関して素直に応じたわけではない。現に、マハントは、政府によって施行された寺院法に抗議し、裁判を行っている。それにもかかわらず、なぜ大塔の所有権や管理権の移譲が進むことになったのか。この問題に接近するには、まずインドの近代国民国家建設を目指そうとするインド政府の取り組みを検討する必要がある。とりわけ注目に値するインド政府の取り組みは、独立以降、ザミーンダーリー制廃止法や、土地所有の上限を定めた法律の導入である。ザミーンダーリー制の廃止は、インド政府が、強大地主の解体を図り、土地をめぐる諸制度を整えようとするなかで導入したものである(2)。この政策は、ザミーンダール（地主）からの強い抵抗にあい、導入には時間を要した。特にビハール州では一九四九年にザミーンダーリー制廃止法が一度は公布されたものの、実際の公布には八年の年月を費やしていた（小和田 一九六二：四〇）。

ザミーンダーリー制の廃止や土地の所有上限を定めた法制度の導入は、インド政府が、独立後の近代国民国家としての一歩を踏み出すうえで、地主解体を重要な政策の一つとしていたことにある。祭祀者としての宗教的な力だけでなく、広大な土地を所有し、経済的、政治的権力を独占していたブッダガヤのマハントも、例外なくザミーンダールの解体を目論んだインド政府の政策の対象となったことはいうまでもない。

また、それに加え、一九七〇年代頃、ビハール州では、ブーダーン（土地寄進の意）運動や低カーストによる土地解放を求める声が高まりをみせていた。ブーダーン運動とは土地改革運動のことである(3)。ブッダガヤでも一九七〇年代初頭にマハントを相手に土地解放を求め農民らが立ち上がった。土地解放運動を先導したサンガルスワヒニは、土地なし農民であった低カーストを鼓舞し、地主であるマハントに土地解放を求めた。こうした闘争のなかで死者までも出している。地主支配に抗うこの農民の運動は、農民のマハント離れを少なからず後押しした。

こうしたマハントの富と権力の醸成基盤であった土地をめぐる諸政策の実施や、一方で顕在化するようになっていた土地解放を求める農民による抗議運動は、ブッダガヤの大塔の帰属や管理をめぐることとは別に、マハントにとってみれば自身の存在を脅かすことにもなりかねない懸念材料であったと考えられる。そして実際に、マハントの絶対的な権力に揺さぶりをかけることになった。

最終的に、マハントは広大な土地を手放した。その大半の土地は州政府の土地となった[4]。かつてはビハール州において二番目に豊かな地主とされ、ブッダガヤだけでなく、約四〇キロメートル離れたビハール州の州都パトナ近郊や他の州にも土地を所有していたマハントの力は、現在は存在しない[5]。三〇〇〇人ものヒンドゥー教の僧侶が僧院にいたというが、今では三五人の修行僧（サドゥー）が住み、マハントの僧院内で働く人々も三〇人とその数を減らしている[6]。こうして、マハントはその絶対的な支配力を失っていく。

だが、政府は、寺院管理をめぐってマハントに特権を与え、さらに、僧院を維持するために一〇〇エーカーの土地をシヴァ派の僧院の手元に残した。このような措置からもうかがえるように、政府の態度は、マハントの絶対的な支配権力を否定するものであっても、ヒンドゥー教シヴァ派の教団、またはそこに所属する僧侶としてのマハントの存在までをも否定するものではない。

以上のことからすれば、マハントが大塔から切り離されるようになる背景には、独立以降、顕在化する土地解放を求める農民運動や、地主解体を目指していたインド政府の思惑が少なからず影響していると考えられる。また、大塔管理の移譲にマハントからの反対を受けながらも、特別な権限を与える形で寺院管理体制を整備し、さらにマハント所有の土地をすべて没収するのではなく、僧院を維持するだけの土地の所有を認めている点をみてもわかるように、インド政府とマハントとの間の折り合いも見え隠れする。

こうして政府は、マハントとの折り合いを図りながら、一九五六年に世界各国の仏教関係者や要人を招待して仏教儀礼を催し、さらには寺院の建立を呼びかけ、ブッダガヤに国際仏教社会の建設を謳い上げる。そのうえ政府は、仏教の地としての意味や宗教的意味を取り戻しながらもヒンドゥー教化していた遺跡を、公的な立場から、国内外に大塔が仏教の遺跡であることを示し、仏教寺院として改めて位置づけ直したといえる。それが、まだまだ単なる歴史的遺跡の状態にすぎなかったブッダガヤのその後を大きく方向づける布石になったのはいうまでもない。

つまるところ、ブッダガヤが「仏教聖地」として国際的に開かれた場所となると同時に、「仏教化」の方向に進むようになる背景に、独立後、近代国民国家としての歩みを始めたインド政府と、伝統的な支配体制を築き上げ、ブッダガヤの仏教化に対する抑制力として働いてきたマハントとの妥協があったことを見落とすわけにはいかない。

2　切り離される地元住民の生活空間

新生インド政府は、マハントによる管理体制から大塔を引き離し、ブッダガヤの大塔を仏教の地における仏教寺院として改めて位置づけ直すことに成功した。

しかし、インド政府の取り組みはそれだけにとどまらない。実は、ブッダガヤ社会のなかに埋め込まれ、ブッダガヤの人々の生活の場と一体化していた大塔を、その周囲の場所から切り離すことも同時に進められた。

政府は、一九五六年のブッダ・ジャヤンティを前に、大塔の修繕やその周囲の開発に着手している。第一回目となる一九五六年に行われた開発では、大塔周囲に築かれていたタリディ集落に住む一部のヒンドゥー教徒やイスラーム教徒の人々の居住地の移動を強制する。独立まもないインド政府の財政が芳しくないこともあり、この開発は不十分な形で終わったとされる。一九六四年になると、政府は第二回目となる開発計画を策定しており、計画案には、各国寺院の建設が描かれ、実際に寺院建設が進められることになった。

また、一九七〇年代には、大塔や金剛宝座、菩提樹を中心に、その周囲に塀が設けられ、四方八方から人々や動物が自由に出入りできないようにすることで、外部空間から切り離されることとなった。さらに、一九八〇年には残っていたタリディ集落の人々が、再び、立ち退きを強いられ、大塔周囲から人々の生活の場所が取り除かれた。

そして、寺院管理地として塀に囲われ区切られた空間に取り込まれた人々の居住跡地は公園化される計画が持ち上がった。また、人々が居住地を追われると、人々が日常的に洗濯をしていた池は、そうした私的利用を禁じられ、大塔の付近では人々が自由に往来し、動物が駆け回ることもなくなり、代わって、祈りをささげ儀礼を執り行うことのみが許された場所として築き上げられることになった。また、一方で塀の外部となった居住地跡は、発掘用地としての指定を受けたり、公園が設けられたりもした。

以上のように、インド政府に計画された開発によって、大塔およびその周囲は、人々の生活空間や経済活動空間と分け隔てられ、その後、その場所は、仏教徒が尊ぶ神聖な場所として立ち現れていくことになるのである。ようするに、インド政府は、マハントに対し一定の配慮を示し、対外関係をも考慮しながら、ブッダガヤにおいて国際仏教社会の建設を謳い上げ、仏教の地として位置づけ直しただけでなく、その舞台をも用意し、「仏教聖地」建設を進めていたことがわかるのである。

それにしても、なぜインド政府がこれほどまでにブッダガヤに関心を向けたのだろうか。この点については、第五章において政府がなぜ寺院管理体制に着手したかを論じる際に議論したい。

さて、独立以降、インド政府とマハントとの折り合いが図られたことで「仏教聖地」の再建が進んだ。確かに、マハント支配体制が揺らいだこともあり、その動きは、マハントからの抗議を受けることなく進むことになった。だが、マハント支配体制が揺らいだからといって、「仏教聖地」が何の抵抗もなく再建されていったわけではない。

むしろ、マハントの力の弱体化によって、それまでとは異なる形で、地域に様々な動きが顕在化するようになったというべきであろう。それが、次節以降の事例にみるように、「仏教化」の地域への浸透や、「観光地化」の展開であり、さらにはヒンドゥー教やイスラーム教といった他宗教の場所の再建の動きである。これらの動きのいずれも、「仏教化」の影響を受けながら、マハント中心の秩序が揺るぎ、そこに築き上げられていた社会関係が切り離されたことと無関係ではない。そこでまず取り上げたいのは、仏教化の地域への浸透の動き、すなわち、ブッダガヤに生じた仏教への改宗である。

三 ローカル社会に浸透する「仏教化」

三―一 ブッダガヤにおける仏教改宗――ミヤビガ集落／マスティプール集落

各国の仏教寺院が建てられ始める一九七〇年代頃に、二つの集落において仏教徒に改宗する動きが出てくる。[7] マハントの強い影響下にあった集落において仏教改宗者が現れるのは、端的に言えば、国内外からのブッダガヤに対する関心が高まったことや、マハント支配の弱体化とも関わっている。以下では、この二つの集落（ミヤビガ集落、マスティプール集落）の事例について取り上げていこう。

まず、ミヤビガ集落の場合、一九七〇年代に集落全体が仏教に集団改宗していた。[8] 行政名は「ミヤビガ」と称されているが、仏教改宗後に〝シッダールタ・ナガール Siddharth Nagar（シッダールタのまち）〟と呼称される。歴史的寺院群から、南西に約一キロメートルに位置した場所にあるミヤビガ集落は、戸数にして約二〇〇戸、約一〇〇〇人の人々が二〇〇一年当時生活していた。[9] この集落は、カースト制の底辺に位置づけられる指定カースト

(Scheduled Castes：以下、低カーストと記す）の人々で構成されている。二〇〇一年当時の聞き取り調査から、その集落の九五パーセントがマンジ（Manjhi）と呼ばれる低カーストの人々であった[10]。男性は名前の後ろに"Manjhi"というカースト名を付したが、仏教改宗後はその名称を使わず、仏教帰依者（在家者）を意味する「ウパーサカ（Upasak：優婆塞）」、女性は「ウパーシカ（Upasika：優婆夷）」を名前の後ろにつけている。

マスティプール集落では、ミヤビガ集落が仏教改宗を目指した時期に、四人のヒンドゥー教徒が仏教に改宗しようとする動きがみられる[11]。この集落は、大塔から南東に約一キロメートル離れた場所に位置し、周囲には様々な国の仏教寺院が隣接している。二〇〇三―二〇〇四年にかけて行った調査に基づけば、この集落には約一四〇戸の家があり、集落を構成するカーストもミヤビガ集落同様低カーストであるマンジが大半を占めている。しかし、マスティプール集落では改宗の動きがみられたものの、集落全体に広がることはなかった。

両集落はそれぞれ自然村であるが、合わせて一つの行政区[12]（Ward）となっている。二〇〇一年のCensusによると両集落を合わせた人口は三〇三八人である。人口に占める低カーストの割合に関して、一九九一年のものを参考にすると、一九九一年当時、両集落の総人口一六一五人に対し、七四パーセントを低カーストが占めている[13]。ミヤビガ集落については、二〇〇一年当時の調査から、九五パーセントが低カーストであることがわかっている。現在では両集落の人口も増加しており、カーストの混住化が進んでいるが、いずれも低カーストの割合が高い集落となっている。

もちろん低カーストで構成された集落はこの二つに限らない。大塔周囲の集落でいえば、タリディ集落、ティカビガ集落、ウラエル集落もまた、低カーストや後進カースト（ここでは、Other Backword Classesの人々を指す）の人々が集住している[14]。

こうした事実は、ヒンドゥー教の僧院から半径一〇キロメートルの範囲には、高カーストは住んでいないという地元の人々の話を裏付けている。話によれば、マハントは、他の高カーストとの争いを避けるために、マハントが所有する土地には高カーストを住まわせず、低カーストを住まわせてきたという。低カーストや後進カーストが集住し、高カーストが近くに住んでいないという居住形態からして、この地域がマハントの支配体制と無関係ではなく、依然としてその影響下にあったことがうかがえる点は興味深い。

では、低カーストで構成されている集落が多いなかで、なぜミヤビガ集落とマスティプール集落において仏教改宗の動きをみせたのだろうか。

三―二　仏教改宗の社会構造的条件

1　仏教改宗のきっかけ――低カーストであることで被った差別的経験

彼らが仏教に改宗したのは、まず、低カーストであるがゆえに被った差別的経験が挙げられる。ミヤビガ集落において初期の頃に改宗したF. Upasak（元Manjhi）氏は、仏教改宗のきっかけを、自分たちが低カーストであるがゆえに他のカーストから受けた「差別」を理由に挙げる。例えば、高カーストに、シヴァ派の寺院に入ることや、彼らの家に入ることを拒否されたり、下のカーストは上のカーストとは口をきくことができず、一緒に座ることすら許されない。

インドでは、低カーストが入ることが許されていなかったヒンドゥー教の寺院も少なくない。ブッダガヤにおいても、大塔はもちろんのこと大塔に隣接するヒンドゥー教の寺院や女神を祀るデーヴィー・スタン(15)といったような、高カーストがプージャーを行う場所では、マンジ、ドーム、チャマール、ドサード、ドビーといった低カーストの人々やイスラーム教徒は入ることも禁じられていた[16]。

また、井戸水も高カーストと低カーストは共有せず、別々に設けられていた。ブッダガヤでは大塔の裏手にある井戸は、ヒンドゥー教の儀式に使用するための水を取水する井戸であることから、低カーストは使用することはできず、別途低カースト専用の井戸が設けられたという[17]。

ミヤビガ集落の低カーストの仏教への改宗は、このような低カーストを取り巻く差別や抑圧的な体制に苛まれてきた経験に根ざしている。F. Upasak（元 Manjhi）氏は、仏教への改宗が、寺院への参詣を拒まれるなどの差別を被ったことを問うていくなかで決断した答えだと述べる。また、一九八〇年にＮＨＫの取材班が、同集落に訪れたことについて触れている。そこでは、仏教改宗が、「仏のもとでは万民平等」という教えに対する村人の共感と、根強いカースト差別からの解放、救済の道だという信念に基づいたものだということを、村人の声からすくいあげている（ＮＨＫ取材班 一九八〇：一七二）。

しかし、彼らを仏教改宗へと動かしたのはそれだけではない。現地調査を通して確認できた原因は、こういった差別的経験や仏教の教理に対する共感といったことに加えて、ブッダガヤに増え始めた仏教寺院や仏教徒と次第に接するようになったことに求められる。

この集落は、はじめから集落全体が一度に改宗したわけではなく、段階を追って集落全体が仏教改宗に至っていることがわかった。そして、最初に仏教改宗したのは、F. Manjhi 氏、故 B. Manjhi 氏、L. Manjhi 氏、T. Manjhi 氏、故 G. Manjhi 氏の五人であった。そのうちの一人である F. Manjhi 氏[18]によると、仏教改宗にあたっては、スリランカのマハーボーディ・ソサエティの仏教僧であったパンジャラン・バンテ（panjaran Bhante）に仏教への改宗の旨を相談したと話している。またマハーボーディ・ソサエティに所蔵されている仏教の本を自ら読み仏教への理解を深めたと述べている。そして先に挙げた五人が仏教僧パンジャラン・バンテのもとで改宗したというのである[19]。その後、集落の人々に自分が学んだ仏教について話をすることで、その話に賛同し仏教改宗をする者が現れ、次第に集落内での改宗者が増えてきたという。

ただし、すべての人々が必ずしもスリランカの僧侶のもとで改宗を行ったわけではない。一九七〇―一九七五年頃に同集落において改宗したV. Upasak氏[20]は、仏教への改宗には、タイ寺の僧侶（ブミ・バンテ）が仏教徒になることを勧めたと話している。そして、タイ寺で、毎年、ブッダ・ジャヤンティが行われる五月の満月の日になると、一つの家族から一人の子どもがタイ寺に行き、そのたびに仏教徒になる者の数が増え、次第に村の人々の間に広まったとV. Upasak氏は話す[21]。この地域で、集落をあげて仏教改宗を行っていることは筆者の全戸調査[22]でも確認できた。

同集落での仏教改宗への動きは、低カーストであることによって被ってきた境遇と、他国の仏教寺院や仏教僧との関係が、村人に仏教に触れる機会を作りだしたことによる帰結とみなすことができる。

2　各国仏教寺院での就労者

他国の仏教寺院や仏教僧との接触は、仏教改宗を後押ししていただけではなく、集落の人々の就労にも影響を与えている。ＮＨＫ取材班は、村人の仏教徒への改宗の理由を、同集落の人々が砕石を仕事にしており、日本寺の建設に臨時工として働いていたことがきっかけとなり、仏教の教えに馴染んだからだと記している（ＮＨＫ取材班　一九八〇：一七一―一七二）。確かに、ミヤビガ集落においては日雇い労働者が多い（168頁、表4-8参照）。ブッダガヤにおける日雇いといえば建設現場でレンガ運びやレンガ積みなどで働くことが少なくない。

表4－1　ミヤビガ集落の寺院就労（2003年）

男性	日当（1日）	人数
寺院就労者		
チベット寺	50－100ルピー	15
タイ寺	30－50ルピー	18
中国寺	50－60ルピー	3
日本寺	100ルピー	3
大乗教	40－100ルピー	3
大塔	30－50ルピー	5
スリランカ寺	60ルピー	3
その他	50ルピー	2
合　計（N=273）		52

女性	日当（1日）	人数
寺院就労者		
チベット寺	31－50ルピー	3
タイ寺	35－40ルピー	7
スリランカ寺	32ルピー	1
ニマ寺	50ルピー	1
合　計（N=284）		12

しかし、低カーストの集落では臨時工としてこうした日雇いで仕事をする人々が多く、この集落に特徴的なことではない。むしろ、調査を通してみえてきたのは、ミヤビガ集落やマスティプール集落には各国寺院で就労している人々が少なくないという点である。特にミヤビガ集落において先だって仏教改宗した二〇〇三年当時集落長であったF. Upasak（元Manjhi）氏は、スリランカの寺院であるマハーボーディ・ソサエティで働いていていた。同じ時に仏教改宗をしたL. Upasak（元Manjhi）氏も、マハーボーディ・ソサエティやタイ寺、印度山日本寺といった寺院で庭掃除などをしており、二〇〇三年に聞き取りを行った時には、様々な仏教寺院での就労経験を確認することができた。

それだけでなく、ミヤビガ集落では、F. Upasak（元Manjhi）氏やL. Upasak（元Manjhi）氏に限らず寺院就労者が多いということがわかった。二〇〇一年当時、ミヤビガ集落には、日本寺三人、タイ寺一六人、大乗教三人、チベット寺六人の計二八人が仏教寺院で働いていることを確認した。そして、二〇〇三年に集落の全戸調査を行ったところ、当時、男性は五二名、女性は一二名が大塔をはじめ各国仏教寺院で、夜警やスタッフとして働いていることがわかった（内訳は表4-1参照）。

仏教寺院への就労は、仏教改宗の動きをみせたマスティプール集落においても確認できる。二〇〇三年当時、印

表4－2　2003－2004年のインタビュー調査に基づく集落比較

集落名	ジャーティ	戸数*	人口*	就労形態	住居の概観	その他
大塔から1kmあたりにある集落（11頁、地図0-2参照）						
ミヤビガ集落	マンジ他	210	1111	表4－8	比較的計画的に家が並ぶ →ビハール州政府が家を援助	・英語が通じる ・土地所有者はいない
マスティプール集落	マンジ他	140		・日本寺8人 ・大塔1人 ・大乗教1人	比較的計画的に家が並ぶ →スリランカの大統領が家を援助	
大塔から1km範囲内にある集落（11頁、地図0-2参照）						
ティカビガ集落	マンジ他		**666	・荷物を運ぶ ・酒作り（一部に）	・道が舗装されていない ・土壁の家、かわら屋根 ・無計画に家が並ぶ ・豚小屋がおよそ1家に1つある	・1つのハンドポンプ
ウラエル集落	マンジ他			・荷物を運ぶ人 ・リキシャ1人 ・農民はいない	・無計画に家が並ぶ ・土壁、わらぶき屋根	・3つのハンドポンプ
タリディ集落	マンジ／チャマール	35	615	・寺院で働く人1人 ・大部分は日雇い労働者 ・数珠作り	・無計画に家が並ぶ ・土壁、かわら屋根	・3つのハンドポンプ

*住人の聞き取りによる。
**センサスには，ティカビガ集落とウラエル集落を合わせて記入されている。

度山日本寺八人、大塔一人、大乗教印度別院一人を確認した。集落内に占める仏教寺院就労者の数は決して多いとはいえないが、仏教寺院就労者の存在は、両集落に特徴的な就労形態である。

ブッダガヤにはいくつもの自然集落が存在し、その多くの集落が、低カーストと後進カーストで占められていることはすでに述べたが、仏教寺院就労者は、ブッダガヤの都市自治エリアにおける集落を確認したところ、この二つの集落のみであった。

そこで、他の集落についても言及しておきたい（表4-2参照）。大塔の周囲に位置するタリディ集落、ウラエル集落、ティカビガ集落も、いずれもミヤビガ集落やマスティプール集落と同様に、低カーストが大半を占める集落である。それぞれの集落について就労形態を確認すると、タリディ集落には、寺院で働く人は二〇〇三年当時一人しかおらず、またウラエル集落やティカビガ集落では、寺院就労者は確認できなかった。

では、なぜ、仏教寺院の就労がとりわけミヤビガ集落とマスティプール集落において確認できるのか。その相違の原因は何に求められるのだろうか。

まず考えられるのは、集落の立地場所と、各国寺院との隣接状況にある。タリディ、ウラエル、ティカビガ集落は大塔の周囲に集落を築いているのに対し、ミヤビガ集落とマスティプール集落は大塔から一キロメートルほど離れた場所に位置している。前者の三集落は、ヒンドゥー教のシヴァ派の僧院とも近接しマハントとの関係が深い。一方、マスティプール集落はマハントとの関わりが深い集落であるが、ミヤビガ集落はそうではない。

決定的な違いは、タリディ、ウラエル、ティカビガ集落は大塔と近接してはいるが、他国の寺院との間には比較的距離があるという点にある。それに対し、仏教改宗の動きをみせたミヤビガとマスティプール集落は、各国仏教寺院が林立するエリアに非常に隣接している。ミヤビガ集落は、タイ寺、台湾寺、中国寺、チャクマ・ブッディスト寺院などの寺院と隣接している。また、マスティプール集落は、印度山日本寺、大乗教印度別院、ブータン寺などと隣接しているのである。

3　集落と各国仏教寺院・仏教僧からの援助

さらに、ミヤビガ集落およびマスティプール集落については、右記以外にも外国仏教徒との接点が多いという特徴もある。例えば、ミヤビガ集落では、識字率が著しく低く、経済的にも社会的にも貧しい低カーストの境遇を改善するために、早くから教育支援活動が、他国のＮＧＯや仏教教団によって行われていた。同集落においては、集落に学校が建てられ、その後の外国のＮＧＯの支援によって鉄筋コンクリートの学校（アーナンダ・ヴィッディヤーパット：Ananda Vidyapath School）が建設された(23)。集落全体が仏教に改宗したミヤビガ集落は、国外の仏教徒から強い関心が向けられ、様々な援助がもたらされた。特に、学校の建設をめぐって、各国仏教寺院からの支援があったことが表４－３からも明らかである。

表４－３　ミヤビガ集落の学校への支援

支援組織・支援者	支援内容
日本のNGO（S.T.A.）	先生の給料など（約40.000ルピー／1年）／黒板、扇風機、石板
チベット寺	約50.000ルピー／1年
大乗教	鉄筋コンクリートの学校
中国寺	ミヤビガ集落の土地
タイ寺	タイの僧侶による小さな学校、メディカルサポート、子どもたちの制服
チベットの僧侶	屋根
日本寺の僧侶	学校の周囲を囲んだ壁
ダライ・ラマ	集落内の寺院の仏像／5年間分の学校の先生の給料
ベトナム、韓国、タイ、日本の団体や個人	援助／学校の壁の塗装

各国仏教寺院では、地元の人々に対する社会活動に熱心に取り組んでいるところも少なくない。海外の仏教徒がブッダガヤで最初に行った福祉活動として称賛されたのが、スリランカの首相による低カーストの人々への住居の提供である。首相は、ブッダガヤの低カーストが大半を占めるマスティプール集落の人々に、一〇〇戸の住居を提供した。

以上、調査から、ミヤビガ集落、マスティプール集落の両集落は、様々な国や地域の仏教徒や寺院と接点を持っていることや、他国からの支援が他集落よりも多いことを確認できる。仏教への改宗が各国・地域の仏教寺院や仏教僧との関わりをきっかけにしていることは間違いない。言い換えれば、仏教改宗は、ブッダガヤの仏教化に伴うものである。

ただし、仏教化が仏教改宗をもたらしたと単純に因果関係で結びつけることは避けなければならないだろう。なかには、仏教に改宗することで、仏教寺院関係者の信頼が得られたことによって、寺院での就労機会の獲得に至っていると話す人もいる。また、仏教に改宗したにもかかわらず、教育水準が低く生活環境が改善されない人々に教育支援（学校建設など）が行われている。ようするに、仏教への改宗が、純粋な宗教的な意義を超えて、教育支援や就労機会の獲得など、集落の実質的変化につながっているという側面を見落とせない。

また、ここでの集落比較は二〇〇三―二〇〇四年の調査に基づくものであることに注意する必要がある。ミヤビガ集落とマスティプール集落は、今なお各国仏教寺院が建てられている地域に位置しており、仏教寺院の建設は郊外にも拡大しつつある。したがってタリディ集落やティカビガ集落の付近にも、各国寺院が確認できるようになっている。タリディ集落にはタイ寺が建てられ、ティカビガ集落付近には、二〇一一年にベトナム寺院が建てられていることを確認した。すでに挙げられた事例からみて、このような寺院建設が、二〇〇三年当時には確認できなかった集落での寺院就労者の増加につながると予想することができる。

4　仏教改宗の集落内波及の理由――集落のリーダーの影響

確かに、純粋に宗教的な理由に加え、集落が各国仏教寺院と隣接することによって、仏教寺院での就労機会を得るなど、国内外の仏教徒との接点が他集落と比べて多いという環境条件が、仏教改宗の要因となっていることは間違いない。

しかし、一つ疑問がわく。もし、国外仏教僧が集団改宗を強く進めていたならば、一度に改宗をしてもおかしくないのではないか。つまり、集落が一度に改宗したわけではなく徐々に改宗を成し遂げているのはなぜであろうか。

そこで、F. Upasak（元 Manjhi）氏をはじめ、初期に仏教に改宗した人々が、集落においてどのような人物であったかを確認したところ、一つの特徴がみえてきた。それは、彼らが、集落を担う中心人物であったということである。二〇〇一年当時、ミヤビガ集落は、表4-4にみる人々が中心的な人々であった。二〇〇一年に集落長が亡くなり、二〇〇三年度からは、副集落長であったF. Upasak（元Manjhi）氏が集落長、会計補佐であったL. Upasak（元Manjhi）氏が副集落長となっている。F. Upasak（元Manjhi）氏とQ. Upasak（元Manjhi）氏は親族関係にある。(24)

表4-4　ミヤビガ集落の体制

	2001年	2003年
集落長	D. Upasak(死去)	F. Upasak
副集落長	F. Upasak	L. Upasak
会計	Q. Upasak	Q. Upasak
会計補佐	L. Upasak	-

初期改宗者の集落における位置づけは集落の活動をみれば明らかである。例えば、彼らを中心にしながら、集落内でのミーティングが開かれ、学校や子どもの教育などについての話し合いが行われていた。また、集落内で少しずつお金を集め、集落のために使用することも集落長を中心としながら行われていたこともあった。(25)

それだけではない。有力者らの親族を中心に、自分の子どもを僧侶として出家させており、集落のリーダーたちが仏教徒になることに熱心であることも見落とせない。二〇〇一年当時、F. Upasak（元Manjhi）氏は、次男をスリランカのマハーボーディ・ソサエティで出家させており、娘をタイに尼僧として行かせる準備を進めていた。またF. Upasak（Manjhi）氏の弟で、元集落長であったB. Upasak（元Manjhi）氏も五男をマハーボーディ・ソサエティで僧侶として出家させている。さらに、F. Upasak（元Manjhi）氏の妻の妹と結婚したQ. Upasak（元Manjhi）氏(26)は、娘をタイへ尼僧として行かせる予定であった。ようするに、F. Upasak（元Manjhi）氏の親族関係を軸にして、親族の息子や娘たちの出家が進められていた。

つまり、集落のリーダーたちが仏教に強い関心を持ち、やがて仏教に改宗したことが多かれ少なかれ集落内の仏教改宗を促す要因として働いていると考えられる。

三―三　仏教改宗に伴う集落の変化

1　ローカル社会の仏教化

以上のように、ブッダガヤのミヤビガ集落、マスティプール集落において捉えられた仏教改宗の動きは、両集落が仏教寺院に隣接していることや、ミヤビガ集落において確認できたように改宗自体が他国の仏教僧を介して行われていたり、いずれの集落も仏教寺院との関わりを持った仕事につく人も少なくない。つまり、ブッダガヤにおける仏教改宗は、まず外部からの働きかけによって、とりわけ低カーストを中心にして広まったし、その経緯こそ仏教がブッダガヤというローカル社会に浸透していく様子を示しているといえよう。

ただし、こうした仏教の浸透あるいは広まりは、ブッダガヤ全体を考えた場合に限定的であるといわなければならない。マスティプール集落では、ミヤビガ集落と同じ頃に改宗の動きをみせたものの、結局のところ集落内での改宗は進まなかったし、ミヤビガ集落の仏教改宗も、集落を超える動きにはならなかった。けれども、それに劣らずず、ヒンドゥー教徒のなかから仏教改宗者が現れ、彼らのなかに仏教が浸透してきたことも否めない。

そのうえ、ブッダガヤにおいて仏教に帰依する者や仏教僧として出家するヒンドゥー教徒は、ここで取り上げた集落の人々に限らないということも付け加えておかなければならない。例えば、ブッダガヤ内外の人々が、個人的に僧侶に願い出て仏教に改宗することも少なくない。改宗や出家をするにあたっては得度の儀式が必要だが、その儀式を執り行う特定の僧侶が決まっているわけではない。ブッダガヤに各国・地域の仏教寺院が点在し、それぞれの寺院には仏教僧が駐在しているし、寺院を頼りに仏教僧が訪れることもあれば、仏教僧が単独で、あるいは集団で修行に訪れるなど、実に多様な形で仏教僧がブッダガヤを訪れている。改宗や出家を希望する人のなかには、こうした国内外から訪れる僧侶のなかから改宗や出家をサポートしてくれる僧侶を探し、願い出ることがある。仏教への帰依や仏教出家者の全体像は把握できないが、例えば、筆者の調査によれば、仏教僧として出家し経験を積んだインド人仏教僧に弟子入りをしたケースや、他州から訪れた青年がベトナムの仏教僧に得度を求め出家したケースがあった。さらに、出家した者のなかには、その得度を受けた僧侶の母国での修行機会を得ている者もいた。

ブッダガヤで暮らす人々のなかには、仏教寺院や、寺院を訪れる仏教僧と直接交渉をして改宗したり、ブッダガヤ以外の地域のヒンドゥー教徒が改宗や出家のために訪れるということで示されるように、ブッダガヤでは、様々な形で仏教への改宗が進められている。とするならば、ローカル社会への仏教の浸透は、ミヤビガ集落など集落の範囲に限定しない形で、実は、広い範囲で生じている現象ともいいうるかもしれない。だが、この点についてはさらなる検討が必要だろう。

さらにいえば、ローカル社会における仏教の浸透は、単に仏教への改宗という現象だけを指すのではない。例えば、それまでヒンドゥー教徒として執り行ってきた儀式を取りやめ、それに代わって仏教の祝祭を祝い、仏教寺院に参詣するといったことによってみられるような、人々の宗教的な行為の変化に仏教の浸透をみることもできる。ミヤビガ集落のL. Upasak（元Manjhi）氏は、毎年行っていたヒンドゥー教の儀礼をやめたと述べた(27)。それも、個人的にではなく、集落の総意でヒンドゥー教の儀礼を行わないことを取り決めたというのである。改宗以前は、家族のなかで病人が出た時(28)や、一年に一回はプージャーを行うために山羊あるいは鶏の頭を切っていたという。しかし、仏教には動物を殺してはいけないという教えがあるので、集落内で行っていた山羊や鶏の頭を切るヒンドゥー教の慣習を止めようということになった。F. Upasak（元 Manjhi）氏によれば、もちろんその意見には反対する者もいたが、集落内で多数決をとり、もし山羊の頭を切ることに賛成する人が多ければ切ればいいし、切りたくない人が多ければ切らないということにしようということになった。その結果、山羊の頭を切りたくないとする人が多かったことから、集落内において行われてきた慣習を取り止めることとなった。それ以来、三〇―三五年が経つという。[29]

それだけでなく、人々は、日頃から仏教寺院や仏教僧との関わりを持つようになったという点も、ローカル社会が仏教を日常的に受け入れてきたことを示していると言えよう。例えば、仏教の祝祭日になると大塔や仏教寺院に足を運び[30]、乳粥を捧げたり、仏教僧を家に招いたり、食事をふるまうサンガダーナを行うなどである。[31]仏教寺院に参詣に行くと答える者の多くが、それ以前は行かなかったと答えている。[32]かつて低カーストであった彼らにとって、大塔へ参詣することは大きな意味を持つ。低カーストは、インドにおいて不浄であるという理由から、参詣が拒否されていた時代があり、すでに述べたように、ブッダガヤにおいても大塔内はマハントをはじめ高カーストが儀礼を執り行う場所であり空間であった。それゆえ、低カーストは参詣を拒否されていた。しかし、一九五〇年以降、憲法において低カーストの差別禁止が謳われたことを受けて、参詣が拒まれていた低カーストも寺院参拝が可能となった。こうした制度的変化が背景にあったことも、ブッダガヤにおける低カーストの大塔への参拝が容易になった理由の一つであろう。だが、ブッダガヤの場合、それに加え、仏教へ改宗したということが寺院参詣を容易にしていることは間違いないだろう。それだけでなく、マハントを中心とする社会体制が弱まり揺らいだことや、他の国や地域の人々が訪れ、誰もが大塔へ参詣できるような状況を作り出したことが、低カーストの人々の参拝の実現につながっていると考えられる。

加えて、集落において改宗が進むなかで、集落内に仏教の宗教的場所が築き上げられたということはローカル社会の仏教化を捉えるうえで興味深い。ミヤビガ集落では、集落の中央に、ヒンドゥー教の儀礼を執り行う場としてデーヴィー・スタン（女神を祀る祠）を祀っていた。デーヴィー・スタンを祀る集落はこの集落に限らない。デーヴィー・スタンとは、土地の守り神である女神を祀り、生活のなかに溶け込んだヒンドゥー教徒の祈りの場である。他の地域から花嫁が来た場合には、デーヴィー・スタンを参らせるなど地元のヒンドゥー教徒の人々の生活に慣習として定着し、その場所が大切にされている様子を確認することができる。ところがミヤビガ集落では、仏教改宗後、その祠を取り壊し、同じ場所に小さな仏教寺院を建設し、そこに一人の仏教僧を駐在させていた。

このように、ミヤビガ集落では、生活空間のなかで築き上げてきたヒンドゥー教の儀礼の場を取り壊し、仏教寺院を再建することで新たな拠りどころを築き、集落の仏教化を図っていることがわかる。もちろん、この寺院は、集落外の人々が訪れる寺院ではなく、あくまで集落内の人々の日常的な礼拝の場にすぎない。しかし、集落内に仏教寺院が建てられたことは、各国の仏教寺院がブッダガヤに建てられていく以上に、それ固有のローカルな意義を持つ。

したがって、前述した二つの集落における仏教改宗の動きは、広い意味でのブッダガヤにおける仏教がさらに地域社会に浸透していく過程ともいえるのであり、またヒンドゥー教徒の生活の場に仏教徒（改宗仏教徒）の信仰する場所が築き上げられていく動きとしても捉えることができよう。

2　ローカル社会の仏教化とヒンドゥー社会

ところが、先にも触れたように、仏教化のローカル社会への浸透は限られたものにとどまる。すなわち集落単位での仏教改宗がミヤビガ集落ではみられたが、マスティプール集落ではみられなかった。またミヤビガ集落の場合でも、集落を超えた仏教改宗の動きはみられなかったのである。

では、なぜこうした限定的な状況が生み出されたのだろうか。こうした点を紐解かなければ、仏教のローカル社会への浸透を捉えたことにはならない。そこで注目に値するのが、ローカル社会の構造的な状況と、仏教改宗との関係である。

まず、ミヤビガ集落においては仏教が浸透し、それに対し、マスティプール集落においては仏教が浸透しなかったのはなぜかを考えてみよう。この相違は、マハントの支配下にあったかどうかによって見極めることができる。集落全体が仏教に改宗しえたミヤビガ集落は、世俗の地主（テカリマハラジ）の影響下にあり[33]、マハントの支配は受けていない。それに対し、マスティプール集落はマハントの僧院や土地で働く人々が多く[34]、マハントの支配下にあった。マスティプール集落が仏教改宗の動きをみせたにもかかわらず、改宗を踏みとどまり、集落内に改宗が広がらなかったその背後には、マハントによる圧力が働いていた。ただし、こうした改宗を妨げるような圧力は、マハントが絶対的な力を振るっていたからではない。仏教改宗の動きをみせたということだけでマハント支配の影響力が弱体化していたことを物語っているし、マスティプール集落の人々は、マハントの支配に抗議し、土地を求める農民運動に携わっており、マハント支配からの解放を強く求めた人々も少なくなかった。つまり、マハント支配から離れようとする遠心力は、仏教改宗の引き金になっていると考えられる。だが、結果からすれば、マハントの支配が弱体化してはいるもののマスティプール集落の人々に及ぼす影響力は弱くはなく、人々はマハント支配に屈せざるをえなかった。

では、マハント支配下にないミヤビガ集落では、集落外から何の圧力も受けることがなかったため、改宗が進んだというのだろうか。実はそうではない。ミヤビガ集落においても、改宗を妨げようとするヒンドゥー教徒の力が働いていた。L. Upasak（Manjhi）氏によれば、慣習的儀礼を専門に司るオージャー[35]と呼ばれる人物に、改宗すれば集落の人々はみんな死ぬといわれたり、ヒンドゥー司祭である高カーストにもひどい病気が流行るといわれ、改宗を思いとどまるよう説得を受けている。なかには、外部の圧力に対抗できず改宗を止めようという者もいた。にもかかわらず、改宗への力が確実に集落内部に浸透していった。

しかし、ミヤビガ集落での仏教改宗も、集落の外部にまでは広がることはなかった。とするならば改宗が集落内部にとどまったのはなぜなのだろうか。仏教化の浸透が限定的であるのは、ミヤビガ集落周辺の社会の、「仏教改宗」に対する評価と関係すると考えられる。集落周辺の人々のなかには、仏教改宗を経済的手段とみなし、改宗を利用していると捉える人々が少なくない。実際、ミヤビガ集落には、各国・地域からの仏教徒からの支援があったし、筆者が二〇〇一年から今日にかけて行った調査をみても、ブッダガヤにある低カースト集落のなかでも群を抜いて発展している。具体的にいえば、他の低カースト集落が、何年たっても集落内の状況に変化が確認できないのに対し、ミヤビガ集落では、集落内が整備され、建物の外装や道路が年を追うごとに改善され、集落内で小規模な商売を始める家が現れるといったように著しい変化が確認できる。このような変化は、タリディ集落やウラエル集落、ティカビガ集落の低カーストの居住地ではみられない。

もちろん、ヒンドゥー教徒のなかには、仏教改宗を問題視する者ばかりではない。改宗は低カーストの選択肢の一つとみなす者もいる。だが、問題は、集落外部の他のヒンドゥー教徒からすれば、信仰としての改宗、カーストからの解放という意味での改宗以上に、経済手段とみなし否定的にみている者が少なくないということである。実際、仏教改宗者や出家した仏教僧に対して、それが信仰心からではなく、経済手段にすぎないという冷ややかなまなざしや、改宗者が未だにヒンドゥー教の儀礼を執り行っており、仏教に改宗する以前と何ら変わりのない宗教的儀礼を行い続けていると、批判的なまなざしを向けているヒンドゥー教徒の声を聞くことがある。そして、こうした「まなざし」が、仏教改宗を広く地域的に浸透させることを妨げている一因となっているとも考えられる。

以上のように、ブッダガヤにおける仏教への改宗は、ブッダガヤへの国際的な関心の高まりや多様な国や地域からの仏教徒ならびに僧侶の到来といった外的要因と、マハント支配からなる地域社会の体制の変容という内的要因が絡み合うなかで方向づけられ進められているといえよう。

四　「仏教化」と歴史的遺跡周辺で進む「観光地化」

四―一　観光地化する「仏教聖地」――「仏教聖地」に定着する観光業

1　商業施設の展開過程――一九六〇年代後半以降

前節では、ブッダガヤ地域の人たちの仏教改宗の動きについて検討することによって「仏教聖地」の再建にかけてブッダガヤに働きかける外からの力と地域社会の関係に接近したが、ここではブッダガヤにおける「観光地化」の動きを検討することで、引き続き「仏教聖地」としてのブッダガヤの今日的な内実に接近を試みる。「観光地化」とは、農業を生業としていたマハント中心の社会が、この地域に散在する遺跡やブッダの悟りの地という地域的特性が商品化され、住民が観光業へと水路づけられ、閉鎖的であった社会が観光地としても開かれた場所へと築き上げられていくことを意味する。こういった「観光地化」は、大塔周辺の場所や空間の変化にも表れている。

しかし、こうした「観光地化」は、単純に「仏教化」に伴う帰結として結論づけることができるのだろうか。もし、「観光地化」が単純に「仏教化」と結びつくものではないとするならば、それはどうしてなのか。この動きが、仏教改宗の動きと同じように、マハント支配体制の揺らぎと結びついているとするならば、どのような形で結びついているのであろうか。ここでは、こうした点について議論する。

まず、ブッダガヤにおける「観光地化」がどのように進んできたのかについて確認しておこう。インタビューをもとにしながら、土産物屋や飲食店をはじめとする商業施設や、訪れる人々の宿泊先となるホテルやゲストハウスなどの宿泊施設の展開を、寺院建立プロセスと併せて年表にまとめると、表4-5のようになる。

観光地化の展開は、この表からもわかるように、国内外の仏教徒や巡礼者が訪れ始め、各国寺院が建てられる頃と重なっている。

最初に、観光客や巡礼者を相手に数珠や菩提樹の葉、仏像など手工芸品を商い、飲食を提供する店が現れるのは一九六〇年代である。ブッダガヤで最初の土産物屋は、一九六〇―一九六五年頃に建てられた数珠を売るマルカンデ（Markande）という名の店であった。この店を開いたR. B. Prasad氏は、"Guide of Bodhagaya"というガイド冊子や、ポストカードを作り、菩提樹の葉っぱを加工するビジネスにブッダガヤで最初に着手した。それだけでなく、彼は日本人ガイドとしても活躍した。続いて、イスラーム教徒のM氏[36]が、一九七一年に、マルカンデに次ぐ土産物屋となるモンターズ・コーナー・ショップ（Montaz Corner Shop）を開店している。彼は、R. B. Prasad氏と親交があり、R. B. Prasad氏が経営するラジギールの数珠屋で共に働いていたという関係にある。M氏は、現在ブッダガヤに二店舗の店を展開しており、第二店舗目となる土産物屋は一九八〇年に出店している[37]。

一九六〇年代半ば頃から一九七〇年代初頭のこの頃は、タイ寺が建設され、日本寺が寺院の建設に乗り出し始めた時期と重なる。M氏によれば、彼が数珠や手工芸品を売る商売を始めた一九七一年頃のブッダガヤは、まだ同業者は多くなかったようである。だが、この時期は、土産物屋を営む人々が現れ始めたという意味において、ブッダ

表4－5　ブッダガヤにおける観光地化の展開

年	ブッダガヤにおける寺院の展開	観光化の展開
1956	11月　ブッダ・ジャヤンティ2500年記念 1956－75　タイ寺設立（政府）	政府の国有ホテル（アショーカ・ホテル）の建設
1958	タイの王と王女がブッダガヤを訪問。タイ寺完成のセレモニー開催	
1960		1960－65　ブッダガヤで最初となる数珠屋 マルカンデが建てられる
1968	1968－70　印度山日本寺設立	
1970	インターナショナル・メディテーションセンター設立	1970－80頃まで　馬車は稼ぎ手段
1971	10月15日　全インド比丘サンガ（All India Bhikkhu Sangha）設立	1971－72頃　A. Saw氏、ツーリストに数珠を売り始める モンターズ・コーナー・ショップが開店
1972	2月　全日仏、インド仏跡巡拝団派遣	N. Prasad氏、工芸品の店を開店
1973	12月　印度山日本寺落成式	
1975	11月　印度山日本寺第１回ブッダガヤ結集	大塔の周囲に柵が設けられ、また大塔に続くゲートが徐々に作られる A. Saw氏　土産物を売る小さな店を自分の子どもに譲る
1976	1976－77　ブッダ・ジャヤンティ開催	
1977	印度山日本寺の菩提樹学園開始	1977－81　N. Prasad氏、レストランやハンディクラフトの店を政府から借りて営業 R. Singh氏、小さな店で商売をする
1979		1979－80　B. Prasad Singh氏、日本寺の病院の建設のマネージャーとして勤め始める ビハール州が商業施設を建設
1980		M 氏が新しい店を展開 ミヤビガ集落で菩提樹の葉っぱの商品化が始まる 1980年代　大塔周囲にボーダー（柵）設置
1982		1982－89　B. Prasad Singh氏、日本寺のスタッフとして働く V. Upasak(Manjhi)氏、日本寺で15年間働く
1983	ブータン寺設立	マハーボーディ・ショッピング・コンプレックスが建てられる
1984	1984－86　大乗教印度別院設立	ホテル・エンバシー の設立
1985	5月　大乗教印度別院訓練学校設立	R. Singh氏、チベット寺の前にお茶屋の店で商売を始める
1987	ベトナム寺設立	ツーリスト・バングラの設立
1988	チベット寺設立（カルマ・パ）	L. Upasak(Manjhi)氏、ツーリストバングラで働く
1989	ビクニワース設立	1989－90　B. Prasad Singh氏、数珠屋を開き商売
1990	7月　プランジャナ・ビハール・スクール が開始 台湾寺設立	1990年以降　ブッダガヤの主要道路の整備 P. Hassan氏、BTMCの商業施設で店を借りて商売を始める サンティ・ブッダ・ゲストハウスが建てられる
1991	インターナショナル・メディテーションセンター移転 1991－92　マハーボーディビィッデャピット（学校）が設立	
1992	ラダック寺設立	1992以降　電気や水道が整備され始める B. Prasad Singh氏、レストランを開く ニランジャナ・ホテルが建てられる／スジャータ・ホテル設立
1993	大乗教寺創立記念	
1994	中国寺の再建開始 台湾の新しい組織であるワールド・チョンガ・ブッディスト・サンガの起工式が行われる	
1995	ニグマ・パの寺院がゲストハウスを建設	1995頃まで　タリディ集落で数珠が作られていた
1996	1996－97　チャクマ・ブッディスト寺院設立	
1997	中国寺改修	1997－98　遺跡にかけての主要道路の舗装
1998	シッキム寺	ナガル・パンチャーヤットが125の店を建てる 大塔の周囲に遊歩道が設置される（大塔近辺への車などの乗り入れを禁止するため） 遊歩道設置により新たなバイパスを舗装
1999		マハヤナ・ホテル設立／タタガティ、サシ・ホテルetc設立
2001	2001－03　台湾寺設立	ハンディクラフト・センター組織が作られ、Md I氏が副議長になる トウキョウ・ビハールホテル設立／ロイヤル・レジデンシー設立
2002	大塔の世界遺産登録	ホテル・アソシエーション設立 12月18日　ガヤ空港完成
2003	タイ寺（チャン・ワッパ）建設中（プライベート）	
2004	ブッディスト・インスティトゥーション完成予定	
2005	バングラデシュ寺建設中	
2007	モンゴル寺建設中	ダリヤビガ集落にて政府の商業施設の建設

2007年に行った聞き取り調査をもとに作成

ガヤにおける観光業の萌芽期である。

それから時間を空けることなく一九七〇年代半ば頃から、土産物屋の数が次第に増えていったことがN. Prasad氏やR. Singh氏の話から浮かび上がる。一九七二年に手工芸品の店を開いたというN. Prasad氏[38]によれば、その頃には、すでに三二─三八ほどの小さな店が建てられていた。また、一九七七年にチャイ屋を営み始めたR. Singh氏[39]は、一九七五年頃に観光客が訪れるようになり、各国寺院が建ち始めたことで、ブッダガヤで商売を始める人が増え始めたと話している。

この頃は、インターナショナル・メディテーションセンターや、全インド比丘サンガなどの仏教寺院の建設が進み、また印度山日本寺の落慶式や、ブッダ・ジャヤンティの開催など、国外の巡礼者がブッダガヤを訪れる機会が増していたと考えられる。こうした、個人所有の小規模で零細な土産物屋が増加した一九七〇年半ば頃から、ブッダガヤにおける観光業は成長期を迎えはじめたといえる。

こうした数珠や手工芸品などを売る土産物屋は、いずれも大塔に向かう沿道や大塔の境内入口周囲に集中して建てられ、ブッダガヤの人々の経済活動空間を築くことになった。とはいえ、大塔周囲が、こうなる以前は、経済活動と無縁の場所であったということではない。大塔周囲では、人々の集落が近接していただけでなく、ガヤ市とをつなぐ旧道と接続している中継点でもあることから、野菜や果物、日常生活用品などの売買といった経済活動が行われていた。ただし、以前と異なるのは、経済活動空間が、地元の人々の日常生活に関わる物だけでなく、国内外から訪れる人々を対象にした土産物などが売られるなど、新たな経済活動の場としての性格を持ち始めている点にある。こうした経済活動空間は、地元の人々の情報交換の場としても機能している。土産物屋の前には国内外から訪れた人々を、親しみを持って迎え入れるために、外国語の看板が掲げられ、世俗的な場所を彩っている。

写真４－３　日本人観光客に向けた看板

このように経済活動の場が築き上げられていくなかで、一九七五年頃には、大塔や金剛宝座、菩提樹の周囲を取り囲む形で、塀が設置された。それはいってみれば、マハント時代には人々の生活空間と明確に切り離されていなかった場所や空間が、儀礼が執り行われる場所と経済活動が行われる場所とに切り離されることを意味する。

それだけでなく、一九七九年後半から一九八〇年代になると、零細な店に代わって、商業施設の建設が進み、さらに一九九八年には遊歩道が整備され、車の乗り入れが禁止されるなど、大塔境内周囲の経済活動空間が大きく整備される。もう少し具体的にいえば、一九七九年にはビハール州政府が商業施設を建設しており、その施設と並ぶように、一九八二―一九八三年には、歴史的寺院群を管理するＢＴＭＣが商業施設を建設している。マーケット・コンプレックスと称されるこの商業施設は、一階建ての平屋で、小さなテナントが入った建物である。ＢＴＭＣは二七の店舗を所有し、ビハール州政府の観光省は二三店舗、そしてブッダガヤの都市自治体(40)（ナガル・パンチャーヤット）は一五店舗、私有地に個人商店が一五店舗、さらにマハントが一七店舗を所有しており、計九七の店が整えられた。このうち、マハントの所有する店舗は、地元の人々の生活雑貨や、大塔内で供物を捧げるための果物を売る店が占めているのに対し、ＢＴＭＣおよびビハール州政府、都市自治体の商業施設には、手工芸品や数珠などを売る土産物屋やチャイなどの飲食店、インターネット・カフェなどがテナントとして入っているように、観光客向けの店で占められている。例えば、ビハール州政府所有の商業店舗についてみてみると、二三のテナントうち一二が手工芸品を取り扱うものであり、また衣料品やインターネット、旅行代理店のような、ブッダガヤの外部から訪れた旅行者を相手にする店を展開していることが確認できる。ちなみに、ビハール州政府のマーケット・コンプレックスに入っている店舗は表4-6のような内訳となっている。

このように、州政府やＢＴＭＣ、都市自治体などが商業施設を整えたことで、物理的な意味において大塔周囲の商業活動の場の整備が徐々に進んできた様子が確認できる。とはいえ、整えられたマーケット・コンプレックスに、すべての店がテナントとして収まったわけではない。テナントの数を上回る数の土産物屋や飲食店が遊歩道や道路沿いに、軒を連ねるように次々に建てられている。それらは、机や移動式の荷台に布を敷き、少量の雨を避けるほどの簡単な屋根を作り、様々な数珠や仏像、仏具、小物類などの土産物を並べただけの簡素な店である。こういった店は、歴史的遺跡群の西側に位置する大規模商業施設の店舗前や大乗教印度別院や印度山日本寺、ブータン寺、タイ寺といった寺院が集中する場所にも見られる。

一九七〇年代以降、ブッダガヤは、大塔の周辺に、土産物を生業とする中小規模の店が次々に建てられ、観光業

表4－6　ビハール州政府所有の商業店舗の内訳

	店名	業種	カースト	出身集落
1	ラッシーショップ	飲料店	チャンドラヴァンシー	ダリヤビガ
2	ダイマル	手工芸品	チャンドラヴァンシー	バッカロール
3	カシミールショップ	衣料品	ムスリム&テリー	バザール
4	モンタージ	手工芸品	ムスリム	パチャッティ
5	アナンダ　エンポリアル	手工芸品	テリー	ミヤビガ
6	クロースショップ	衣料品	アグラワル	パチャッティ
7	サロン	散髪	ムスリム	バグワンプール
8	?	手工芸品	テリー	ミヤビガ
9	インターネットプレイス	インターネット	チャンドラヴァンシー	ミヤビガ
10	ブッダ・ハンディクラフトショップ	手工芸品	チャンドラヴァンシー	ナヤ・タリディ
11	サンジャイ・ハンディクラフト	手工芸品	ヤダヴ	ナヤ・タリディ
12	スラジ・ツアー＆トラベル	旅行エージェント	ラジプート	ナヤ・タリディ
13	サンライズ・ハンディクラフト	手工芸品	チャンドラヴァンシー	パチャッティ
14	－	手工芸品	チャンドラヴァンシー	ナヤ・タリディ
15	－	手工芸品	チャンドラヴァンシー	ナヤ・タリディ
16	ブッダ・ジャパン・フォト・ゼロックス	写真印刷	チャンドラヴァンシー	－
17	ハンディクラフトショップ	手工芸品	チャンドラヴァンシー	－
18	インターネットプレイス	インターネット	チャンドラヴァンシー	マスティプール
19	ハンディクラフトショップ	手工芸品	チャンドラヴァンシー	ダリヤビガ
20	?	手工芸品	チャンドラヴァンシー	ダリヤビガ
21	?	?	パスワン	アムワ
22	インターネットセンター	インターネット	クシュワ	バッカロール
23	?	?	ムスリム	パチャッティ

聞き取り調査をもとに作成

が急速に発展してきたことがわかる。こうした変化の只中にあったブッダガヤについては、歴史学者の色川大吉の語りからもうかがい知ることができる。色川は、NHKのテレビ番組『世界わが心の旅』において、一九七一年から一九九四年の間のブッダガヤの変化を次のように語っている。

「（前略）こういう大理石の舗装もなかったし、なんかもうすごい聖地という観光地になったような感じですね。（中略）こうひろーい砂地の静かーなところで（中略）人は誰もいませんでしたね。閑寂とした世界でね。インドでは、ここはなんというか忘れられたところで（中略）浦島太郎がね、一〇〇年もたってから、にぎやかなになった田舎へ帰ってきたという感じですね。（中略）田舎っていうかふるさとみたいな感じでしたからね。（中略）来てびっくりしましたね。インドで一番変わっているところ、一番変化した場所、そんな思いです。」

（『世界わが心の旅』一九九四年二月六日ＮＨＫ放映）

写真４－４　連なる土産物店

２　宿泊施設の展開過程——一九八〇年代以降

ブッダガヤの発展は、土産物屋を生業とする動きだけにとどまらない。土産物屋や飲食店に遅れ、一九八〇年代に入るとホテルやゲストハウスなどの宿泊施設が次第に整えられ、一九九〇年代に入ってその数は本格的に増加する。

もちろん、その時期に至るまで、宿泊施設が皆無であったわけではない。独立以前から、スリランカのマハーボーディ・ソサエティやビルマ

写真4－5　大乗教印度別院の前に並ぶ移動式（グムティ）土産物屋

（現ミャンマー）、中国といった一部の国々が宿泊施設を建てている。しかし、いずれも各々の巡礼者を受け入れるための小規模な宿泊所にすぎなかった。

独立後、ブッダガヤに初めて宿泊施設が建てられるのは、一九五六年のことである。この宿泊施設は、同年にインド政府が主催した仏教二五〇〇年祝祭の開催を機に、大塔のほど近くに建てられた国有のアショーカ・ホテルである。[41] 宿泊施設が整っていなかった当時のブッダガヤにおいて、アショーカ・ホテルはいち早く国外の巡礼者や観光客を受け入れ、インド全土に点在する同系列の国有ホテルのなかで、最大の売り上げを誇ったこともあったといわれている。

ところが、このアショーカ・ホテルも、当初は一〇部屋のみで、宿泊施設として十分な収容力を持っていたわけではなかった。それにもかかわらず、ブッダガヤの宿泊施設の建設は一九八〇年代になるまで進まなかった。二〇〇三年に政府が行った調査報告によると、ブッダガヤに建てられているホテルの数は、三〇棟[42]にのぼるが、その報告によれば、現存するホテルのほとんどが一九八〇年以降に建てられたということであった。[43]もう少し具体的な点を知るために、インタビューを行ったところ、民間ホテルの建設は、一九八〇年代に始まることを確認した。だが、一九八〇年代に建てられたホテルとしては一九八四年に建てられたホテル・エンバシーが挙げられるが、数としてはまだまだ多くなく、その数が顕著に増えるのは一九九〇年代に入ってからのことである。例えば、大乗教印度別院の駐在員であった故T. Suba氏[44]は、一九八七年頃にはまだまだ十分に整っておらず、一九九〇年代にホテルやゲストハウスが整えられていったと話している。[45]ホテルの経営に携わるJ. Singh氏もまた、ホテルが建てられた時期を一九九二―一九九八年頃だと話す。実際、比較的大規模なホテルの設立年代を調査したところ、一九九〇年代に建てられたものが少なくない。一九九〇年にサンティ・ブッダ・ゲストハウス、一九九二年にスジャータ・ホテル、ニランジャナ・ホテル、一九九九年にマハヤナ・ホテル、続いて、タタガティ、サシ・ホテル、ブッダ・インターナショナル、ホテル・ウルヴィラ、そして二〇〇一年にトウキョウ・ビハール、ロイヤル・レジデンシーなどが挙げられる。

そこで疑問なのは、なぜ一九五六年のアショーカ・ホテル以来、一九九〇年代に入るまで宿泊施設の建設は進まなかったのかという点であろう。まだまだ観光業が成熟期にない頃においては、ホテルを建設するだけの経済力が地元の人々に備わっていなかったということが考えられる。また、こうした宿泊施設が建設される以前に、宿泊施設としての機能を果たしていたのが、各国の仏教寺院が併設していたゲストハウスであった。仏教寺院が併設するゲストハウスは、自国の仏教巡礼者や観光客の便宜を図るだけでなく、広くブッダガヤを訪れる人々の滞在先として機能していたようである。

写真４－６　ブッダガヤにあるホテル

そして現在、ブッダガヤにおける宿泊施設は、集団で訪れる外国人の受け入れに特化したホテルもあれば、インド国内の家族連れの受け入れに特化したホテルもあり、収容人数の多い大規模なホテルや、各寺院が併設するゲストハウスはもちろんのこと、少人数の旅行者を安価で受け入れるような個人経営のゲストハウスなど、訪れる人々の経済層や規模、滞在期間などに応じてその性格も多岐にわたっている。こういった中・小規模の施設を加えれば、三〇をはるかに上回る数の宿泊施設がブッダガヤに存在すると考えられる(46)。

そのうえ、宿泊施設の建設は、それ自体が、地元の人々の経済活動であるが、特に大規模なホテルに関していえば、そのまま土産物屋の展開でもある。大規模なホテルは、土産物屋を建物内部に併設していることも少なくない。クリスタルやムーンストーンといった石や白檀などの数珠、ブッダの誕生・悟り・苦行を模った像や、木や石でできた様々な工芸品等々を購入できる場所がホテル内の一角に設けられる。例えば、一九八〇―一九九〇年代にかけて建てられたホテル・エンバシー、スジャータ・ホテル、ニランジャナ・ホテル、マハヤナ・ホテル、二〇〇一年建設のロイヤル・レジデンシーは、いずれもホテル内に土産物屋を併設している。

さらに、国内外の寺院の建設の動きと競い合いながら進んでいく宿泊施設の建設は、ブッダガヤと他都市をつなぐ道路網をはじめ、ブッダガヤ内での水道や電気といったインフラの整備とも関係している。ニランジャナ・ホテルのオーナーであるJ. Singh氏によれば、一九七〇年代から一九八〇年代までは十分に行き届いていなかった電気や水道のインフラが整備されてくるのは、ブッダガヤにおける宿泊施設の建設や寺院の建設が進むのと時期を同じくしている。

また、道路網に関していえば、十数キロメートル離れた場所にあるガヤ駅からブッダガヤに続く道路の整備が進められた。一九九〇年代には、日本政府の協力のもとで、ブッダガヤを横切るように流れるニランジャナ河に橋が架けられたことによって(47)、点在する仏跡をつなぐ道路の整備も進んだ。この河は、ブッダが悟りを開く前に乳粥をもらった少女の村とされるスジャータ村(バッカロール集落)に向かうために必ず渡らなければならず、橋が建設されるまでは、地元の人だけでなく巡礼者や観光客は河を歩いて横切らなければならなかった。そして、近年ではガヤ空港が整えられ、インドの他都市を経由せずとも、タイやスリランカから直接、ブッダガヤに来ることが可能となっている。さらに、バスやオートリキシャ、リキシャといった人々の移動手段も多様化している。

こういった、インフラの整備と並行しながら進む宿泊施設の建設は、現在もなお続いている。ホテルは、地元の人々によって建てられる場合もあれば、カルカッタ在住の資本家が、土地を購入し建てるというように、ブッダガヤ外部から投資をするケースもある。地元の人のなかには、他国で働きながら資金を作りブッダガヤにホテルを建てている人もいる。このようにブッダガヤ外部から経済的・商業的価値が見出され、経済的資本がつぎ込まれるようになっている。そして、中心部での土地の高騰から、寺院や宿泊施設の建設までもが次第に、地価の安い周辺へと拡がっている。

このように、一九九〇年代から進む宿泊施設建設の展開によって、民間レベルにおいて国内外の巡礼者や観光客を受け入れる体制が整い始め、商業活動空間が大塔の周囲からさらに周辺に向かって拡がりをみせていく。さらに、宿泊施設の多くは、スジャータ、シッダールタ、ニランジャナ、ルンビニー、マハヤナなど、仏教にちなんだ名前を付している。[48] その意味で、ブッダや大塔などを模った様々な仏教関連の品々が売られるということだけでなく、宿泊施設自体が仏教関連の名を借りて展開することに例示されるように、「仏教」を資源に商品化しながら、観光地化が進んでいるといえよう。

四―二 「観光地化」の展開

1 マハント支配と「観光業」

ブッダガヤにおける「観光地化」の展開は、物理的な意味においての経済的活動の場の拡大を意味すると同時に、大塔周囲において祈りが捧げられ儀礼が執り行われるような宗教的な場所の形成と地域への「仏教化」の浸透と並行しながら進んでいる。だが、ブッダガヤにおける「観光地化」は、外在的な力によって進んできた「仏教化」に伴い、当然のごとく生じた現象だと結論づけることはできない。確かに、「観光地化」は、国内外からの歴史的、宗教的関心が向けられ、求心性を増している所であればどこでも生じうる当たり前の現象とみなされうるだろう。

しかし、観光地化がどういった形で進んでいるのかを考察しない限り、「仏教聖地」再建を議論するうえで、ブッダガヤの社会的変化が「仏教化」の後景に退けられてしまうこととなり、この地域における特性や、その特性がひいては「仏教聖地」の現実を形作る力となっていることを捉え損なうことになるだろう。とするならば、ブッダガヤにおける観光地化にどのような地域的特性が浮かび上がるのだろうか。この点を明らかにするために、一九六〇年以降に展開し始める観光地化において、どういった人々が観光業に着手し始めたのか、それはどのような理由に基づくのかについて検討する必要がある。

一九六〇年代に初めて土産物屋ができるというように、その頃まで観光業としての就労は定着しておらず、ブッダガヤにおける観光地としての歴史は古くない。しかし、観光業が定着していない頃であっても、ブッダガヤを訪れる人が皆無であったわけではない。

それでは、最近に至るまでブッダガヤの観光地化が進まなかったのはなぜか。それは、何よりも、この地に住む人々のほとんどがマハントの僧院あるいはマハントの所有する土地で働いており、その他の仕事につくことは稀な状況にあって、国内外の人々を相手に数珠や手工芸品といった品々を売る商売が定着するには根本的な限界があったからである。

現地調査に基づいていえば、マハントのもとでは、マハントがブッダガヤの人々の就労を規定しており、観光業に着手すること自体が容易なことではなかった。観光ガイド業を営むW. Saw 氏[49]によると、マハントが力を持っていた時代に土産物屋をしていたのは、自分の祖父や父とC. Singh氏の祖父や父のみだったという。W. Saw氏の叔父にあたるD. Saw氏[50]は、バンガロールに行き白檀の仏像や数珠を購入し、ブッダガヤで売っていたが、土産物を売る場合、一年に一回五ルピーをマハントに納めなければならなかったと話す。当時、マハントのもとでの労働に伴う対価は籾などの現物であって金銭ではなかった。店を出すにしても、唯一許されたのは道端にブランケットを敷いてその上で品物を売ることであった。そして一日が終われば、それらを撤去するように命じられた。このような状況は、一九五〇年頃まで続いたという。グムティと呼ばれる移動式の店を使って商売を行うようになったのは、マハントの影響力が弱まり、お金を納めることも必要なくなってからのことだという。

このように店を出すことができた人は、マハント支配体制にブッダガヤの人々の生活が組み込まれていた頃は例外的で、ほとんどの人々は積極的に経済的活動に携わることはできず、マハントの僧院や土地に関わる就労に限定されていた。ようするに、マハント支配は仏教化の抑制にとどまらず、大塔やその周辺を資源とする観光地化・商業化の抑制にまで及ぶものであった。もっといえば、マハント支配体制下においては、土地の個人所有を許されず[51]、贅沢を禁じられていた[52]。そこには、もしかすると、ブッダガヤの人々の富の蓄積を制限することによって当時のマハント支配体制を維持しようとする戦略が働いていたかもしれない。

それが、一九六〇年から次第に定着をみせ始める観光業は、現在、ブッダガヤの主要産業の一つとなっている。店を構え数珠や土産物を売る人々や、土産物屋に客を引き込む者、手に土産物を持ちながら売り歩く者、さらに外国語を学び、観光ガイドとなる者が登場している。観光業が定着して間もない頃の観光ガイドは、巡礼者から言葉を学んだ者が少なくない。

それだけでなく、寺院や宿泊施設の建設やそれに伴うインフラ整備などが進められるにつれ、建設労働者が生み出されている。何より特徴的なのは、各国仏教寺院での就労であろう。仏教寺院では、寺院内や寺院の運営する学校での警備や清掃、食事作り、タクシードライバーなど、スタッフとして、寺院周囲の集落に住む人々を雇用していることも少なくなかった[53]。例えば、印度山日本寺、大乗教印度別院、ビルマ寺、中国寺では、警備や清掃スタッフとして周辺集落の人々を雇用していた。寺院での就労者は、仏教改宗集落の箇所で述べたように、他の集落と比べ、ミヤビガ集落やマスティプール集落において顕著にみられた。

写真４－７　建設中のモンゴル寺（2005 年）

こういった今日の就労事情を考えれば、明らかに、国内外からの巡礼者が増加し、仏教寺院の建設が進み、ブッダガヤが仏教の地として開かれていくことで、様々な労働力需要が生み出され、ブッダガヤの人々に新たな就労の場が提供されていることがわかる。そして、マハント時代には存在しなかった新たな職種がブッダガヤ社会に根付きつつある。

先にも述べたように、観光業の発展は、ブッダガヤが仏教最大の聖地と称賛され、巡礼者や観光客といった外からの流入者が増えてきたことを考えれば、何ら目新しい現象ではない。

しかし、ブッダガヤにおける観光地化が他の場所でも起こりうる当たり前の現象として片づけられないのは、観光業の生成を促している要因が、ブッダガヤを訪れる巡礼者や観光客の増加、寺院や商業関連施設の建設、インフラ整備に伴うニーズの増加だけではないということである。つまり、ここでも、内外に強く働きかけていたマハントを中心に成り立っていた社会的秩序の崩壊が鍵となって、観光業の展開を後押ししている。

表4-7は、観光関連の仕事をしている者およびその家族について、マハントとの関わりと現在の就労状況についてまとめたものである。ここで取り上げている九名の人々は、主にかつてタリディ集落、あるいはウラエル集落、ティカビガ集落といった、マハントの支配下におかれていた集落出身の人々である。

写真4－8　道路の整備に携わるブッダガヤの人々

まず、五十代を前後に、マハントとの関係に変化が確認できる。五十代後半は、祖父や父親の代だけでなく、自分自身もマハントの下で就労をしていた経験を持っている。例えば、イスラーム教徒のMd S氏は、父親とともにマハントの指示に従い建物の建設に携わり、N. Patty氏は、壺を作るクムハル（Kumhar）というカーストとして僧院に一九九五年頃までプージャーに使用する器を納めていたと話す(54)。その次の世代となる、四十代以下の人々は、

表4－7 観光業の担い手とマハントとの関係（2005年）

名前／出身集落	誕生年	歳	マハントとの関係		現在の就労状況
D. Saw／タリディ集落	1932	73	?	商売を行う	土産物屋。4人兄弟。それぞれの息子や孫に土産物屋、日本でレストランを経営、観光ガイドなど観光業に着手する者が多い。
Md S／タリディ集落	1945	60	本人(代々)	マハントお抱えラージミスティリ[55]	本人もラージミスティリをしていた。仏教寺院の建設に携わる経験を持つ。息子もラージミスティリである。
N. Patty／タリディ集落	1947	58	本人(代々)	マハントが祭りや儀礼に使用する壺や器を作る	寺院建設現場で働く。
R. Singh／タリディ集落	1957	48	父	父親がマハントのところでゴマスタ[56]であった	チャイ屋を経営。ナガル・パンチャーヤットの副議長。
J. Singh／ダリヤビガ集落	1957	48	－	－	ホテル経営。親戚には土産物を売る商売を行う人がいる。
N. Prasad／タリディ集落	1954	49	父	父親がマハントと関わる	手工芸品を扱う商売を1970年代から行う。息子は父親の商売を手伝いつつ、レストラン経営。
B. Prasad Singh／ウラエル集落	1967	38	父	父親がグンダ[57](ゴリ・サンカル)1967年の頃も働く	観光ガイド/NPOの学校 兄も観光ガイド 息子も観光ガイド（フランス語）
K. Singh／ティカビガ集落	1970年代	30代	祖父・父	父親がマハトと関わる	兄弟でレストラン経営。弟はNPOの活動も行う。親戚に、旅行会社のエージェントがいる。
C. Singh／タリディ集落	1977	30	祖父・父	祖父・父親がマハントと関わる数珠売りをする	観光ガイド。父親はブッダガヤで商売を最初に始めた人。ラジギールでも数珠屋を営んでいた。兄は土産物の商売をかつて手伝う。弟は語学を勉強。親戚にガイドを行う者や店を持っている者もいる。

2005年に行ったインタビュー調査をもとに作成

R. Singh 氏や J. Singh 氏、N. Prasad 氏のように、父親がマハントの下で仕事をしていたが、本人は観光業を生業としていた。このことから、二〇〇五年当時に四十代であった人々を境に、マハントとの関係のあり方に変化が確認できると考えられる。彼らが誕生した一九五〇年代後半から一九七〇年代初頭は、各国寺院の建設が進み始める頃であると同時に、マハントの力が弱まり始めた頃と重なる。とするならば、四十代以下の人々の間で、観光業に着手しているのは、「仏教化」が新たな就労の機会を開いたということだけでなく、マハントの支配の影響力が弱まったことと無関係ではない。例えば、マハントのもとで建物を建てるなどの仕事に携わっていたMd S 氏は、一九八〇年代頃まで仕事をしていたが、そこでの仕事は減り、その一方で、タイ寺や印度山日本寺、チベット寺、大乗教印度別院などの寺院の建設の需要が高まり、その仕事に携わるようになったと話す[58]。R. Singh 氏は、父親がマハントのもとでマハントに代わって人を働かせる仕事を担うゴマスタとしての役割を担っていたというが、一九七五年頃に、仕事がなくなり、その頃から、自分で商売をするようになったと話している[59]。

そのほかにも、観光業の展開が、「仏教化」の影響だけでは説明しえない点は、観光業を生業とする人々が、もともとマハントから就労機会や衣食住の保障を得ていたにもかかわらず、マハントから離れたことからもうかがえる。そこでは、明らかにマハントの力の弱体化に伴うマハント依存の生活への危機感がうかがえた。例えば、マハントの仕事が減少したことで、仕方なく他の仕事を探さざるをえなくなったという者[60]や、なかには、現金収入が得られないマハントの就労では貧しい状況から抜け出せず、自らマハントの下を離れたと話す者[61]もいた。

確かに、「仏教化」は、マハントの就労に代わる新たな職種を登場させ、就労機会を広げることにつながっている。だが、彼らの話からうかがえるのは、マハント支配が弱まったことで、安定した就労が途絶え、その結果、マハント支配体制下の仕事で生活を支えていくことは難しくなり、その困難が、他の職種へと向かわせる追い風となっていることが読み取れるのである。

もちろん、マハント支配からすべての人が脱し、観光業に着手したわけではない。マハント時代と変わらない就労を続けている者もいる。例えば、マハントの食事を作る人やマハントの残された土地で働いている人を管理する者たちである。彼らがマハントのもとで働くのは、必ずしも他の者とは異なり特別視され、食料などを受け取っているからではない。T. Singh氏は、ティカビガで生まれ、現在マハントの土地の管理をしている。以前に一度、ホテルで働いていたが、マハントから仕事を手伝うようにいわれ、再びマハントの仕事を引き受けたのだという。だが、マハントから安定した労働対価を得ているわけではなかった。彼は、マハントの就労を引き受けた理由に、マハントの命令には従わなければならないからだ、と話した(62)。

特に、表4-7で取り上げた九名の人々は、マハント支配下から離れ、ブッダガヤのなかでもいち早く土産物の商売に着手し、ある時期、ブッダガヤにおける観光業を牽引してきた。特に、D. Saw氏の家族や、C. Singh氏の父(R.B. Prasad氏)や祖父は、マハント支配下において数珠を売っていた限られた家族であった。彼らを含む、現在、観光関連の仕事に携わっているこの九名は拡大家族(63)であり、特に注目すべきは、家族ぐるみで観光業を生業とする親族が多い点である。なかでも、表4-7のD. Saw氏やJ. Singh氏の父、K. Singh氏の父は兄弟が多いことで知られ、指折りの大家族である。そして、本人はもちろん、兄弟やその息子、甥、親戚と、家族ぐるみで観光関連業や観光関連の自営業の仕事についているという特徴がある。

さらに、J. Singh氏、R. Singh氏は、飲食店やホテル経営をするなど経済活動を行いながら、都市自治体の副議長(Vice Chairman)を経験するなど、ブッダガヤの政治的活動において影響力を持っている。また、K. Singh氏は、父親がホテルを経営し、兄弟は飲食店やガイドを営むなど経済的活動に携わるなか、自身は政治的活動に熱心に取り組み、妻を都市自治体のメンバーに選出させ、政治活動に積極的に関わっている人物である。

現在、ブッダガヤの人口は急速に増加しており、外部から観光業に携わる人も増えている。ホテル・エンバシーのオーナーであるG. Prasad氏によれば、一九九〇年代頃からブッダガヤの外から商売に携わる者が増えだしたという(64)。それゆえ、観光業の担い手がブッダガヤに古くから住む人であるとは限らない。したがって九名に加えその家族が観光業に携わっているということが、ブッダガヤ全体の動きを読み解くうえで適しているのか、という指摘があるかもしれない。

しかし、マハント支配時代から今日に至るまでの家族の変化は、一部の限られた人々であるとはいえ、ブッダガヤの観光業の動きを捉えるうえで、一つの示唆に富む手がかりを与えてくれるのではないだろうか。もちろん、マハントとの関わりがなくなった人が、すべて観光業にシフトしたということではない。観光業以外の仕事についている者もおり、マハントの支配力の低下が、他の就労への移行を容易にしているとはいえ、マハントの就労から離れることに積極的な人ばかりではない。今でもマハントのもとで働くことを生涯の務めとする者もいる。いずれにしても、観光業がマハントの就労に代わる生計手段として、人々の選択肢の一つとなっているということは確かである。

ブッダガヤにおける観光業の展開は、単に地域の「仏教化」を取り上げるだけでは捉えきれない。観光地化における労働力の需要と供給という観点からしてもその点は明らかである。「仏教化」はそれ自体として労働力の動員に働く力であるが、その一方で、ブッダガヤにおけるマハント支配体制が弱まってきたことで、その体制に縛られていた住民がその支配から解き放たれて新たな労働力の需要に応えられるような状態になったことも見落とすわけにはいかないのである。もっといえば、マハント支配と労働力との関係の変容を抜きにしてブッダガヤにおける観

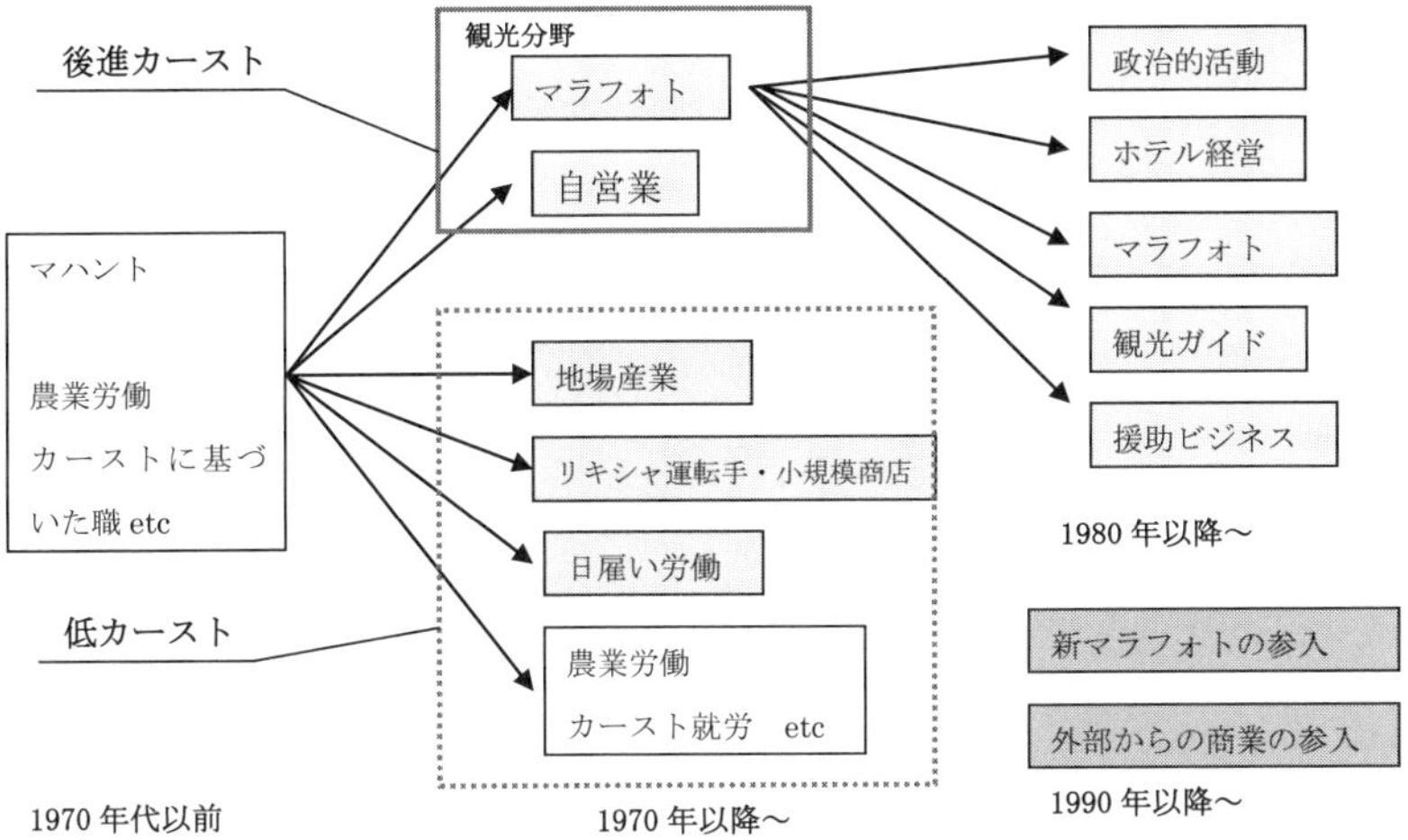

図 4－1　ブッダガヤ社会における就労の変化

調査をもとに作成

光地化の地域固有の内実を捉えることはできないといってよい。

以上の議論を受けて、マハント時代から、地域の人々の生業がどのように展開してきたのかをまとめると図4－1のようになる(65)。

ブッダガヤでは、マハントが力を振るっていた時代、一部の例外を除き、マハントのもとで働く者が大半を占めていた。一九五六年の仏教二五〇〇年祝祭以降、タイがいち早く寺院を建立し、他の国や地域の仏教徒が相次いで寺院建立に乗り出し始める一九六〇年代頃から、次第に、訪れる仏教巡礼者や観光客を相手にするような商売に着手する人々が現れ始めたことをみた。寺院の建設が進むなかで、観光業に直接的・間接的に携わる者が現れ始めていた。特に、一九七〇年代頃を境にマハント支配が弱まったこともあり、マハントのもとでの就労機会の減少や食料などの保障が十分に得られなくなるなど、次第にマハントから離れる人も現れた。一九七〇年代は、寺院の建設やインフラの整備がますます進んだことから、マハントのもとを離れた人々に新たな就労機会を与えることにもなった。

一九八〇年代になると、観光業で成功し、経済的な力を持つ者がより収入を得るようなビジネスに着手するようになった。なかには、ホテルを建てる力をつけ自分の店を構え商売を行う者もあり、より収入の得られる就労へと徐々にシフトする動きをみせている。また、訪れる人々を相手に、数珠を売り写真を撮る商売を行うようになった人々は、数珠を意味するマラと写真を撮るフォトグラファーを略して「マラフォト」と呼称され、地元のインフォーマルな経済利害集団を作り始める。そして、政治的な力をつける者もそこから現れ、地域の開発行政に積極的に関わっていく動きがみられるようになった。ニランジャナ・ホテルのオーナーであるJ. Singh氏[66]もその一人である。一九九二年にナガル・パンチャーヤット（都市自治体）の副議長となっており、また、R. Singh氏も同じく都市自治体のメンバーを務めている。K. Singh氏、C. Singh氏は、かつてRJD（Rashtriya Janta Dal）政党の青年部のリーダー、副リーダーを務め、M. Singh氏はJDU（Janta Dal United）政党のメンバーであった。このように、経済活動を担い始めた者のなかから政治的な活動家が登場し始める。

そして、一九九〇年代以降になると、以上の流れが定着すると同時に、ブッダガヤの外からやってきて観光業を営む人々が増え始めていく。また外部からホテルの建設を図る動きなども登場してくる。中には、経済的な力を示しながら、それまで虐げられ発言力がない状況におかれ、自分達の生活改善につながらなかった政治的事情を変えるべく立ち上がる政治家が次第に現れるようになった。ところがその一方で、個人的に政治的な力を得ようとする捻れた政治家の登場を促すことにもなっている。

2　観光業の担い手にみる傾向

さらに、こうしたマハントの支配的影響力から離れ、観光業に着手している人々の生業手段の獲得をめぐっては、特徴的な傾向が読み取れる。具体的にいえば、観光業の就労形態が、本書でいう後進カースト（ＯＢＣ）と低カースト（ＳＣ）の間で大きく異なるということである。

「仏教化」が様々な就労形態を登場させたことをみたが、なかでも、一九五六年以降進む仏教寺院の建設や、一九七〇年代以降展開する商業施設の建設や宿泊施設の建設、それらに伴うインフラの整備などは、建設労働力の需要を生み出していた。こうした観光業に間接的に関わる就労に携わっていたのが主に低カーストであった。寺院やホテルなどの建物は煉瓦を積み上げて建てられており、煉瓦を運ぶ作業や、それを積み上げていく作業などは、日雇いで雇われる労働者や熟練工によって担われていた。寺院をはじめ建設に伴うこうした需要は、仏教化や観光地化が進むなかで高まり、その需要を満たしていたのが低カーストであった。具体的に、低カースト集落であるミヤビガ集落の就労状況をみてもその傾向が読み取れる（表4-8）。

この集落で全戸調査を行ったところ、様々な職種に携わっているが、確認できた二九四人の就労者のうち、企業や公務員といった就労者は一七人と極めて少なく、観光業関連を生業とする人々は四八人、仏教寺院での就労を生業とする人々は六四人、そして半数近い一一七人が、日雇い労働を生業としていることがわかる。確かに、観光関連の職種に従事している者も少なくないが、その数をはるかに超える数の日雇い労働者がおり、集落が日雇い労働者市場となっていることがわかる。

それに対し、ブッダガヤにおいていち早く数珠、菩提樹の葉、仏像などを売る商売に乗り出し、外国語を習得し観光ガイドなどで成功し、さらに語学力を活かして都市部（デリーなど）で就労機会を得るなど、観光業の担い手

表4－8　ミヤビガ集落における生業状況

職業	日給（1日）	人数
伝統的職業		
日雇い労働（ラージミスティリ）	120ルピー	11
日雇い労働（マジドゥール）	50ルピー	106
酒売り（カースト就労）	?	3
洗濯屋（カースト就労）	夏30ルピー／冬150ルピー	6
乞食	?	5
農業(小作人)	50ルピー	2
その他	?	11
合　計		**144**
寺院従業者		
チベット寺	50－100ルピー	18
タイ寺	30－50ルピー	25
中国寺	50－60ルピー	3
印度山日本寺	100ルピー	3
大乗教印度別院	40－100ルピー	3
大塔	30－50ルピー	5
スリランカ寺	60ルピー	4
その他	50ルピー	3
合　計		**64**
観光関係従業者		
ホテル	40－100ルピー	6
レストラン	50－100ルピー	11
土産物売り	50－100ルピー	13
ガイド/ツーリスト	500－800ルピー	6
運転手	30－80ルピー	2
リキシャ運転手	50－60ルピー	8
その他		2
合　計		**48**
公務員もしくは企業		**17**
その他		**21**
総　計		**294**

2003年の全戸調査に基づき作成

となり経済的自立をみたのは後進カーストの人々である。例えば、初期に土産物屋を営んだイスラーム教徒を除き、先に紹介したR. B. Prasad氏やN. Prasad氏やR. Singh氏、J. Singh氏はチャンドラヴァンシー（Chandravancy）のカースト（後進カースト）である。D. Saw氏のカーストもまた後進カーストである。また、二〇〇五年当時、大塔周囲ではがきを売る売り子はティカビガ集落出身で、そのほとんどが後進カーストのなかでもチャンドラヴァンシーだということであった(67)。

さらに、後進カーストの人々が観光業に携わっていることが多いことは、ビハール州政府のテナントのオーナーのカースト内訳をみても明らかである。ビハール州政府の所有するマーケット・コンプレックスの各店主のカーストを確認すると、二三の店舗のうち、一六店舗の店主が後進カーストであり、なかでもチャンドラヴァンシーのカーストが一二店舗を占めていることがわかる。それに対し、高カーストや低カーストが店主となっている店は、それぞれ一店舗のみである。

表 4－9　ビハール州政府所有のテナントオーナーの内訳（カースト）

カースト		店舗数	OBC数
アグラワル		1	
チャンドラヴァンシー	OBC	12	12
クシュワ		1	
ムスリム		3	
ムスリム＆テリー		1	1
パスワン	SC	1	
ラジプート		1	
テリー	OBC	2	2
ヤダヴ	OBC	1	1
合計		23	16(69%)

また、前節で述べた政治的な力を持ち始めていたのも、後進カーストであった。先にみた、ニランジャナ・ホテルのオーナーでもある J. Singh 氏は、チャンドラヴァンシーのカーストであり、マラフォトのなかで初めて政治家になったとされる。J. Singh 氏は自身が政治家になった理由を、数珠屋のことを好意的に思っていない政治家が多く、ブッダガヤの発展に十分に取り組んでこなかった点を問題視し、その問題を解消するためと話す(68)。ちなみに、彼が都市自治体の副議長になる以前は、高カーストかつ都市自治エリアの住民でない人々が自治体メンバーを占めていたと話す(69)。また、同じく副議長となった経験がある R. Singh 氏や K. Singh 氏、C. Singh 氏もまたチャンドラヴァン

シーのカーストである。

近年では、低カーストの政治的な発言力も増している。都市自治体のメンバーは、選挙区によっては低カーストや低カーストかつ女性であることが求められるようになっており、都市自治体の市長は、低カーストの女性でなければならないことになっている。こうした留保制度も相まって後進カーストだけでなく低カーストも政治的な力を持ち始めている。この変化は極めて注目すべき変化である。なぜなら、高カーストであるマハントが力を持っていた頃には、低カーストはもちろん、後進カーストが政治的な力を持つことはなかったからである。

このように、ブッダガヤへの国内外の関心の高まりにいち早く反応し、マハントの弱体化を機に、観光業に乗り出したカーストには後進カーストが少なくない。もちろん、すべての後進カーストが成功を収めているわけではなく、今でもなお貧しい生活を強いられている人々も多い。

とはいえ、後進カーストが、他のカースト（低カーストや高カースト）以上に、観光業に着手しえたのはなぜだろうか、そのなかでも特にチャンドラヴァンシーのカーストにその傾向が強くみられるのはなぜなのだろうか。

実は、ここに、マハント時代に築かれてきたマハントとの関係のあり方が見え隠れする。特に、チャンドラヴァンシーのカーストが、他の後進カーストよりもマハントと親しい関係を築き、信頼関係を得ていた。例えば、チャンドラヴァンシーは、マハントの手伝いをする人が多く、マハントの警護や、マハントに代わって人々を働かせるような役割を担っていた。時には、マハントの右腕としての役割を担うこともあったようである[70]。チャンドラヴァンシーがマハントとの関係において特別な関係を築いていたことは、D. Saw 氏の話からも浮かび上がる。D. Saw 氏によれば、低カーストをはじめ他の後進カーストが僧院に出入りすることができなかったにもかかわらず、チャンドラヴァンシーは僧院に入ることができた。時には、マハントから土地や店の提供も受けていた[71]。そして彼らに何か問題が起こった場合にはマハントが助けてくれることもあったという。興味深いことに、D. Saw 氏は、チャンドラヴァンシーがいなければ、マハントの仕事は成り立ちえなかったし、チャンドラヴァンシーの数が多かったことから[72]マハントはチャンドラヴァンシーの話はよく聞き入れ、実際はチャンドラヴァンシーがマハントをコントロールしていたとも話した[73]。つまり、チャンドラヴァンシーは、マハント支配において欠かせない役割を担っており、数のうえでも無視しえない存在であったことがうかがえる。

それでは、マハントとの絶対的な信頼関係を築いていたにもかかわらず、なぜチャンドラヴァンシーは、観光業へと乗り出すことが可能であったのだろうか。マハントが力を弱める頃まで、マハントからの信頼を得て、マハントに仕えていたチャンドラヴァンシーは、五十代から七十代を超える世代にあたる。R. Singh 氏の例にみるように、父親はマハントに仕えながらも、マハントの力が弱体化したことでマハントの仕事を退いた。マハントがその後も、助けを必要とする場合、直々に僧院で仕えるよう、声がかかることがあるようである。だが、マハントの力の弱体化に伴い、マハントとの関係が切れてしまうことも少なくなかった。それゆえ、R. Singh 氏の家庭でも、父親がマハントの仕事を退任した後、息子がその仕事を継承することはなかった。こうして、その家族のマハントとの関係が希薄化し、観光業への道に乗り出すことが可能となったと考えられる。

しかし、他のカーストも同じ条件でありながら、チャンドラヴァンシーが観光業に着手しえた理由についてはもう少し説明が必要となろう。マハントに対し、すべての人々が従順であったわけではなく、その支配のあり方に不満を抱いていた者もいたようである。ルールに従わなければ暴力をも辞さなかったマハント支配下にもかかわらず、それに抗っていたチャンドラヴァンシーもいたようである。I. Saw 氏によれば、あるチャンドラヴァンシーが自分の所有する畑で働き、マハントのもとで働くことを拒否したため喧嘩になったということもあったようだ[74]。また、

D. Saw 氏や I. Saw 氏の祖父や C. Singh 氏の祖父がマハントと争うこともあったようである。(75) 彼らはブッダガヤにおいて土産物を売り始めた者であったことを考えれば、時に緊張を孕みながらも、マハントの支配に屈しなかったチャンドラヴァンシーというカーストが、その後の観光業の展開を後押ししていたと考えられる。

それだけでなく、こうしたマハントの絶対的な力をバックにチャンドラヴァンシーと低カーストとの間に築き上げられた関係が、マハントとの関係が希薄になった後も機能していたということが考えられる。例えば、R. B. Prasad 氏は、祖父の代からマハントとの間に信頼関係を築いていた。しかも低カーストからも信頼を得ていた。R. B. Prasad 氏は、ラジギールにおいて土産物屋を経営し、数珠を売っていた。木の種をラジギールから持ち帰り、その商品化にあたってはミヤビガ集落やタリディ集落の低カーストの人々の協力を得て数珠作りや菩提樹の葉っぱの加工などを行ってもらっていたというのである。

また、R. B. Prasad 氏は、同じカーストや、他のカースト（ソウなど）やイスラーム教徒とも広く関係を築きながら商売を展開していた。そして、共に商売を行ってきたイスラーム教徒がそれぞれ商売で成功する道を開くきっかけを築いていた。マハントの力の弱体後、チャンドラヴァンシーが低カーストと関係を新たに築き、また他宗教や同じカースト同士で協力しながら、ブッダガヤの観光業を築き上げていく様子がうかがえるのである。

こうして、マハント支配体制の弱体化ということが観光業の展開を後押しする一方、マハントとの信頼と緊張という相反する関係が、チャンドラヴァンシーというカーストを観光業に引き立てることとなり、さらにはブッダガヤ全体の観光地化を大きく切り開くことにつながっていったと考えることができる。

以上のように、いわゆるマハントを中心にその支配に強く縛られながら成り立っていたブッダガヤでは、独立後二〇―三〇年頃からブッダ悟りの地として世界的な関心を集め、外部に開かれるなかで、同時に社会的にも空間的にも観光地化が進んできた。表4-5（146頁）からもわかるように、いわゆる商業施設や宿泊施設といった世俗的な場所や空間の拡大は、ブッダガヤを訪れる国内外の巡礼者や観光客の増加に加え、各国仏教寺院の建設が進んできたことと時を同じくしていることから、仏教化がブッダガヤの観光地化の展開の引き金になっていることは間違いない。「仏教化」がブッダガヤの人々に、訪れる巡礼者や観光客を相手にした土産物屋や宿泊施設などといった就労の選択肢を増やしていることも確かである。

しかし、こういった点を認めるにしても、この事例でみた観光業の定着とそれに伴う観光地化が、どこにでも生じうる現象でブッダガヤに特異な現象ではない、といいきることはできるだろうか。

そうではない。ここでの事例からわかるのは、観光地化の現象を、仏教化の影響という就労機会の拡大という付随的な現象として単純に結論付けることはできないという点である。なぜなら、マハント支配体制下におかれていた住民にとって、誰もが自由に新たな就労機会を手にすることは容易ではなかったし、かといって「仏教化」によってめぐってきた新たな流れに誰もが従ったわけでもない。たとえその流れに乗ることができた人々であってももとをただせばマハント支配のもとで生活を維持していくことの限界が転機となっている人もいたからである。

このように、観光地化の動きもまた、「仏教化」とブッダガヤのマハント支配体制の弱体化とが分かちがたく結びつく形で生じており、そこでの微妙な駆け引きのなかで、人々が観光業への道を切り開いているといえよう。

とはいえ、マハント支配の弱体化によって社会関係の糸がほどけたということは、いわゆるマハント支配体制という社会構造に埋め込まれた状態から、バラバラな個人が登場したことを意味しない。とりわけ初期の頃に観光業に着手した人々の傾向から、低カーストと後進カーストとの間に違いをみることができる。また、そこではマハント時代に築かれたマハントと、後進カーストと低カーストの関係性を読み取ることができる。このことからもわかるように、マハント支配下において築き上げられた社会体制が崩れたからといって、その頃に築き上げられていた関係がまったくその構造を失ってしまったわけではない。もちろん、そこにはマハントを頂点とするような、絶対的な支配に基づいた関係は見出せない。だが、観光業の担い手からわかるのは、その頃に築き上げられていたある種の構造を見出すことができるということである。

かりに、ブッダガヤにおける観光地化の動きを地域の仏教化の結果としてみなし、その単純な因果説明によってブッダガヤにおける「観光地化」の内実を捉えようとするならば、こういった後進カーストや低カーストの間になぜ相違が見出せるのかといった点を説明することは到底できない。この事例からわかるのは、観光業への展開には、仏教化による影響を受けながらも、マハント支配体制下において築き上げられてきた社会関係が、その後の観光業への展開にも影響を及ぼしている点に、地域固有の内実が読み取れるということである。こうした動きもまた、「仏教聖地」の現実を形作っているのである。

以上の意味において、ローカル社会への仏教の浸透とそしてその一方で進む観光地化の動きは、仏教化という外部からの力に影響を受けているだけでなく、マハント支配体制の変化というローカル社会の変容が結びつくなかで登場した現象といわなければならない。

また、ここで論じてきた観光業の展開に見出された著しい特徴は、高カーストであるマハントの支配下におかれていた後進カーストや低カーストが、マハントの支配から離れて、自ら就労機会を獲得し、経済的な自立と、政治的発言力を持ち始めたことである。こうした変化は、ブッダガヤの大塔をめぐる場所や空間に、それぞれ異なる立場から問い直すという問題にも関わっている。なお、この点については次章で述べる。

五　重層化する「仏教聖地」の場所

五―一　他宗教を排除しない形での仏教化

ブッダガヤにおけるマハントの存在は絶対的であった。マハントが巨大地主として世俗的な権力者であったことや、シヴァ派の僧院の司祭として宗教的な力を併せ持っていたことを考えれば、マハント支配が社会的な秩序だけではなく、宗教的な秩序にも及んでいたことがわかる。実際、マハントは、司祭としてヒンドゥー教の儀礼を司るだけでなく、大塔や、大塔に隣接するヒンドゥー教寺院、さらにはブッダガヤ一帯[76]に点在するヒンドゥー教寺院を所有し、統括していた。

そのうえ、マハントの力は、ブッダガヤのイスラーム教徒にも例外なく及んでおり、イスラーム教徒の祭りが、マハントを無視して行われていたわけではなかったことからも推測しうるように、宗教が異なるにもかかわらずマハントの関与があった。その意味で、ブッダガヤのイスラーム教徒は、マハント支配体制の周縁に据え置かれていたわけではなかった。

ようするに、マハントは、前述したように住民の経済、社会生活を規定だけでなく、ヒンドゥー教の寺院やイスラーム教徒の宗教儀礼にみるように、宗教的な場所や宗教生活に及ぶほどの影響力を持っていたのである。

特に、ヒンドゥー教の寺院（ジャガンナート寺院：Jagannāth Mandir）やヒンドゥー教の墓地（サマーディ：Samādhi）、イスラーム教のモスクや墓地[77]（カブリスタン：Kabristan）といった主な場所は、いずれも大塔のある所から一〇〇―二〇〇メートルの範囲にあり、仏教徒が神聖視する大塔や金剛宝座、菩提樹の位置する場所からさほ

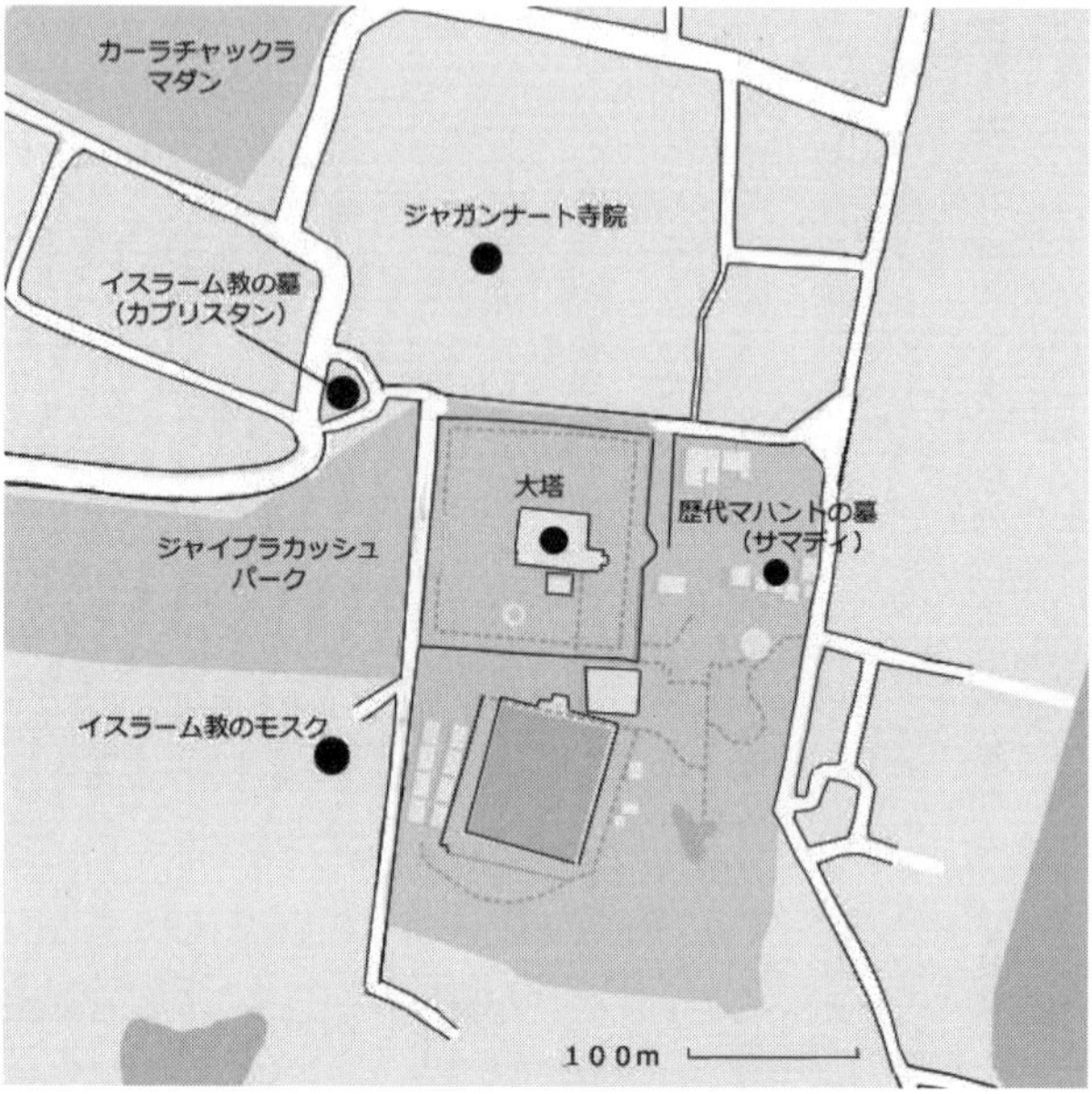

地図4－2　大塔と他宗教施設との位置

ど離れていない。それぞれの位置を確認すると地図4-2のようになる。

大塔や菩提樹、金剛宝座のある位置を中心としながら約一二ヘクタールが公園（大塔管理敷地内に相当）になっているが、その場所から、ヒンドゥー教のマハントの墓（サマーディ）は、距離にして約一〇〇メートルの位置にあり、ジャガンナート寺院は約一五〇メートル、イスラーム教のモスクについては約一〇〇メートル、イスラーム教徒の墓（カブリスタン）は一〇〇—二〇〇メートルの範囲にあるというように、それぞれ二〇〇メートル以内の範囲に確認できる。

いずれの場所も、大塔をはじめとする遺跡群が国内外の仏教の地として注目され、絶えず人々が押し寄せるような場所に近接しながらも、それぞれ互いに干渉することなくそこに位置しているといえる。

ところが、近年、大塔とその周辺に点在する宗教的な場所にはそれぞれ変化がみられる。例えば、大塔や大塔に隣接するヒンドゥー教寺院に関してはマハント時代と変わらない体制を維持しているし、マハント所有のジャガンナート寺院は、もともとの機能を失い遺棄状態にあったが、近年再建が完了している。その一方、イスラーム教のモスクは規模や機能を拡大させている。このような変化はいかに読み取るべきか。もっといえば、このような変化はブッダガヤにおけるマハント支配体制の変容、さらにはブッダガヤにおける「仏教化」の動きとどのような関係にあるのか。

以下では、ヒンドゥー教徒やイスラーム教徒の宗教的儀礼や儀礼を執り行う場所にみられる新たな動きとそこに働くメカニズムを考察することを通して、これらの問題に接近することにしたい。

五―二　「仏教聖地」におけるヒンドゥー教

1　大塔において継承されるブッダガヤにおけるヒンドゥー教の儀礼

先にも触れたようにブッダガヤには、様々な規模のヒンドゥー教の寺院が点在している。ブッダガヤ一帯のシヴァを祀った寺院のほか、大塔に隣接しているヒンドゥー教の寺院（パーンチ・パンデヴァ：Panch Pandava(78)およびバグダナート：Bagaudhnath(79)）や歴代のマハントやその弟子の墓（サマーディ）、ジャガンナート寺院(80)などである。いずれも、マハントが所有し、管理を司っていた。独立後に大塔はマハントの所有・管理ではなくなるのだが、大塔に隣接しているヒンドゥー教の寺院をはじめ、ジャガンナート寺院やマハントの墓は、今なおマハントの所有物である。

マハントの力は、ブッダガヤに点在するヒンドゥー教寺院の物理的な所有にとどまらない。その支配体制の力は、ヒンドゥー教寺院の管理に加え、寺院専属のヒンドゥー教のプージャーリを関わらせながら、儀礼に必要とされる品々を提供することにまで及んだ。こうした管理体制は、大塔や大塔横のヒンドゥー教寺院においても例外なく機能していた。ようするに、大塔がマハントの所有物であるということは、それがヒンドゥー教寺院を統括する体制

写真４−９　大塔内にあるシヴァリンガ

の一部をなしていたことにほかならない。

しかし、シヴァ派の僧院の司祭としてのマハントの地位は守られてはいたものの、マハントの力が弱まったことで経済的な基盤が揺るぎ、ヒンドゥー教寺院のなかには、管理が行き届かず、廃墟のような状態に追いやられる寺院もあった。そういった寺院では、マハントとプージャーリとの関係が途絶え、プージャーも行われなくなっている。特に大塔や大塔に隣接するヒンドゥー教寺院に関しては、ヒンドゥー教徒やイスラーム教徒の生活空間から切り離され、仏教徒の祈りや儀礼が執り行われ、国内外から訪れた仏教徒が次から次へと押し寄せるようになった。

そのうえ、大塔内に安置されたブッダ像はヒンドゥー教の神として祀られ、ヒンドゥー教の儀式がほどこされることで、ヒンドゥー教の礼拝場となっていたが、管理がマハントから専門機関であるＢＴＭＣに移る一九五三年以降、ブッダ像のヒンドゥー教による儀礼の痕が洗い流され、ブッダ像に触れる儀礼が禁止されることとなった（Doyle 1998）。こうしてマハントが独占的な管理権限を失うことで、大塔内でのヒンドゥー教徒の宗教行為は、マハント支配体制下の頃とは大きく変化してきたと考えられる。

だが、ここでいうマハントの力の弱体化とは何を意味するのだろうか。それはブッダガヤにおけるヒンドゥー教の衰退を意味するのだろうか。興味深いことに、マハントの力が弱体化したとはいえ、ヒンドゥー教の寺院が壊さ

左上：大塔前景、左下：パーンチ・パンデヴァ（左）とバグダナート（右）
右上：バグダナート、右中央：パーンチ・パンデヴァ、右下：パーンチ・パンデヴァ内のシヴァリンガ

写真 4-10　大塔に隣接するヒンドゥー教寺院

写真４−11　大塔内のシヴァリンガにプージャーをするプージャーリ

れたり、大塔やその周辺の寺院でのヒンドゥー教の宗教儀礼が妨げられることもない。その意味で、大塔やその周辺におけるヒンドゥー教は物理的にも宗教的にも健在といわねばならない。

現に大塔やその周囲では、マハントの社会を規定する力が弱まり、大塔や金剛宝座、菩提樹をはじめ一帯は仏教の地とみなされていくにもかかわらず、様々な形で従来の要素が継承されている。例えば、今でも、大塔内部の奥の部屋の床にはヒンドゥー教がシヴァ神として重要視するシンボル（Sivalinga：シヴァリンガ）が中央に祀られている（写真４-９）。ＢＴＭＣによって、大塔内のブッダ像からはヒンドゥー教の儀礼の痕は払拭されているものの、それはヒンドゥー教徒の参詣を禁止するものではないし、ヒンドゥー教徒の祈りの場所を締め出すものでもなかった。

また、仏教化が進む一方で、マハント支配も弱まるものの、大塔と並ぶように建てられているヒンドゥー教の寺院（パーンチ・パンデヴァおよびバグダナート）は、今でも、壊されることなく、マハントの所有としてそのまま維持されている。

現在、大塔や、隣接するこれらのヒンドゥー教の寺院では、仏教徒が絶え間なく行き交い、仏教儀礼が執り行われる只中、マハント時代から代々継承されている儀礼がマハント支配体制のもと定められたやり方で日常的に行われている。なるほど、確かにマハント支配体制は弱まっており、大塔管理体制もマハントの手から離れている。だが、表面上の弱体化とは裏腹に、マハントのもとで築き上げられた体制は今もなお健在で今に継承されているのである。

さらに、大塔やその周辺の場所性をその宗教的な要素から考える場合、何よりも注目に値するのは、宗教的な儀礼や礼拝が、各々の宗教空間を分け隔てたうえで執り行われているのではなく、ヒンドゥー教徒が神聖視する対象と仏教徒が神聖視する対象が交差していること、すなわち、宗教的空間および場所の内実が重層的であるということだ。例えば、ヒンドゥー教のプージャーリは、シヴァリンガのみにプージャーを行っているのではなく、仏教徒が尊ぶブッダ像にも同様にプージャーを行っているし、菩提樹や金剛宝座の場合は、ブッダの坐した場所として仏教徒が祈りを捧げる場所であると同時に、ヒンドゥー教徒にとっても祈りを上げる場所である。さらには、大塔境内にある菩提樹は仏教徒の間で、ブッダがその下で悟りを開いた樹として知られ尊ばれていると同時に、インドにおいては樹木崇拝の対象として神格化され、ヴェディ（Vedi：聖なる場所）とみなされている[81]。それだけでなく、大塔横に隣接するヒンドゥー教寺院では、プージャーリによる礼拝が行われる傍で、多くはないもののチベット仏教の僧侶（ラマ）が礼拝を行ったり、瞑想する姿も見られる。

2　クロスする仏教とヒンドゥー教の祈りの場所

マハント時代を今日に継承するのは、大塔内のシヴァリンガといった建造物や、大塔やその横に隣接するヒンドゥー教の寺院内のプージャーリによる日常的なプージャーのようなマハントとの関係にとどまらない。毎年十一月から翌年二月にかけて仏教儀礼が執り行われ、世界各国・地域の仏教信者や僧侶、尼僧でごったがえす大塔の周囲は、マハント時代からヒンドゥー教のシュラーッダ（Sraddha）と呼ばれる祖先崇拝の儀礼が執り行われる場所

写真 4-12　大塔管理地内で行われるピンダ・ダーンの様子（2006 年）

でもある。こうした祖先崇拝が、大塔の周囲において今でも毎年続けられているのである。(82)

インドにおける祖先崇拝の信仰は十四世紀、十五世紀から確認されている。シュラーッダは、両親が亡くなると、その子ども（息子）が、父や母の霊を供養するために、一年間行う儀礼である。(83)供養にはピンダと呼ばれる団子を供えることから、ピンダ・ダーン（Pindadān）ともいわれる。

こうした祖先供養は、定められた場所において執り行うことになっている。そのなかで最も有名な地は、ブッダガヤから約一〇キロメートル離れたガヤ県ガヤ市(84)である。インドには、一生に一度はガヤを訪れるという慣わしがあるほど、ガヤの地は、祖先供養を行う地として知られている。(85)

もちろん、ガヤだけが供養の地なのではない。ほかにも五一か所が祖先供養の地として指定されている（斎藤 一九八五：一五二）。実は、このブッダガヤもまた、祖先供養を行うに適した地である五一か所のうちの一つとして位置づけられている。そして、仏教徒が織りなす大塔の周囲の空間が、まさに祖先供養を行うための場所なのである。その意味で、大塔内やその周囲は、仏教徒にとって宗教的な意味を持った場所であるだけでなく、ヒンドゥー教徒にとっても宗教的な意味を持った場所であることを示している。

そのため、毎年九月頃になると大塔の周囲は、儀礼を行うためにインド各地から訪れる人々で埋め尽くされる[86]。ピンダ・ダーンが行われる際には、祖先崇拝を希望する者と、祭祀を執り行うブラフマンとの関係が重要になる。家庭での日常の祭礼を除くヒンドゥー教の主要な儀礼は、ブラフマンによって執り行われなければならない（森本二〇〇五：一二四）。ヒンドゥー教徒の家庭では、各家庭で専属のブラフマンを決めており、日常的なヒンドゥー教の儀礼や、結婚式、葬式を行う際には、各々の家庭のブラフマンに頼むのだという。いわば、日本でいう寺と檀家の関係に類似している。ただし、祖先供養をこの地で行う場合、供養希望者とブラフマンが必ずしも固定した檀家と寺の関係にあるわけではない。供養希望者は、この地のブラフマンと一時的に関係を結ぶ。つまり広くインド全土から訪れる人々は、祖先供養を専門とするこの地のブラフマンに供養を依頼し、依頼を受けたブラフマンは、供養を行う場所として定められた場所に依頼者を集団で連れていき、供養の儀式を執り行うのである[87]。毎年九月になると、司祭である一人のブラフマンのもとへ、供養を希望する何組もの剃髪をしたヒンドゥー教徒が、家族やその親族とともに集団をなして訪れる。

筆者が二〇〇七年の九月に観察した際は、一人のブラフマンが、少ない場合は一―三組、多い場合で数十組のヒンドゥー教徒を引き連れている様子を目にした。なかには、マイクロバスを使って訪れる様子も見受けられる。ピンダ・ダーンが行われる時期には、大塔周囲の通路を除く敷地内のいたる場所が、祖先崇拝のために訪れる計り知れない数のヒンドゥー教徒で埋め尽くされる[88]。このようにブッダガヤは、大塔や大塔の周囲が仏教の地として尊ばれる一方で、マハント時代にも行われていた祖先崇拝が今なお続けられ、ヒンドゥー教徒にとっても、変わらず重要な場所であり続けている。

したがって、大塔やその周囲は、決して純粋に仏教徒だけに限られた祈りの場所であるわけではない。むしろ、

「仏教聖地」として宗教的な意味を取り戻していくプロセスは、仏教とヒンドゥー教の双方が互いに同じ場所を共有し、時期こそ異なるものの、共に儀礼を執り行う場所として築き上げられていくプロセスでもあるのだ[89]。否、一つの場所を介して両宗教それぞれの儀礼が混在し執り行われるなかで、そのいずれにも完全に支配されることはないような場所を作り上げているところにこそ、ブッダガヤにあって、他の歴史的遺跡または他の「仏教聖地」にみられないブッダガヤに固有の内実があるといわなければならない。

しかし、マハントの影響力が減退し、国内外の仏教徒が押し寄せるようになるなかで、大塔およびその周囲のように、マハント時代の建造物や関係性、さらにはヒンドゥー教の慣習が継承されているという状況は、マハントが所有するすべてのヒンドゥー教寺院にみられるわけではない。むしろ、ヒンドゥー寺院のなかには、マハントが所有しながらも、マハントによる宗教的儀礼が中断し、そのうえ、管理も行き届かず、遺棄状態にある寺院も少なくないというべきであろう。そのような状況のなか、興味深い出来事があった。マハント支配の弱体化に伴いその管理が行き届かないなか、ジャガンナート寺院というヒンドゥー教の寺院の建て直しが行われていったのである。

では、マハント支配体制の弱体化が進むなか、こうしたヒンドゥー教やさらには後述するイスラーム教にもみられる宗教的場所の再建の動きはどのようにみるべきか。まず、ヒンドゥー教寺院の動きからみていこう。

五―三　ヒンドゥー教の宗教的空間の拡大

1　遺棄状態のヒンドゥー教寺院

大塔のほど近くに位置するジャガンナート寺院は、マハントの影響力が弱まるなかでその宗教的な機能は失われ遺棄されているに等しい状況にあった。ところが、二〇一一年当時は再建の真っ只中にあった。ブッダガヤにあるヒンドゥー教寺院のなかでも歴史的に古いジャガンナート寺院は、マハントが所有している寺院の一つであり、地元の人の話では、南インドとブッダガヤの二か所にしかない貴重な寺院である。

ジャガンナート寺院では、かつてマハントによる宗教儀礼が執り行われていたようである。この寺院でマハントが儀礼を執り行う場合は立ち位置が決まっており、住民のなかには今でもマハントがどこに座っていたかを記憶している者もいた。それだけでなく、年が変わる節目の日など、特別な日に地元の人々が参詣に訪れるような、マハント以外のヒンドゥー教徒の住民にとっても意味を持った場所であったようである。

しかし、その意味は次第に薄れていった。二〇〇三―二〇〇四年頃の観察から、毎朝祈りを捧げる一人の男を確認できており、その寺院が持っていたはずの宗教的意味がまったく失われたとはいえないにしても、以前は行われていたというマハントによる宗教儀礼が執り行われるような様子はなく、この寺院が宗教的な意味を帯びた場所であるということは、表面的にはわかりにくい状況にあった。さらに、二〇〇六年までジャガンナート寺院の建物の一角がテナントとして貸し出され、一階の一部が政府のオフィスとして使われていたことも確認している。また床が抜け落ちそうな状態にあった二階部分で生活している人々もいた。ところが、二〇〇七年になると、寺院はまったく利用されておらず、建物の老朽化と倒壊の危険から、人々が近寄らないように建物には張り紙が貼られていたし、高い石塀で囲われ、立ち入りすらも禁じられていた。

それに対して、同じく大塔からほど近くにある歴代のマハントやその弟子たちの墓地であるサマーディは、墓地としての機能を持ち続けている。サマーディには、大小様々な規模のヒンドゥー教の寺院や祠が建てられている。ヒンドゥー教では、人が亡くなると火葬し、灰をガンジス河に流すことで知られているように、火葬が一般的であるが、ブッダガヤのマハントやその弟子の場合は火葬にせずに土葬にする。葬儀の様子を何度もみてきたという(90)

写真4-13　ジャガンナート寺院（2007）

I. Saw 氏によると、マハントを土葬する場合、遺体を死後硬直が始まる前に坐禅した形に組み直し、座った状態にする。[91] マハントは、その形を維持した状態で土葬にされる。[92] 遺体を埋めると、その土地の上にはシヴァ神（シヴァリンガ）を祀った、ヒンドゥー教の寺院が建てられる。寺院の大きさは、生前の位の高さや名声で決まる。弟子のものは石が塔の形に積み上げられだけにすぎないのに対し、マハントになると、礼拝室を備え、その中央にはシヴァ神の偶像であるシヴァリンガが取り付けられた寺院が建てられる。サマーディは、マハントやその弟子を弔う場所であると同時に、そこに寺院を建てることから、宗教的な意味を持った場所であり空間であることは確かである。

なかには、この場所に葬られた父親の供養のために人知れず訪れる人も確認できた。この人物の場合、父親が修行僧（サドゥー）となり、マハントに仕えていたという。父親の死後、サマーディに葬られ、供養の時期になると、自分の父親が埋められている場所に行き、周囲を掃除し、花を手向けているという。

だが、このサマーディは、大塔からさほど離れていない場所にありながらも、ヒンドゥー教徒が訪れて日頃礼拝が行われているような場所ではない。だからといってサマーディとしての機能を失っているわけではないのだが、現実は、草が生い茂り、周囲の喧騒から離れ、ヒンドゥー教徒が日常的に礼拝に訪れる場所ではないのだ。

このように、周辺のヒンドゥー教の寺院（ジャガンナート寺院）やサマーディは、マハントの所有物でありながら、僧院によって配属された担当のプージャーリが日常的にプージャーを行うこともなく、マハントによる宗教的な儀礼も行われていない。さらには、地元の人々が礼拝に訪れる様子も見受けられない。いずれの場所も、大塔や金剛宝座、菩提樹が人々を惹きつけているのとは対照的に、活気のある場所だというにはほど遠いものであったことがわかる。

2　ヒンドゥー教寺院の再建とその担い手

ところが、ヒンドゥー教徒が宗教的な儀礼を執り行っていたかどうかもうかがい知れないような状態にあったジャガンナート寺院に、新たな動きが確認できたのは二〇一一年のことである。ジャガンナート寺院の建て直しが進められていたのである。再建の話は、二〇〇七年にすでに持ち上がってはいた。だが、その時点では、ビハール州政府のニアス・ボード[93]（Nias Board）によって、寺院を取り囲むように石壁が周囲に張りめぐらされ、パトナの建築家が、崩れかかっているこの寺院の偵察を行う段階であった。その際、専門家による評価は厳しく、この寺院の修復は難しく、不可能だという判断が下され、寺院を潰して、新しい建物を建てなければならないということであった。その評価から三年後の二〇一一年には、予定通り老朽化した建物は完全に取り壊され、そこに新たな二階

写真４−14　再建途中のジャガンナート寺院（2011）

建ての建造物の骨組みが築かれていた。

いずれにしても、問題なのは、なぜ、ジャガンナート寺院が再建されたのか、寺院の再建を突き動かしたのは誰なのかという点である。この寺院の老朽化を問題視し、早くから再建を求めていたのは、ＢＪＰ（Bharatiya Janata Part：インド人民党）である。彼らはヒンドゥー・ナショナリストとして知られる政治政党の一つである。ブッダガヤのＢＪＰは、一九九二年に、大塔を仏教徒の手に返還するよう求めた一部の仏教徒の運動に強く抵抗し、仏教徒の抗議を批難した集団の一つである。二〇〇七年、当時、ＢＪＰのガヤ県のリーダとなったA. Singh氏(94)は、五―六年前から、マハントによる管理が行き届かず、長らく放置されていた状態にあったこの寺院の修復を求めており、また、その周囲で肉が売られている状況を問題視していたという。高カーストを中心に支持基盤を得ていたＢＪＰは、ニアス・ボードに、寺院修復に加え、肉を取り扱う店の撤去などを要請していたという。ところが、州政府内では、後進カーストを支持基盤とするＲＪＤが力を持っていたことから、ＢＪＰの要望は聞き入れてもらえなかったという。

しかし、ＢＪＰが州政府の政権を握ったことを受け、ジャガンナート寺院に関する要請が聞き入れられる運びとなった。その結果、二〇〇七年には、この寺院の周囲に石塀が設置され、肉を出す飲食店が営業停止に追いやられることとなった。そして、二〇一一年にはすでに古い建物の撤去が完了し、新しい建て物の建設が進められる。

重要なのは、ヒンドゥー・ナショナリストなどによるジャガンナート寺院の再建が、マハントの力の衰退によって、管理が行き届かずに遺棄されたような状態にあったヒンドゥー教寺院の再建であるという意味において、宗教的な場所の復活・再建を目指す動きだということである。ただし、マハントの所有する寺院であることには変わりないことからもわかるように、マハントはその再建に対して単なる傍観者であったわけではない。むしろ、マハント自身、ヒンドゥー・ナショナリストなどの声に突き動かされ、その再建に関与していくようになったというべきであろう。実際、二〇一一年の寺院再建の過程で、マハントがしばしば足を運び、建設中の現場の様子を見守る姿を目にすることができた。

ここでの動きに関してさしあたり要点をまとめておくならば、第一に、ヒンドゥー教の寺院の再建がブッダガヤの仏教化そして観光地化が進む最中に出てきたこと、第二に、その動きが、ヒンドゥー教寺院付近に設けられたレストランで肉が提供されていることを問題視していることからもわかるように、長らく放置状態にあった寺院やその周囲を改めて宗教的な場所であり空間とみなし、ヒンドゥー教寺院の復活を図ろうとする方向にあったということである。

五―四 イスラーム教の宗教的空間の拡大

1 イスラーム教徒の宗教的場所

それに対し、イスラーム教のモスクはどうであろうか。モスクに関しては、マハント支配下にあった頃とは大きく異なり、宗教的な場所の再建が進み、宗教的役割をますます担うようになっている。しかし、問題は、この動きが、マハントの力の弱体化によって、マハントとの関係が完全に切り離されたことによるものなのか、という点であろう。

マハント支配体制のなかで、宗教が異なるからといってイスラーム教徒はマハント支配の治外法権下にあったわけではない。ブッダガヤに古くから住むイスラーム教徒は、大塔周囲にあるタリディ集落に住み、大塔修復時に技術職人[95]としてこの地に来た人々の一部が定着したとされる[96]。ブッダガヤに古くから住むイスラーム教徒は、その後、マハント支配体制に組み込まれ、地域社会の一員となっていた。なかでも、タリディ集落に住むイスラーム教徒は、建築業を専門とする職能集団としてマハントと関わりを持っていたし、イスラーム教の祭りに関してもマハントの関与があったとされる[97]。それゆえ、ブッダガヤのイスラーム教徒もマハント支配下で生活していたという点ではヒンドゥー教徒の住民と同じく、経済活動から宗教活動に至るまでマハント支配体制の影響を受けていた。イスラーム教徒の礼拝場所となるモスクは、彼らの日常的な礼拝の場として民家の一角に築いたのが起源になっているとされている。

大塔から直線距離にして約一〇〇メートルの位置にあるタリディ集落内に建てられたイスラーム教の礼拝所であるモスクと、そこから直線距離にして約二〇〇メートルの位置にあるカブリスタンと呼ばれるイスラーム教徒の墓地について取り上げておきたい。モスクやカブリスタンは、ブッダガヤに住むイスラーム教徒が共有する宗教的な場所、空間であるが、これまで取り上げられてこなかった。

モスクは、イスラーム教徒にとって欠かせない義務の一つである礼拝[98]を日常的に行う場所であると同時に、死者の弔いの際にも関わる。イスラーム教徒にとって一日五回の礼拝は守らなければならない義務である。特に大塔横

写真４－15　大塔に隣接するモスク

のモスクは、日常的に礼拝に訪れる人々も少なくなく、ブッダガヤのイスラーム教徒の信仰の中心となっているだけでなく、ブッダガヤという地理的エリアを超えて広く様々な地域のイスラーム教徒にとって重要な場所となっており、モスクに向かって日常的に、求心的な流れを作りだしている。

モスクは礼拝の場として重要な意味を持っているだけではない。ブッダガヤに住むイスラーム教徒が亡くなった場合には、親族や周辺に住む同胞のイスラーム教徒の手によって、遺体がモスクに一度運ばれる。その後、イスラーム教では死後火葬しないため、遺体はモスクを出るとカブリスタンへと運ばれ、親族や地域の人々によってコーランが捧げられ、埋葬される。このように弔いのプロセスにおいてもモスクはブッダガヤのイスラーム教徒にとって重要な意味を持ち、さらにモスクとカブリスタンをつなぐ道もまたイスラーム教徒にとって宗教的な意味を持った場所となっている。

ヒンドゥー教徒の墓地であるサマーディと異なるのは、サマーディがマハントやその弟子に限られ、多くの一般のヒンドゥー教徒と関わりがないのに対して、カブリスタンはブッダガヤに住む

写真4-16　カブリスタンの入口

イスラーム教徒が共有する場所だという点である。

また、モスクの横には、イスラーム教のコーランを学ぶための学校であるマドラサが併設され、イスラーム教徒の子どもたちを受け入れている。そして、こうしたイスラーム教徒にとって宗教的な意味を持った場所が、仏教徒とヒンドゥー教徒の両宗教が祈りや儀礼を行う場所からさほど離れていない所に築き上げられている。

2　モスクの規模・機能の拡大と求心性

イスラーム教の宗教的な場所に関していえば、その存在感を増しているという意味において、今日にかけて変化を読み取ることができる。

もともとイスラーム教徒の祈りの場所は、タリディ集落の民家の一角に設けられ、規模も大きくなかったようである[99]。その後にモスクが建てられるが、一九六七年当時でも高さは約六フィートと、それほど大きい規模ではなかったというが[100]、現在のモスクは、ビハール州において三番目に大きい規模となっている。イスラーム教徒のMd A氏[101]によると、最も大きいモスクは州都パトナ市内にあり、次に大きいモスクはガヤ県内、そしてブッダガヤのモスクはそれに次ぐ大きさだという。

また、モスクは規模だけでなくその機能も拡大している。一九六七年に、モスクの横にイスラーム教徒の子どもたちが聖典であるコーランを学ぶためのマドラサが創設され、さらに一九九二年には二階建てに造築されている[102]。そのうえ、子どもたちのためにホステルも併設されている。二〇〇五年当時、一五〇人の子どもたちがそこでコーランを学んでいた。大塔横のモスクの規模および機能の拡大は、もはや、タリディ集落に住んでいたイスラーム教徒たちのためだけの礼拝場ではなくなっていることを示唆している。現に、ブッダガヤの都市自治エリア（ナガル・パンチャーヤット・エリア）に住むイスラーム教徒だけでなく、ジャンプール、ハリヤルプールといった農村自治エリア（グラム・パンチャーヤット・エリア）のイスラーム教徒も訪れている。さらにイスラーム教を学ぶために、西ベンガル州のコルカタ、ジャールカンド州など、ビハール州に隣接する他州からもイスラーム教徒の子どもたちが足を運んでいる。

モスクから遺体をカブリスタンに運ぶ

カブリスタンに入る

写真 4-17　イスラーム教の葬儀

　そのうえ、ブッダガヤにおけるモスクの数が増えており、一九九七年にナヤ・

タリディ集落、一九九八年にパチャッティ集落にモスクが建てられている。

要するに、ブッダガヤにおけるモスクの増加、大塔横のモスクの規模および機能の拡大は、タリディ集落のモスクがもはや同集落に住むイスラーム教徒たちの祈りの場ではなく、広くブッダガヤ内外のイスラーム教徒に開かれた場所となっていることを物語っている。このモスクは、ブッダガヤのイスラーム教徒だけでなく、ブッダガヤを超えた広範囲の地域のイスラーム教徒を引き寄せる求心力を持った場所になっているのだ。

こうしてみると、イスラーム教の宗教的な場所は、小規模なものから、規模や機能の拡大を図り、日々の礼拝に訪れる地元のイスラーム教徒だけでなく、広く州を越えた様々な地域からイスラーム教徒が訪れるようになっている。ブッダガヤにおいて観光業を営むMd A氏は、こうしたイスラーム教のモスクの規模や機能の拡大が、ブッダガヤに住むイスラーム教徒の数が増えたことと関係すると指摘する。ブッダガヤに古くから住むイスラーム教徒の数は多くなかったというが、二〇一三年現在、人口の約一二パーセントを占めるようになっている[103]。こうしたイスラーム教徒の増加が、モスクの規模や機能、さらにはその数を増やすことにつながったことは間違いない。

では、なぜイスラーム教徒が増加したのだろうか。ブッダガヤのイスラーム教徒が、マハント支配体制下で必ずしも自由な生活を営んでいたわけではないことを考えれば、イスラーム教徒の増加の要因は、マハント支配の弱体化や、ブッダガヤの「仏教聖地」としての知名度の高まりなどが、多かれ少なかれ影響していると考えられる。例えば、イスラーム教徒には、ブッダガヤを訪れる人々を相手に商売を行う者も少なくない。商売を行うイスラーム教徒の増加は、国内外から訪れる人々の増加によって、ブッダガヤに住むイスラーム教徒が観光業に着手しただけでなく、外から商売を行うためにイスラーム教徒やその家族がブッダガヤに住まうようになったためと考えられる。

だが、イスラーム教徒の増加は、彼らにとって、ブッダガヤが経済活動の場として魅力的であるからだという理由だけではない。ブッダガヤのイスラーム教徒の代表を務め、モスクの管理者でもあるHaffiz Sahab氏は、モスクの管理を依頼されてジャハナバード県からブッダガヤに居住し、約四〇年になる。興味深いのは、Haffiz Sahab氏がブッダガヤに来た理由に、自身が仏教の本を読んでいて、ブッダガヤが有名な場所で、名前を聞いていた場所であったと述べていることにある。ようするに、イスラーム教徒に対しても、ブッダガヤが仏教の地として知られていることが、この地への在住を後押しするきっかけとなっていることがうかがえる。

そのうえ、Haffiz Sahab氏は一九六七年以降モスクの機能拡充を図ってきた。こうしたHaffiz Sahab氏の取り組みは、ブッダガヤのモスクの知名度を高め、イスラーム教徒にブッダガヤが知られることとなり、各地から信者の来訪や来住を促しているとも考えられるのである。

一見すれば、ブッダガヤにおけるイスラーム教徒は、仏教の遺跡として知られるようになった大塔を取り巻くヒンドゥー教中心の社会において、一生活者にすぎないとみなされるかもしれない。だが、イスラーム教徒は、かつて大塔の建設に欠かせない役割を果たし、タリディ集落の一員として大塔の周囲でヒンドゥー教徒とともに生活し、マハント支配体制にも組み込まれていた。特に、イスラーム教の祭りにはマハントが関与していたように、イスラーム教徒の宗教的活動ですらマハントの存在を無視できなかった。このような時代に、かりに、イスラーム教徒たちのモスク再建が可能であったとしても、経済活動を自由に行うことができなかった当時の状況を考えれば、その再建は必ずしも容易なことではなかったと考えられる。このようにモスクの再建からうかがえるのは、この再建がマハント支配が弱まっていたこととも無関係ではないということだ。

しかし、マハント支配が弱まり、大塔が「仏教聖地」として知られるようになったことを背景にモスクの再建に至ったことは、ブッダガヤにおけるイスラーム教に対するマハント時代の影響が完全になくなったことを意味するのだろうか。この問いには「いいえ」と答えなければならない。例えば、一九九二年にヒンドゥー教の聖地として知られるアヨーディヤにおいて生じたヒンドゥー教とイスラーム教の暴動が、インド全土に大きな波紋を呼び、その影響はガヤにまで迫ったが、ブッダガヤに及ぶことはなかった。ここで、イスラーム教徒たちが、ブッダガヤ近くまで迫ってきた暴動がブッダガヤに広がらなかった理由に、ブッダガヤにおけるヒンドゥー教徒とイスラーム教徒との関係性を挙げていることは注目に値する。ここでいう両宗教の関係性が、マハント支配体制のもとで築かれたものであることはいうまでもない。しかも、タリディ集落に住んでいたヒンドゥー教徒もまた、イスラーム教徒と家族的な関係にあったと話す。イスラーム教徒とヒンドゥー教徒が隣り合わせに生活し、家族ぐるみの付き合いをしていたことがわかるのである。そしてその関係は、今でも失われていない。

この意味で、イスラーム教のモスクの規模や機能の拡大などが、マハント支配体制の弱体化によって可能になったことは認めうる点だが、それ以上に、現在の彼らの生活がマハント時代において彼らがヒンドゥー教徒との間に築いた関係に背を向けて成立しているわけではないということだ。むしろ、イスラーム教のモスクの規模や機能の拡大といった意味においてのモスクの再建ですら、マハント支配のもとで築き上げられてきたイスラーム教徒とヒンドゥー教徒との間の関係性を土台にしながら進められているのである。

五―五　他宗教の宗教的活動への影響

このように、遺棄状態にあったヒンドゥー教の寺院の建て直しや、イスラーム教のモスクの規模や機能が拡大していることからもわかるように、それぞれの宗教が、独立以降、宗教的な場所の再建に力を入れている。では、こうしたヒンドゥー教やイスラーム教の宗教的な場所において確認できた現象にはどのような力が働いているのか。

それぞれの場所で生じている動きを単体に捉えるならば、それは、確かに、寺院の老朽化や信者の増加への対応であり、マハントの支配体制の揺らぎやブッダガヤという場所への仏教的関心が高まることとは関係なく、各々が直面する宗教的な場所の状況改善の必要から場所を再建しているといいうるのかもしれない。

だが、もともとヒンドゥー教徒もイスラーム教徒もマハントを中心とする社会体制下にあり、ヒンドゥー教徒であれイスラーム教徒であれ、各々の場所の再建は決して容易なことではなかった。こうしたことを考えれば、寺院の再建に関して、老朽化や信者の増加といった点だけで説明できるものではない。むしろ、双方の宗教的な場所をめぐる現象は、まず、マハント支配が揺らいだことや、また、ブッダガヤが大塔を中心に国際的に開かれてきたという共通の背景を下敷きにしているといった点を考えなければならないだろう。

実際、それぞれの事例でみたように、ブッダガヤにおけるヒンドゥー教の寺院はマハントが所有し、彼の管轄下にあったし、イスラーム教もまた例外なくマハントの影響下にあった。イスラーム教徒の礼拝所は、もともとは民家の一角にすぎず、現在のようなモスクの形ではなかったし、イスラーム教徒はヒンドゥー僧院専属の建設業務の役割があり、イスラーム教の宗教的祭りにもまたマハントが関与するというように、マハント支配体制のなかに組み込まれていた。マハントがブッダガヤの大半の土地を所有し、絶対的権力者であったことを思い返せば、ヒンドゥー教徒はもちろん、イスラーム教徒であっても自由に祈りの場所の再建を図ることは考えがたい。かりに、住民たちが、宗教的な場所の再建を行うことが可能だったとしても、住民が経済的に豊かではなかったという状況や、当時就労をマハントに依存し、経済的活動の自由が許されてはいなかったことからすると、寺院の再建に主体的に携わることは考えられないし、その可能性も低い。

すでにみたように、ジャガンナート寺院は、マハントの所有物でありながらも、宗教的に利用されていないばかりか、二〇〇七年に再建が進むまでは崩落の危機に追いやられていた。この寺院に限らず、マハント管轄下にあったヒンドゥー教の寺院のなかには、建物の管理が行き届かず、遺棄されたような状態へと追い込まれている寺院も少なくない。そこに至った理由は、ヒンドゥー教の司祭であると同時に、地主として富を掌握していたマハントの、独立後の地主解体政策などに伴う経済力の減退によって、世俗的な力の弱体化を招いたことが起因しているということがフィールド調査から読み取れる。

しかし、すべてのヒンドゥー教の寺院が遺棄状態にあるわけではない。なかには、マハントが力を持っていた頃と変わらない形で従来からのヒンドゥー教の儀礼が執り行われている寺院もある。それは、皮肉にも、仏教徒が尊び次々と押し寄せる場所にある大塔や大塔敷地内のヒンドゥー教の寺院なのである。そこでは、マハント支配体制のなかで行われてきたプージャーリによる儀礼が、世界中の仏教徒が押し寄せる只なかで維持され続けている。大塔や大塔に隣接するヒンドゥー教の寺院は、ヒンドゥー教の礼拝場所であり続けているのである。それに対し、ジャガンナート寺院は、大塔からさほど離れていないにもかかわらず、一度は遺棄された状態にあったが、建て直しが進んだのである。

なぜ、大塔やその周囲のヒンドゥー教の寺院のように従来のヒンドゥー儀礼が維持されている寺院もあれば、また一方で、ジャガンナート寺院のように再建されることになった寺院もあるのであろうか。それはおそらくブッダガヤが仏教の地として世界的な注目を集めていることに関わっている。

まず、大塔やその周囲において、プージャーリによる儀礼が継承されているように従来のマハント支配体制が維持されている事例からみれば、この背景には、独立後に寺院管理体制が整備されたことが関係している。新たな寺院管理体制は、マハント支配体制を完全に一掃する形で築き上げられたわけではなかった。寺院管理体制を定めた法律は、マハントに代わって、仏教徒による管理を認めただけでなく、ヒンドゥー教を代表するメンバーとして、マハントにも永久メンバーとしての地位を保証している。また、双方の宗教の礼拝に配慮することが謳われ、大塔敷地内でのヒンドゥー教の祖先崇拝を認めている。さらに、制度上、明文化されてはいないものの、ヒンドゥー教の司祭による大塔や大塔横のヒンドゥー教の寺院での日常的な礼拝が、マハント体制下において世襲的に継承されたプージャーリによって執り行われている。大塔がＢＴＭＣの管理である今、こうしたプージャーリによる大塔内でのヒンドゥー教のプージャーの継承は、管理体制内にマハントが取り込まれることなくして成立しえないものと考えられる。興味深いことに、インドが近代化の波に晒され、伝統的な支配体制が揺らぎながらも、大塔やその横で従来の体制を維持しえているのは、ブッダガヤが「仏教聖地」として再建されてきたことと実は切り離しては考えられないのである(104)。

次に、ジャガンナート寺院の建て直しの事例の場合、ＢＪＰを中心とするヒンドゥー教徒が、再建に乗り出したのは、大塔ばかりが注目を浴び、大塔に匹敵するほどの歴史を有しているジャガンナート寺院が、修繕されることもなく、手付かずの状態で放置されていたからであった。そこには明らかに、対・仏教（大塔）に対する感情とヒンドゥー教寺院の復活の意図が見え隠れする。だからといって、彼らが大塔を軽視しているわけではない。彼らの取り組みをもう少し広くみれば、一九九二年以降、一部の仏教徒の大塔の返還を求める十数回にのぼる抗議行動に対し、その都度抵抗していた。彼らは、その際、大塔がヒンドゥー教徒にとっても重要な寺院であることを主張しているのである。この点に関しては、第五章において述べることになる。もちろん、ヒンドゥー教寺院の再建が、ナショナリストなどの仏教に対する対抗的な取り組みであるかのように安易にみなすことはできない。とはいえ、寺院再建は、仏教の地としての国内外の関心が高まってきたことと無関係とはいえないであろう。

また、独立以降、礼拝だけでなく教育機能を兼ねる機関としてのイスラーム教の宗教施設の再建も、マハント支配の弱体化やブッダガヤの「仏教聖地」としての知名度が高まったことと無関係ではない。

まず、マハントの影響が弱まると、マハント支配体制下におかれていたイスラーム教徒は、ヒンドゥー教徒と同じく、支配による縛りから解放される。イスラーム教徒の宗教的な祭りが、マハントによる関与を受けることなく自由に行うことが可能になるなど、マハントの支配の揺らぎが、イスラーム教徒に与えた影響は少なくない。そして、民家の一角にすぎなかった礼拝の場所についても、モスクとして建て直されたり、規模を拡大し、さらに機能の拡充を図ることになった。この点は、マハントが影響力を失うとともに遺棄状態になったヒンドゥー教の寺院とは異なる。

次に、忘れてはならないのは、こうしたモスクの再建が、マハント支配の弱体化だけでなく、ブッダガヤが仏教の地として改めて注目されるようになったこととも関わりがあると考えられる点である。タリディ集落内に住むイスラーム教徒の祈りの場所は、今やブッダガヤを超え、様々な地域から人々が訪れるような求心性を持ち始めている。宗教的に、礼拝を義務付けられているイスラーム教徒にとって、礼拝場所であるモスクが、イスラーム教徒の増加と相まって拡大していると考えることは何も不思議なことではない。だが、問題は、なぜ、イスラーム教徒が増えてきたのか、ということだろう。その理由は一つではない。確かに、彼らにとって、経済活動と切り離せないのだが、その一方で、ブッダガヤが仏教の地として国内外に知られた地であるということが、イスラーム教徒を呼び込む理由の一つとなっていることも見落とせない。

そして、こうしたイスラーム教徒もまた、「仏教聖地」の一部を構成しているという積極的な意味がある。マハント支配体制下において、イスラーム教徒が大塔の修復に携わったということや、ヒンドゥー教徒と家族的な関係を築いてきたという事実を、古くからこの地に住むイスラーム教徒をはじめ、ヒンドゥー教徒もまた記憶している。こうした記憶は、ブッダガヤが「仏教聖地」としてますます注目を集め、マハント支配体制が崩れた今でも残っている。ようするに、ブッダガヤという場所は、イスラーム教徒の記憶に根ざした場所でもあるのだ。その意味で、マハント支配体制下において築かれたイスラーム教徒とヒンドゥー教徒との関係が、実は、この地を「仏教聖地」として編み出していくローカルな基礎的土台を作り上げているというわけだ。

註

（1）今日まで続くマット（ヒンドゥー教僧院）の起源は、ヒンドゥー教シヴァ派の僧侶であった初代ゴサイン・ガマンディ・ギリが建てた一五九〇年にさかのぼるという。現在は第一八代目となっている。

（2）政府は、巨大地主の解体を図り、土地を没収し、その土地を土地なし農民に分配し、経済的に貧しい人々の生活の向上を目指そうとした。制度は、政府の意図した成果に至らず、評価を得ているわけではない。土地の分配が適切に進まず十分な成果を上げるには至らなかったとの見方が強い。

（3）地主に土地の寄進を促し、貧しい農民らに土地を分配した運動のことである。一九五〇年代初頭にビノーバ・バーベによって南インドで行われ始め、北インドにも展開された。

（4）だが、シヴァ派の僧院がすべての土地を手放したのではなく、一〇〇エーカーの土地を所有することが認められることとなった。一〇〇エーカーという土地は、一個人の所有限度を上回る広さであるが、僧院を維持するための広さだという。

（5）B. Prasad Singh 氏、男性、三十七歳、ガイドほか（二〇〇四年九月六日）。

（6）マハントの補佐を務める D. Giri 氏、男性（二〇〇四年調査記録より）。

（7）低カーストの仏教改宗ということでは、ナグプールで一九五六年にアンベードカルが低カーストを率いて仏教に集団改宗をしたものが有名である。しかし、ここでの仏教改宗は、その動きとはまた別であることに注意したい。

（8） W. Saw氏によれば、ミヤビガ集落のあるあたりにはもともとイスラーム教徒の人々が住んでおり、モスクもあったといわれている。その場所を、イスラーム教徒が低カーストの人々に提供したことから、現在では低カーストの人々が生活している。集落名のミヤ（Miya）とは、イスラーム教徒を意味する名称からとっている（W. Saw氏、男性、四十五歳。二〇〇七年九月二日）。

（9） 一戸の家庭に一〇人の家族が生活していることが多い。

（10） マンジは荷物運びやレンガ運びなどを生業としている職能カースト（ジャーティ）。そのほかにも、洗濯業を生業としたドービー（Dobhi）、酒造りを生業としたパーシー（Pasi）、土の器などを作るタテラ（Thathera）や皮を扱うチャマール（Chamar）といったカーストが確認できるが、いずれも低カーストに位置づけられる人々であり、彼らのほとんどが、一九九〇年代に移り住んだ人々とされる。

（11） ミヤビガ集落において初期に仏教改宗した五人のうちの一人であるL. Upasak（元Manjhi）氏の話に基づく（L. Upasak（元Manjhi）氏、男性、五十二歳。二〇〇五年八月九日）。

（12） ブッダガヤのナガル・パンチャーヤット・エリアは一四の区（Ward）に分けられ、その一四の区域からメンバーが各一人選出されるようになっている。

（13） *Census of Bodhgaya 1991*

（14） ヒンドゥー教の僧院では、ヒンドゥー教の宗教儀礼がマハントを中心としながら、ヒンドゥー教の高カースト集団によって執り行われる。マハントが各地に所有する大小様々なヒンドゥー教寺院のプージャーは、高カーストのプージャーリによって行われている。高カーストのプージャーリらが生活する集落は、ニランジャナ河を越えた先の、農作物が豊かに実る土地にある。マハントは、高カーストを僧院から離れた場所に住まわせ、一方、低カーストを大塔の近くに住まわせていることがわかる。

（15） 村落では村の神（grama devata）を祀るこうした祠を築き、災いなどが生じた場合には、動物の供犠を行っていた。

（16） Y. Bhante氏、男性、年齢不明（二〇〇五年八月三十日）。ミヤビガ集落出身ではないが、ブッダガヤ出身の仏教に改宗した人物である。

(17)　H. Patty 氏、男性、年齢不明（二〇〇五年八月三十日）および R. Manjhi 氏、男性、四十歳代、低カースト（二〇〇三年十一月二十六日）。
(18)　F. Upasak（元 Manjhi）氏、男性、六十歳、低カースト（二〇〇五年八月二十九日）。スリランカのマハーボーディ・ソサエティでスタッフとして働く傍ら、ＢＴＭＣのスタッフとしてパートタイムで仕事をしている。
(19)　V. Upasak（元 Manjhi）氏によれば、仏教改宗の儀式は、ブッダの生誕、悟り、涅槃を祝うブッダ・ジャヤンティの日（五月の満月の日）に行われる。ブッダ・ジャヤンティの前に、子どもがタイ寺に行き、仏教徒になる一か月間をタイ寺で過ごすと、その後子どもたちは自由になり、残りたい子どもはタイ寺に残ることもある。
(20)　V. Upasak（元 Manjhi）氏、男性、四十九歳、低カースト（二〇〇五年八月二十六日）。
(21)　仏教徒への改宗をめぐって外部からの圧力がなかったわけではない。この点については前島（二〇一一）参照。
(22)　仏教徒であるかどうかを聞いて回ったところ、自ら仏教徒だと述べ、名前の後ろに Upasak を付けて名乗る人も少なくなかった。
(23)　この学校の建設は、一九八五年頃に名古屋に本山をおく仏教教団である大乗教によって提案され、一九九八年に完了するに至っている。しかし、教育支援はすでに学校建設が進む以前から、Ｓ・Ｔ・Ａ（Sharing Tears of Asia）によって進められていた。Ｓ・Ｔ・Ａは、愛知県の豊橋にあり、元仏教僧Ｙ氏を代表とし、涙の分かち合いを精神に、ブッダガヤの同集落をはじめ、バングラデシュからインドに逃げてきたヒンドゥー教の難民やインドの先住民の仏教徒の子どもたちへの草の根の支援を続けてきたＮＧＯである。教育支援は、人々の集落に建てられていた寺院を子どもたちの教育の場として代用し、黒板や石板、扇風機を入れる提案から始められている。こうした活動から、集落では次第にＳ・Ｔ・Ａ以外からの援助が増えていくこととなった。
(24)　Q. Upasak（元 Manjhi）氏は、F. Upasak（元 Manjhi）氏の妻の妹の旦那にあたる。
(25)　一九八〇年頃、ひと月に五ルピーを集落の人々から集めていたが、二〇〇一年の時点では集められていなかった。二〇〇三年に確認すると、人々の経済事情が芳しくないことが理由に挙げられた。日雇いの仕事に従事している人々が多く、仕事があっても一日五〇ルピーの収入という状況にあり、一戸で一〇人以上の家族を養っている人も少なくないという事情があった。

(26) Q. Upasak（元Manjhi）氏には、二〇〇一年当時、一一人の子どもがいた。
(27) L. Upasak（元Manjhi）氏は、ヒンドゥー教徒であった時には、女神を祀る祠デーヴィー・スタンでのアサリ・プージャーやチャット・プージャーといったヒンドゥー教の儀礼を行っていたが、仏教改宗後にはその場所には行かなくなったと話す（二〇〇五年八月九日）。
(28) F. Upasak（元Manjhi）氏と同じ頃に改宗したL. Upasak（元Manjhi）氏によると、ヒンドゥー教の風習として、病気になると山羊などの頭を切ることが行われていたようである（二〇〇五年八月九日）。
(29) 集落の約四〇人の人がUpasakになっていた。今では、ほとんどの人がUpasakだと話す（F. Upasak〈元Manjhi〉氏、男性、六十歳。二〇〇五年八月二十八日）。
(30) V. Upasak（元Manjhi）氏は、毎日夕方には子どもたちがタイ寺に行き、毎年何回か家族でタイ寺に行くこともあるという。
(31) F. Upasak（元Manjhi）氏は、仏教徒になる以前は行くことのなかった大塔にプジャをしに行き、毎月満月（プルニマ）の日には、仏教僧を集落に呼び、お経を読んでもらったり、仏教僧に食事をふるまうサンガダーナを行ったり、さらには大塔に乳粥を持っていくと話す。
(32) 改宗者のなかには、改宗前のヒンドゥー教の儀礼を行い続けている人もいないわけではないとL. Upasak（元Manjhi）氏が話すように、それが徹底されているとはいいがたい（二〇〇五年八月九日）。
(33) ミヤビガ集落はマハント支配の直接影響下にあったわけではないが、マハントの影響力がなかったわけではない。低カーストであった彼らにとってもマハントは高カーストであると同時に、絶大な権力を持った支配者であった。
(34) マスティプール集落の女性の多くがシヴァ派の僧院で働き、男性は、マハントの土地の農業労働に従事していたという。
(35) 大橋によれば、オージャーは、ブート（悪魔あるいは霊）が「村人に取り付いて何らかの災いや病気をもたらした際に、それを呼び出し、要求を聞き出してそれを供し退散を祈る役割」を持った「祈禱師」として説明されている（大橋 二〇〇一：三三五―三三六）。
(36) M氏、男性、五十歳代、イスラーム教徒、土産物屋（二〇〇四年九月六日）。

(37) 長期間にわたって商品の買い付けでブッダガヤを離れることが多いことから、四人の息子が交代で店番をしている。
(38) N. Prasad 氏、男性、五十七歳、土産物屋/マーケット・コンプレックス建設中（二〇一一年九月十日）。
(39) R. Singh 氏、男性、四十八歳、チャイ屋を営む。都市自治体（ナガル・パンチャーヤット）の副議長（二〇〇五年九月七日）。
(40) 都市自治体（ナガル・パンチャーヤット）が所有する商業施設は、大塔から数百メートル離れたミヤビガ集落にほど近い位置にも建てられている。この商業施設は、生活雑貨や日用品といった商品を取り扱う店で構成されている。
(41) 現在は、民営化されホテルの名称も変わっている。
(42) Heritage Led Perspective Development Plan for Budhgaya, Vision 2005-2031 Final Report 2005 volume II: The Work Studies Ministry of Tourism, Govt. of India
(43) *Ministry of Tourism 2005*
(44) T. Suba 氏、男性、五十歳代、大乗教印度別院の駐在員（二〇〇四年九月六日）。
(45) 大乗教印度別院もゲストハウスを併設しており、一九九〇年代に多くの外国人観光客を受け入れてきたと話している。
(46) ブッダガヤのホテルや商業施設の建設の仕方は、非常に特徴的である。観光シーズンとオフシーズンの時期を上手く使い分け、完成を待たずに、宿泊客を受け入れ始めることがしばしばある。例えば、ニランジャナ・ホテルは、一九九二年に建てられているが、建設された当初は一階建てで宿泊客を受け入れていたが、その後、次第に階を積み重ねていくような建て方がされている。
(47) 日本の政府関連の資料には記述は見当たらないが、地元ではこの河に架けられた橋は日本の政府の援助によるものといわれていた。
(48) なかには、ヒンドゥー教に関する名前を付した宿泊施設もある。
(49) W. Saw 氏は I. Saw 氏の長男で、一九九〇年からガイドの仕事を行う（二〇〇七年九月二日）。

(50) D. Saw氏、男性、七十三歳、土産物屋（二〇〇五年九月二十四日）。
(51) D. Saw氏によると、「ブッダガヤでは、畑は自分のものではなかった。持っていても、土地は奪われてしまった。家を建てようとすると、マハントに壊されてしまった。この時、マハントはブッダガヤの人々に土地を持たせないようにしていた。もし土地を持っていると、税金を高く設定し、徴収した」（二〇〇五年九月四日）。
(52) 「もし洋服を着て誰かが歩いていたなら、あるいは新しいドーティ（インド人男性の伝統的衣装）を着ていたなら、マハントのところに情報が行き、僧院に連れて行かれた。贅沢品は禁物であった」（同右）。
(53) 自国から連れてくる場合もある。チャクマ寺では、駐在僧に加えて、チャクマ族のスタッフが僧侶の身の回りの世話を行っていた。
(54) N. Patty氏、男性、五十八歳、建設現場監督（二〇〇五年八月三十一日）。
(55) ラージミスティリは建物を建てる仕事をする人のことを言うが、Md S氏は、特にマハントの僧院の建物を修復したり、マハントの命令で建物を建てる仕事をしていた。（Md S氏、男性、六十歳、イスラーム教徒、ラージミスティリ。二〇〇五年八月十八日）。
(56) ゴマスタは一〇人ぐらいの人を統率する仕事であったという（R. Singh氏。二〇〇五年八月十七日）。マハントと直接話をすることができるという特権を持っていた（G氏、男性、四十八歳。二〇〇七年九月八日）。
(57) グンダは、先端に三五―四五キログラムの石をつけた棒を持って、マハントを警護し、セカンド・マハントと呼ばれるほど力を持っていたという（L. Singh氏、男性、五十二歳、数珠売り〈二〇〇五年九月十三日〉、F. Roy氏、男性、七十五歳〈二〇〇五年八月十二日〉）、また、集落で喧嘩があった場合に仲裁役を務めることもあった（J. Devi氏、女性、五〇歳、専業主婦。二〇〇五年八月二十五日）。
(58) Md S氏、男性、六十歳、イスラーム教徒、ラージミスティリ（二〇〇五年八月十八日）。
(59) R. Singh氏（二〇〇五年九月七日）。
(60) P. Takur氏はマハントの専属の床屋であった。かつては仕事があろうとなかろうと、マハントから食料や衣類などの提供を受けていたが、食料も衣類ももらえなくなり、マハントの仕事を離れたと話す（P. Takur氏、男性、七十歳代。二〇〇七年九月八日）。

(61) A. Gupta氏は、マハントのもとで四五年間ドライバーとして勤めた。マハントの土地が減り、ドライバーとしての仕事も減り、マハントから得ていた給料では生活をするのが難しいことから仕事を辞めたと話す（A. Gupta氏、男性、七十歳。二〇〇五年八月三十日）。
(62) T. Singh氏、男性、六十六歳くらい、チャンドラヴァンシー（二〇〇七年九月十三日）。
(63) インドの家族形態は拡大家族として知られ、ブッダガヤの場合においても拡大家族がいくつも確認できる。一つの家に、両親とその子どもの未婚の娘、男兄弟とその嫁と子どもが共に生活している。主に仕事を行うのは男性である。
(64) G. Prasad氏、男性、四十歳代、ホテル経営（二〇〇四年調査記録）。また二〇〇一年から土産物を売るグループのマラフォトの代表を務めるイスラーム教徒のMd J氏も、一九九〇年代頃から新しく商売をし始める人々が増えだしたと話す（Md J氏、男性、三十三歳、イスラーム教徒、マラフォト。二〇〇五年八月二十三日）。
(65) ここでのインタビューは、観光業を営む人々のなかでも一部の人々の意見にすぎない。近年では、外部からやってきた定住者も増えたことから、観光業を営む人々も必ずしも昔からブッダガヤで生活をしている人々ではない。ただし、ここでは、マハントを中心とする社会が辿った道筋を、「聖地化」と併せて論じることに主眼があることから、観光業を営む人々のなかでも昔からブッダガヤで生活している人々にインタビューを行っているということを断っておく。
(66) J. Singh氏、男性、四十八歳、政治家／ホテル経営者（二〇〇五年九月十日）。
(67) 二〇〇五年の聞き取り調査より。
(68) J. Singh氏（二〇〇五年九月十日）。
(69) J. Singh氏は、一九九二年に自身が副議長になった時に、すべて都市自治エリア（ナガル・パンチャーヤット・エリア）出身者がメンバーを占めるようになったと話す（同右）。
(70) J. Devi氏（二〇〇五年八月二十五日）。
(71) 父親がマハントの右腕であったチャンドラヴァンシーのJ. Devi氏によれば、マハントが土地や店を提供してくれたという（二〇〇五年八月二十五日）。

(72) ブッダガヤの社会において、最も多いカーストは低カーストに属するマンジであるが、次いで多いカーストがチャンドラヴァンシーであった。その次に多いカーストが同じく後進カーストであるヤーダブであった。
(73) D. Saw 氏、男性、七十五歳、土産物屋（二〇〇七年九月十一日）。
(74) I. Saw 氏、男性、七十歳代、雑貨屋（二〇〇七年九月九日）。
(75) W. Saw 氏（二〇〇七年九月二日）。
(76) マハントが所有していた土地にヒンドゥー寺院が建てられていた。
(77) 火葬をしないイスラーム教徒の場合、亡骸は墓地に土葬される。
(78) パーンチ・パンデヴァは、大塔正面向かって左手にある。四つの部屋からなっており、そのうち三つの部屋はシヴァ神が祀られている。そのうち二つはヒンドゥー教のマハント（チャタナン・ギリ〈Chatanan Giri〉、マハデオ・ギリ〈Mahadeo Giri〉）の墓とされる。
(79) バグダナートは、大塔正面向かって右手にある。この祠も、二〇〇―三〇〇年前に建てられたヒンドゥー教の僧侶の墓とされる。
(80) 幼い頃祖母と訪れたことがあるという W. Saw 氏によれば、この寺院は十六世紀にマハントが僧院を作る以前からあるという（二〇〇七年九月二日）。
(81) 田丸によると、インドには樹木崇拝のほかに、ガンジス河をはじめとする川や太陽、月、星などといった自然崇拝や、牛や猿、蛇などといった動物崇拝が行われている（田丸 一九九六：八五）。
(82) 「親族たちが清浄な生活を送らないと死者（プレータ）のいる場所が定まらず、ピンダ（団子）と水を供えてくれる人のところに戻ってくる」と考えられている（田丸 一九九六：八七―八八）。
(83) 一年を過ぎると、他の祖先と一緒に年に一度供養され、供養をすることによって、死者（プレータ）は祖先（ピトリ）となる（同右）。
(84) ガヤはブラフマ神の聖地としても知られる。インドの古代文献の一つ『ガルダ・プラーナ』には聖地のなかでガヤが最高の聖地とされている（斎藤 一九八五：一五二）。
(85) B. Prasad Singh 氏（二〇〇四年調査記録より）。

(86)　ブッダガヤでは大塔周囲のほかに二か所で先祖供養が行われている。一つは、シュリヤ・ガートである。バザールの商店の並びにはニランジャナ河の岸部に通ずる道がある。そこには、広場ができており、川に降りていくための階段が用意されている。もう一つは、マハントのシヴァ派の僧院の入口から入る、ニランジャナ河の川岸に設けられているガートである。

(87)　このような光景は、供養の時期には頻繁にみられることから、先祖の供養のために集団で訪れるヒンドゥー教徒たちのことを、地元の人々は、ガヤワラ（「ガヤさん」）と呼んでいる。

(88)　大塔内の敷地には、プージャーに使用した団子や花などの供物が残される。祖先供養の終盤に差しかかると、大塔寺院群内にその供物に使用された品々が山のように廃棄される。その廃棄された供物は、ＢＴＭＣのスタッフが掃除を行い、最終的には牛に食べさせるのだという（二〇〇三年一月四日聞き取り調査より）。

(89)　仏教徒の儀礼は十一月から翌年三月、ヒンドゥー教の儀礼は九月に執り行われている。だが、一方が儀礼を行っている際に、他方の参詣を禁じるというのではない。その意味で、両者は、同じ場所を共有しながら儀礼や礼拝を執り行うのである。

(90)　ブッダガヤでは、家族が亡くなると、大塔横に流れるガンジス河の支流の一つであるニランジャナ河に運び、火葬する。

(91)　マハントの足を組ませ、座った状態にした後、遺体の下に布を敷き、その布の両端を棒にくくりつけ、二人の人間で墓まで運び出す。

(92)　I. Saw 氏は、マハントがどのような状態で運ばれるのかを実演し、さらに、ハンカチを用いてマハントがどのように運び出されたのか、その様子を具体的に語った（I. Saw 氏、男性、七〇代、二〇〇七年九月九日）。

(93)　ニアス・ボードは、ビハール州の宗教的な場所や歴史的なモニュメントを管轄している機関だという。

(94)　A. Singh 氏、男性、三十三歳、都市自治体エリアのＢＪＰのプレジデント（二〇〇五年八月十三日）。

(95)　N. Prasad 氏によれば、一八〇〇年代に英領政府が大塔修復に着手する際に、寺院の彫刻などの修復に技術を持ったイスラーム教徒を連れてきたのだという（二〇〇四年調査記録）。

(96)　Md A 氏によると、ブッダガヤに住み続けたイスラーム教徒は五―六人いた（Md A 氏、男性、四十一歳、イスラーム教徒、プット・バットのプレジデント。二〇〇五年八月十五日）。

(97) マハントの下で四五年間、車の運転手をしていたというA. Gupta氏は、イスラーム教徒の祭りとマハントとの関わりを指摘する（二〇〇五年八月三十日）。ヒンドゥー教の有名な祭りの一つにドゥルガプジャと呼ばれる祭りがあり、土でドゥルガの神の偶像を作り、祀った後にそれを川に流す。ブッダガヤでは、土で作られた人形をマハントにプージャーをしてもらうために僧院に運んでいたという。イスラーム教徒の祭りの場合においても、ドゥルガプジャの人形に相当するコタジャと呼ばれるものを僧院に運んでいたという。ただし、マハントがそれにプージャーをしているわけではないようだ。

(98) 日々の礼拝の場でありイスラーム教にとって重要なモスクでは、朝・昼・夕方に設置されているスピーカーからコーランが流される。すると、四方八方から、たくさんの大人や子どものイスラーム教徒たち（男性）が、大塔横のモスクに礼拝に向かう様子を確認できる。

(99) 二〇〇五年当時、六十歳であったMd S氏は、ブッダガヤに古くから住むイスラーム教徒の一人であるが、幼い頃のモスクが煉瓦建ての家であったと記憶しているという（二〇〇五年八月十八日）。

(100) Haffiz Sahab氏、男性、年齢不明、イスラーム教徒（二〇〇五年九月十一日）。

(101) Md A氏（二〇〇五年八月十五日）。

(102) マドラサは、ヒンドゥー教の聖地としても有名なヴァラナシにもあるが、ブッダガヤで学びたい子どもたちが、このマドラサにやってくるという。

(103) ブッダガヤの人口はイスラーム教徒に限らず、総じて増加傾向にある。人口の増加は著しく、一九五一年には五六二八人であった人口は、一九八一年には一万五七二四人、さらに二〇〇一年には三万八八三人となっている(Ministry of Tourism, Gort. of India, 2005, "Heritage Led Perspective. Development plan for Budhgaya, Vision 2005–2031, Final Report 2005" Volume II.)。

(104) 大塔のプージャーリであったR. Mishra氏は、自分の息子にプージャーリを引き継ごうとしていた時に、ＢＴＭＣ内部においてヒンドゥー教の常駐僧は必要ない、止めにする、という話が持ち上がったこともあり、プージャーリの息子への引き継ぎが容易ではなかったと話した（R. Mishra氏、男性、六十五歳、ブラフマン。二〇〇五年八月六日）。このようにＢＴＭＣ内でプージャーリを継承することをめぐって、どのような力が具体的に働いたかに関しては注目をする必要がある。だが、ＢＴＭＣのメンバーにマハントがいるということは、プージャーリとマハントの関係からして、そこに何かしらの力が働いているということは容易に想像がつくのである。

第五章　問い直される「仏教聖地」――「仏教聖地」は誰のものか？

一　はじめに

前章で論じたように、大塔およびその周囲は、仏教的な意味を取り戻した後、仏教徒のみに開かれた場所を築いてきたわけではなく、むしろヒンドゥー教と折り合いを図り、そのさらに周辺では仏教改宗や観光地化、さらにはヒンドゥー教の寺院やイスラーム教のモスクの再建を促してきた。その意味で、ブッダガヤにおける「仏教聖地」再建は、実は、ヒンドゥー教徒やイスラーム教徒の社会を、様々な形で巻き込んだものであった。

次に本章で問題にしたいのは、独立以降、こうした変化を経験するなかで、マハントを管理体制のなかに継承させる形で成立することになった寺院管理組織や、新たに登場しつつある様々な集団が、「仏教聖地」の再建にどのように関わりつつあるのかということである。

そこで、本章では、独立後、大塔の管理を担う主体として整備されることになった寺院管理組織（以下で述べるBTMCならびにBAB）や、その組織や大塔およびその周囲のあり方を問題とする運動体、それに対抗する集団、さらには世界遺産への登録を受けて組織化された集団など、場所をめぐる組織的、集合的な動きに注目し、それらの諸主体の場所の意味を問い直していくプロセスを考察することで、大塔をめぐってどのような力が働き、どういった関係性が築き上げられているのかを検討しよう。

まず、独立以降、寺院管理組織の大塔の利用や管理をめぐる組織的活動を取り上げ、場所が持つ意味を内在的に議論し、次に、独立後に生じた新仏教徒の大塔返還運動をきっかけに顕在化した大塔をめぐる緊張を紐解くことで場所をめぐる争点を捉え、さらに世界遺産登録を受けて生じた反対運動を手がかりに、場所に対する意味に接近してみよう。

二　大塔管理に内在する葛藤——制度的「多様性の統一」の実際

二—一　ブッダガヤにおける寺院管理体制とその特殊性

1　ブッダガヤの寺院管理体制とＡＳＩとの類似と相違

ブッダガヤの寺院管理体制は、大塔を管理する専門機関としての中心的な役割を担い、「仏教聖地」再建を論じるうえで見落とせない位置にある。というのも、この寺院管理体制の成立自体が、ブッダガヤにおける新たな展開を意味するのだが、問題は、この管理体制の特徴が新たな火種となり、ヒンドゥー教と仏教の間の緊張の争点となっていくからである。

まず、寺院管理体制の特徴について述べておきたい。ブッダガヤの大塔は、他の仏教遺跡や「仏教聖地」と同じく一度は忘れられ、再発見されたにもかかわらず、大塔をめぐる寺院管理体制は、他の仏教遺跡あるいは「仏教聖地」とは明らかに異なる点が確認できる。

というのも、インドにおける数々の仏教遺跡は、ブッダガヤに限らず英領期に発見されているが、現在その多くが「古代遺跡、考古学現場および跡ノ地関連法 一九五八（Ancient Monument and Archaeological Site and Remains Act, 1958）のもとに保護されるべき遺跡として位置づけられている。そして、それらの遺跡の維持・管理は、政府の機関となるインド考古学調査局（ＡＳＩ）が担っている。

それに対し、ブッダガヤの大塔は、その法律のもとに保護されるべき歴史的遺跡とは位置づけられていない。詳しくは後述するが、ブッダガヤの場合、独自の法律「ブッダガヤ寺院法」（The Bodh Gaya Temple Act, 1949）が定められており、その法律に基づき、ブッダガヤ寺院管理委員会（ＢＴＭＣ）が中心となり、直接大塔の管理を行っている。もっといえば、大塔の管理をめぐって、ブッダガヤ諮問機関（The Bodh Gaya Advisory Board：以下ＢＡＢと略す）が間接的に携わっていることも忘れてはならないだろう。

ただし、ブッダガヤの大塔がＡＳＩではなく、独自の法律と管理組織のもとで維持管理がなされているということは、歴史的建造物としての管理を受けていないということではないし、政府による干渉を受けることなく、ＢＴＭＣの裁量によって自由に管理が執り行われているということでもない。

ＢＴＭＣに関して定めているブッダガヤ寺院法第一〇条には、その役割として「寺院の維持及び修復」が謳われており、ＢＴＭＣは大塔の修復や維持に関する法律上の権限と責任が与えられている。その意味において、ＢＴＭＣはＡＳＩと類似の機能を果たしている。

それに、ＢＴＭＣのメンバーがビハール州政府から任命されることや、ＢＴＭＣの議長はガヤ県の長官がそれを兼ねていることからもわかるように、実際の管理をめぐって州政府や地方政府の影響力を無視しえない。その意味で、ブッダガヤの寺院管理体制が、政府の影響をまったく受けず、完全に独立した機関だということはできない。

しかし、だからといって、ＢＴＭＣが政府機関の傘下に完全に取り込まれてしまっているわけでもない。それは、次の事例からうかがえる。先に確認したように、第一〇条に「寺院の維持及び修復」がBTMCの役割として謳われているにもかかわらず、一九七九年に、ビハール州政府から寺院の修復と維持をASIの手に委ねる提案があった。この提案に対し、BTMCやBABは反対の声を上げ、一九八二年に政府の提案を否決している。そしてBABの会議において、ASIに寺院を渡す必要はないと決議された。寺院を政府に委ねることに対するBABによる反対の声は、寺院を引き渡すことが法律に反するものだということを問題にしているわけではない。むしろ、BTMCやBABにとって大塔が単なる考古学的建造物ではなく、宗教的意味に満ちた「寺院」だということを改めて主張するものである（Banerjee 2000: 131）。

こういった寺院の引渡しをめぐる論争が持ち上がった背景には、BTMCの遺跡の修復および維持管理をめぐって、しばしばASIとの間に緊張が存在したからである。例えば、BTMCは初期の頃、遺跡に使用されていない原料で寺院の修復を行ったり、化学染料によって遺跡に色を塗ったりしており、また人々の宗教的行為による遺跡への接触などが、歴史的遺跡の保存保護を重視するASIの立場から問題視されていた。なぜこうした問題が顕在化することになってしまったのだろうか。実は、BTMCは、大塔の維持や修復というASIと類似した役割を担うことが定められていながら、これまでBTMCの歴代のメンバーは、歴史的遺跡の修復に関して専門的な技術や知識を持った人物がなっているわけではない[1]。つまり、遺跡の修復や保存をめぐる専門性に欠けた組織であったのである。それゆえ、もし、大塔という歴史的建造物の維持や修復が最も最優先されるべき課題であり、望ましいとする観点に立てば、BTMCではなく、遺跡に対する専門的な知識や技術を投じて遺跡の保存や保護を担っているASIに、ブッダガヤの大塔の維持や修復を委ねるべきだったかもしれない。

しかし、BTMCを中心とする寺院管理体制の不適切な修復が問題視されながらも、実際には、ASIに委ねるということにはならなかった。ここでの問題は、ＢＴＭＣならびにＢＡＢが実際の遺跡の維持修復を適切に行っていないということではなく、それらの組織が、ブッダガヤの大塔とその周辺の遺跡をどのように捉えているのかという、より根本的な問いにある。こうした点からいえば、ＢＴＭＣやＢＡＢの認識のうえでは、大塔は単なる歴史的遺跡なのではなく、何よりもまず宗教的な「寺院」なのであって、その観点を抜きにして大塔管理を論じることは無意味なことになる。それは、実際、ＡＳＩが、ＢＴＭＣやビハール州政府の許可なく、直接ブッダガヤの歴史的遺跡の修復などに携わることはできないことからも明確である[2]（Banerjee 1998）。それゆえ、彼らによる大塔の修復が、建造物に対して適切な処置ではないばかりか、それでもなおＡＳＩに引き渡すことを拒否する彼らの姿勢は、彼らにとっての大塔の意義を問うことを抜きにしては理解できないのである。

2　仏教とヒンドゥー教の両宗教を含む寺院管理体制

ブッダガヤの寺院管理体制が特徴的であるというのは、他の仏教遺跡との相違によって見出されるものばかりではない。

かつてはマハントが大塔を所有し、独占的に管理を担うというように、いわば長らく伝統的にヒンドゥー教の管理体制下に大塔はあったが、現在大塔の管理を専門的に担うＢＴＭＣは、ヒンドゥー教徒に加え、仏教徒による管理をも認めるものだというところに特徴がある。

通常の歴史的遺跡であればＡＳＩが管理するところを、大塔は、両宗教からそれぞれ四名（仏教徒四名とヒンドゥー教徒四名）のメンバーが州政府による任命を受けて選ばれる。両宗教のメンバーは、三年の任期となっている。メンバーとなる仏教徒はあくまでインド国籍を持っている者に限られるが、以前はマハントが独占的に管理していたため、認められていなかった仏教徒にも管理の権限が与えられていることがわかる。なお、ＢＴＭＣの組織としては、両メンバーのなかから選ばれた委員長（Secretary）が、組織全体を統括する形をとっている。メンバーは、一か月に二、三回、一年を通して一五回ほど、ＢＴＭＣの事務所において会議を開き、巡礼者の寄付金の使用や、寺院の保存保護に関わる決定などを行っている。

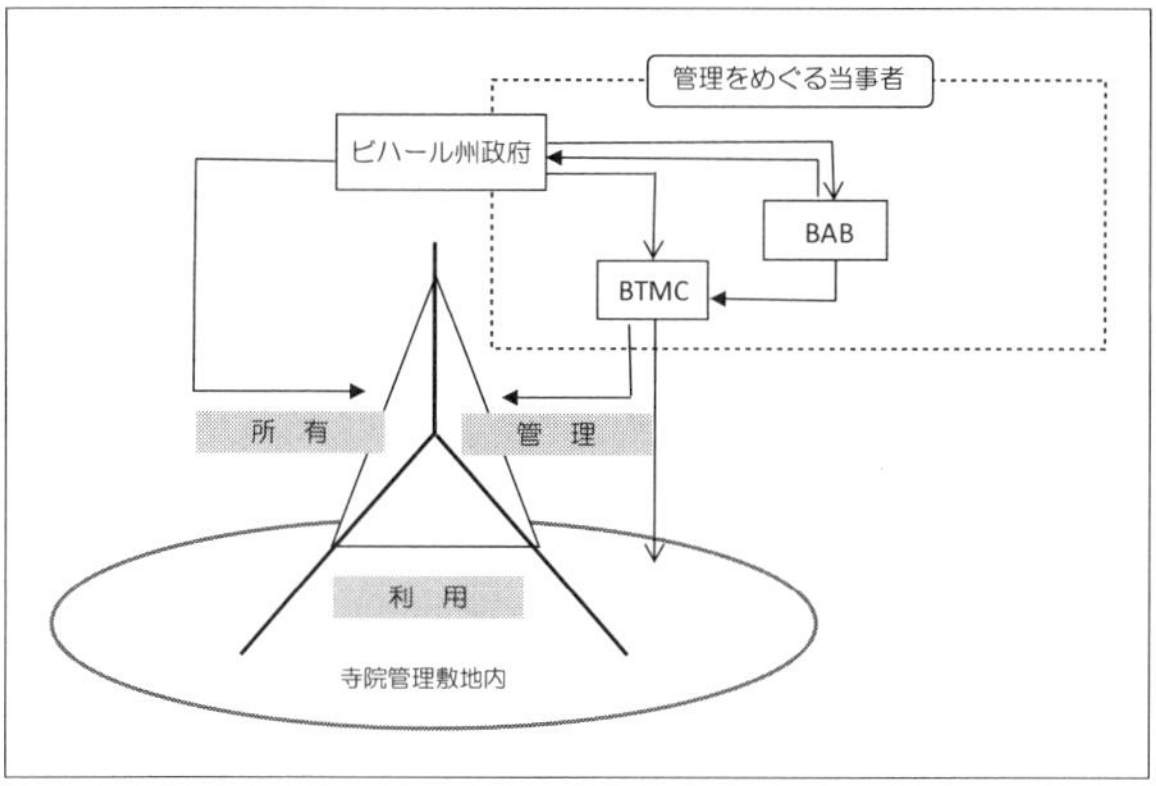

図５－１　ブッダガヤにおける寺院管理体制

　そして、寺院管理体制としてもう一つ指摘しておかなければならないのは、寺院法一五条では大塔に関わる管理や保存保護をめぐるあらゆる問題に関して、ＢＡＢが、ＢＴＭＣや場合によってはビハール州政府に助言する機関として定められている。ＢＡＢのメンバーは、ＢＴＭＣとは異なり、国籍を問わない仏教徒が過半数を占めるよう構成されなければならないことになっている。メンバーは、おおよそ二〇—二五名からなり、ＢＴＭＣと異なり、年に一、二回という頻度で不定期に組織される。仏教徒の半分が外国出身者であるよう規定されていることからもわかるように、寺院管理に関して世界各国の仏教徒の声が反映されるような仕組みを作り上げている。まとめるならば図5-1のようになる。

　つまり、ＢＴＭＣは、ＡＳＩによって管理されている他の仏教遺跡と異なり、ブッダガヤにおける大塔およびその周辺の管理の中心を担いながらも、ＢＡＢと必要に応じて連携し、世界各国の仏教徒の意見を組み込んでいるのだ。そして、大塔の維持や修復に携わる一方で、後述するように、ブッダガヤで初となる仏教儀礼を開催するなど、大塔をめぐって多岐にわたる活動を行う専門機関としての役割を担っているのである。

次に指摘したいのは、このＢＴＭＣが、ブッダガヤ寺院法という、ブッダガヤの歴史的遺跡群にのみ適応される法律のもとに、いわば近代的寺院管理体制として成立をみたものの、マハント時代の従来の管理のあり方を今日に至るまで継承している点である。

この点は、前章までにも触れているように、マハントを「永久メンバー」として認め、マハントの管理権限を無きものとしたわけではないと指摘してきた。だが、それだけでは、ＢＴＭＣが従来の管理のあり方を今日に継承しているという、管理の特殊性を十分に指摘したことになってはいない。そこで次に、どのような意味において従来の管理のあり方が継承されているのか、ということについてもう少し触れておこう。

3　伝統的管理体制を継承するＢＴＭＣ

ＢＴＭＣが伝統的な管理体制のあり方を一掃するものではないというのは、寺院管理体制の制度的側面と、非制度的側面の両側面において確認できる。

先に述べたマハントがＢＴＭＣの「永久メンバー」として特権を与えられているということは、寺院法第一条に謳われている。このことから、制度的に従来の管理体制が継承されていることを意味する。ほかにも例を挙げれば、大塔に隣接し、マハントの所有物であり続けているヒンドゥー教の寺院の存在についても制度的な裏付けがある。このヒンドゥー教寺院は、大塔管理地内にありながらもＢＴＭＣが関与できないことが法律上定められており、今日に至るまで取り除かれることなく継承されている。また、ヒンドゥー教の宗教的儀礼（先祖に供物を捧げる儀礼ピンダ・ダーン）が、毎年「寺院管理地」内で続けられているが、これについても、寺院法第一一条第一項において、ヒンドゥー教徒による慣習的儀礼が管理地内で行えるよう定めており、ＢＴＭＣがこの儀礼に制限を加えることはできないことを明示している。ようするに、ヒンドゥー教の儀礼や巡礼が妨げられることがあってはならないのである。

そして、非制度的な面において従来の管理体制が継承されているということはどういうことかといえば、マハント時代に、大塔に宗教的儀礼を行っていたマハントに仕えるプージャーリ[3]が、寺院管理体制成立後も日常的なプージャーを今でも執り行っている点である[4]（前島 二〇一〇ａ）。寺院管理体制が整ってから約五〇年の時を経ても、マハントが大塔を所有していた頃から継承され続けているプージャーが、寺院管理体制の内部に取り込まれながら、維持されているのである。特に、プージャーリの人選がＢＴＭＣの任意で決まるものではないことからも、プージャーが脈々と今日に受け継がれてきたことがわかる。ＢＴＭＣのヒンドゥー教のプージャーリとして勤めたR. Mishra 氏[5]によると、ＢＴＭＣ成立以前、大塔およびそれに隣接するヒンドゥー教寺院（パーンチ・パンデヴァ）それぞれにプージャーを行う専属のプージャーリが決められていた[6]。彼は、ＢＴＭＣ成立以前からマハントのもとで大塔専属のプージャーリとして勤めた祖父、父の後を引き継ぎ、自身も大塔専属のプージャーリとなり、大塔内部奥に設置されているブッダ像と中央の床に彫りこまれたシヴァリンガに毎日、朝夕、プージャーを行っていた。ＢＴＭＣが成立すると、彼はＢＴＭＣ常駐のヒンドゥー教僧侶となり、スタッフとして引き続き大塔へのプージャーを行うと同時に、ヒンドゥー教徒のＶＩＰが参詣する際にもプージャーを行っていたという。そして、二〇〇五年当時、自身は退職し、その後を息子が引き継いでいた。なお、大塔に隣接するヒンドゥー教寺院（パーンチ・パンデヴァ）についても、マハント時代以来、専属のプージャーリによってプージャーが続けられており、従来のあり

写真5－1　大塔内でプージャーを捧げるプージャーリ

方が引き継がれている。

　では、彼らは、BTMCの組織内にどのように取り込まれているのだろうか。

　まず、BTMCの組織について図示するならば、図5－2のようにまとめることができる。図に示したように委員長を中心としながら、BTMCは、ヒンドゥー教と仏教の両宗教のメンバーのほかにも、PRO（Public Relation Officer）をはじめ様々な業務を担う常勤・非常勤のスタッフを組織し、また、主任僧侶を筆頭にインド出身の駐在仏教僧を数名、管理組織内に組み込んでいる。

　BTMCが雇用する常勤・非常勤のスタッフは、PROの下にまとめられており、二〇一一年一月当時、常勤・非常勤合わせて八五名に及ぶ。彼ら、彼女らは、主に、日々の大塔内の清掃や警備など、大塔およびその周辺の美観や、管理地内での秩序を維持する役割を担っている。

　なかでも、特徴的なのは、BTMC管理体制内に、ヒンドゥー教と仏教のメンバーだけでなく、駐在仏教僧が組み込まれている点である。インド各地にわたる出身の仏教僧からなっている駐在仏教僧は、主任僧侶を中心にまとめられており、二〇一一年当時、アッサム州やシッキム州、トリプラ州、アルナチャル州、ビハール州などの出身の僧侶が一一名いた[7]。駐在仏教僧は、BTMC成立後の組織内での会議において定められていた。一九五三年四月二十六日に開催されたBTMCの第一回公式会合において、「常駐の仏教僧を置いて、勤行・法要を行わしめる」

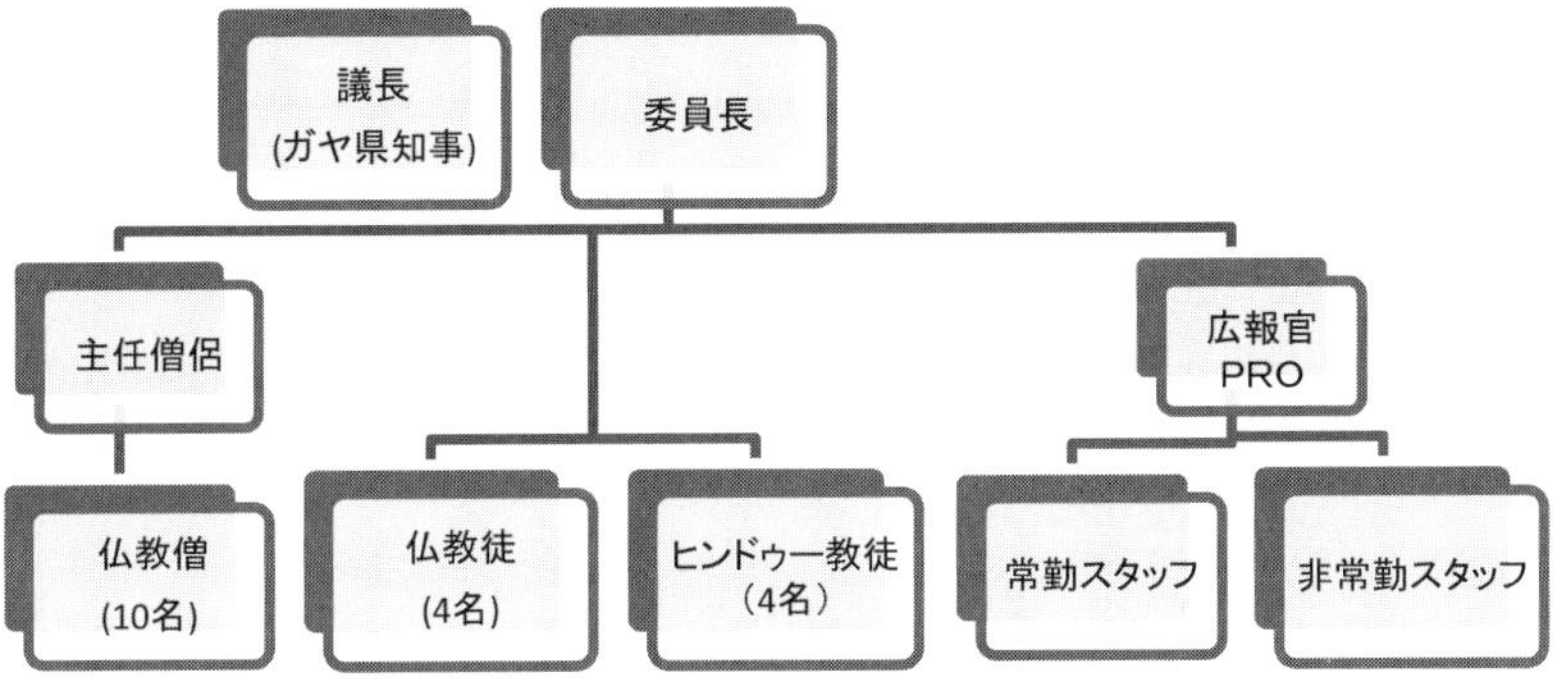

図5－2　BTMCの組織構造

（佐藤　一九八八：一二六）と決議されており、大塔には礼拝を行う専属の仏教僧が駐在することになっている。

こうした駐在仏教僧だけでなく、先にも述べたように常駐のヒンドゥー教のプージャーリがおり、大塔内のブッダ像に加え、シヴァ神の化身であるシヴァリンガにプージャーを行い、仏教駐在僧とともに、大塔内を参詣する人々の礼拝の便宜を図るなどの役割を担っている。

しかし、ヒンドゥー教のプージャーリが、駐在仏教僧と決定的に異なる点がある。ヒンドゥー教のプージャーリは、ＢＴＭＣのスタッフとして有給で雇用されているのである。したがって図5-2でいえば、ＰＲＯの下にある常勤スタッフに位置づけられるのである。それに対し、駐在仏教僧は主任僧侶のもとに組織され、基本的に無給であり、さらにＢＴＭＣのメンバーの交代とともにメンバーが入れ替わるという特徴があった。

いずれにせよ、ＢＴＭＣは独立以降に大塔を管理する組織として新しく登場した。それまでの管理体制とは異なり、仏教徒による管理を認め、仏教僧に日常的礼拝を執り行わせる一方で、制度的にも、非制度的にも、従来の管理体制を新たな管理体制に組み込む形で継承している。つまり、ＢＴＭＣを特徴づける両宗教による管理というのは、メンバーのことのみを指すのではなく、その組織内部の非制度的な部分においても含めなければならない。以上のことから、十三世紀以降、仏教衰退とともに忘れられ、十九世紀に他の仏教遺跡と時を同じくして発見された遺跡でありながらも、ＡＳＩではなくＢＴＭＣやＢＡＢが維持管理を担うという点に、ブッダガヤが他の仏教遺跡と異なる点が読み取れる。実は、こうした寺院管理体制こそが、次に述べるように、ブッダガヤ内外の仏教徒から問題視されるようになり、地元のヒンドゥー教徒との間で緊張を引き起こす引き金となるのだ。

二―二　両宗教の寺院管理体制の成立過程――制度的「多様性の統一」

それにしても、どうしてブッダガヤにおいて、このような特殊な寺院管理体制が作り上げられることになったのか。ＢＴＭＣを中心とする寺院管理体制は、一九四七年に英領支配から独立したインド政府のもとで確立した。大塔が、ブッダガヤ一帯の土地や人を手中に収めていたマハントの所有物であったことを考えれば、寺院管理体制の骨組みとなる一九四九年に施行されたブッダガヤ寺院法は、いわばマハントによる独占的な大塔の所有および管理に終止符を打つものである。(8)

だが、なぜ、インド政府は、大塔を所有、管理してきたマハントから、その権利を奪うことになったのだろうか。そこには、大塔返還を求める仏教徒の切なる請願と、大塔をめぐり繰り広げられてきた宗教的緊張の歴史がある。インド政府が寺院管理体制を整えるきっかけになったともいうべく、大塔をめぐる宗教的緊張（＝ブッダガヤ寺院問題）は、マハントが所有していた大塔をめぐって、「「大塔（＝聖地）」は誰のものか？」という、いわば「所有」「管理」の正当性が、問われたことを契機にしている。この問題を正面から問題視したのが、スリランカの仏教徒であるアナガーリカ・ダルマパーラであった。ダルマパーラはヒンドゥー教徒の祈りの場所となっていた大塔を、仏教徒への返還を求めて立ち上がり、世界各国に活動の支援を広く呼びかけると同時に、マハントや英領政府との間で交渉を繰り返すなど、生涯をかけてブッダガヤの寺院問題に取り組んだ。

もちろん、ヒンドゥー教のもとにあった大塔を問題視したのは、ダルマパーラだけではない。というのも、ダルマパーラの大塔返還運動自体が、神智学協会や『アジアの光』の著者であるイギリスの詩人エドウィン・アーノルドの影響を無視できないからである（Kinnard 1998）。特にアーノルドは、その著書のなかで、大塔がヒンドゥー教の手中にあることを問題視し、仏教徒に立ち上がるよう呼びかけたとされるように、彼自身も仏教徒に大塔が返還されることを望んでいた。アーノルドをはじめとする支持者に支えられ、後押しを受けながら大塔の返還の実現を目指したダルマパーラの取り組みは、潜在的に、「大塔は誰のものか」または「誰が大塔を管理するのか」という問いを内包し、大塔をめぐり宗教的緊張を顕在化させることになった。マハント側とダルマパーラ側との間に生じた幾度かの暴力事件をきっかけに、両者の対立は裁判論争に持ち込まれることになった。

だが、マハントが大塔の所有者であることを示す公的な文書が残されていたため、裁判はダルマパーラの勝訴とはならず、寺院の帰属をめぐっても決着をみなかった。その意味で、宗教的緊張が顕在化したということが、即座に寺院管理体制の成立に結びついたわけではない。

とするならば、次に問題となるのは、どうして寺院管理体制の成立に向けて事態が動くことになったのかという点であろう。実は、ブッダガヤの寺院問題を、独立後に政権を握るインド国民会議派（以下、会議派と略す）が一九二二年の全インド国民会議派の総会において取り上げたからである（Banerjee 2000、佐藤 一九八八）。会議派が政治的舞台において寺院問題を議論することになったのは、ダルマパーラは亡くなっていたが、彼の活動を継承し活動を続けていたマハーボーディ・ソサエティが寺院の返還を求め、会議派に働きかけたことによる。会議派は、後に初代大統領となるラジェンドラ・プラサド（Rajendra Prasad）を中心に調査団を組織し、ブッダガヤの寺院の所有および管理に関する調査を進め、寺院問題にメスを入れた。そのなかで、調査団はヒンドゥー教徒と仏教徒の両教徒による管理を定めた寺院法の骨子をまとめ、両宗教がいずれも各々の習慣に従って自由に参詣でき、二つの宗教が寺院の管理に対して責任を持つということを示唆する報告を出した（Banerjee 2000: 130）。最終的に、その案を軸にしながら、ブッダガヤ寺院法が一九四九年七月十九日にビハール州会議によって承認され、施行されることとなった。そして、同法に基づいて歴史的遺跡の管理を行う主体として、特定の宗教に偏らない、ヒンドゥー教徒と、国内、国外の仏教徒の声を管理に反映させるような機関となるブッダガヤ寺院管理委員会、そして、ブッダガヤ諮問機関が定められることとなる。

こうして、大塔の管理が法のもとにおかれ、その下で仏教とヒンドゥー教の両宗教を尊重し、どちらかに一元化することなく両者が折り合いを図るような寺院管理体制が、インドの独立を導き、近代国民国家の成立を牽引した新生インド政府によって、編み出されたのである。その意味で、ブッダガヤの寺院管理問題は、独立後に政権を握った会議派によって、大塔の所有管理を担っていたマハントによる伝統的な管理体制から、法に基づいたいわゆる近代的管理体制へと移行させることで一先ずの決着をみたということもできるし、当の会議派は、その手助けをした立役者ともいえよう(9)。

したがって、こうして整備された特殊な寺院管理体制は、外部からの仏教徒らの声と、解決をみない大塔をめぐる寺院問題（宗教的緊張）をきっかけに、インド政府が導き出した答えなのである。その体制は、新生国家として対外的、対内的問題や異なる宗教間の問題をめぐるインド政府の妥協の産物だともいいうる。というのも政府は、一方では、長らく仏教徒に認められていなかった大塔の管理権限を、全面的ではないにせよ約束したことで国外の仏教徒に配慮しているし、もう一方では、マハントによる大塔の管理の権限を完全に剥奪するのではなく、継承させることで、伝統的な管理体制を維持する余地を残し、ヒンドゥー教徒の主張に対する会議派への配慮の姿勢を示している。このように、そこには、会議派が切実な仏教徒の声を拾い上げるとともに、その一方でヒンドゥー教の主張も尊重するような形でのインド政府の妥協が浮かび上がる。さらにいえば、そこには、ヒンドゥーによって代弁される「伝統」の勢力と、国外仏教徒の支持に基づく「外的な力」との間に妥協を図る折り合いの試みがみられる。

しかし、インド政府による寺院管理体制の整備が、宗教的緊張をめぐる妥協の賜物だというのは、まだまだ十分な解答ではない。当時のインド社会や、インド政府が国家を牽引する政治的、社会的文脈から寺院問題を捉え直せば、そこには多様な価値を読み取ることができる。一九四七年に独立するインドは、自国を自身の手で、一国民国家としていかに統一していくのか、といったことが大きな課題であった。そのなかでインド政府は、多様な宗教や民族といった社会を背景に、政教分離や「多様性のなかの統一」といった国家的な理念を確立していく。言語や宗教、民族、さらにはカーストなど多様な社会的基盤を、一つの国として統一を図ることが、国家理念として積極的に謳われたのである。宗教に関していえば、憲法上、政教分離を謳い、世俗主義を大原則として打ち出した。宗教と国家の分離を規定しているだけでなく、すべての宗教に対する完全な自由や、すべての宗教に対する寛容、すべての宗教の信者に対する平等な機会、宗教を理由とする差別の禁止などが世俗主義として定義されたのである（賀来　一九九八：一四八）。先にみた両宗教による寺院管理が結実していくプロセスは、まさにインドがイギリスからの独立に奮起し、国民国家の成立に向けて舵取りをしている頃と時期を同じくしている。

そこで、ブッダガヤにおける寺院問題を、特殊地域の一問題とみなしてしまうのではなく、インド政府の近代国家の成立と、インドの社会的現実やそれに対する政治的課題とクロスさせながら捉え直すならば、インド政府の対応には、独立間もないインドの国民国家としての理念が投影されていると考えられる。

まず、指摘できるのは、インド政府のブッダガヤの寺院問題への対応に、インドが直面する国家的課題（多様性の問題や宗教）に対するインド政府の政治的立場が表れているということである。インド政府が、両宗教コミュニティを代表するメンバーを構成員とする管理体制を築き上げたことは、まさに、「多様性のなかの統一」の国家理念を、寺院管理体制という具体的な法制度とそれに基づき設立されることになった組織を通して体現しているといえる。寺院問題へのインド政府の対応は、他のアジア諸国への配慮、近代化に向けての地主解体や土地改革の推進といったインド政府の政策が影響していることも指摘されている（Doyle 1997）。

また、インド政府の「仏教」に対する認識についても指摘しておかなければならないであろう。インド政府は政教分離や、世俗主義を謳っていた。それにもかかわらず、宗教的緊張の争点となったブッダガヤの寺院問題にインド政府は対応した。それだけでなく、仏教と関連付けた国家的なシンボルを創造し、さらに国家的行事を催した(10)。そこには、インド政府が「仏教」を宗教であるというより、むしろ「学術的」「文化的」なものとみなしていたとする見方がある。そのうえ、このような見方は、西欧で教育を受けていた当時の政治的リーダーが、ブッダをインドにおける偉大な歴史的人物とみなす西欧的見解が色濃く反映されているといわれている。

以上のようなインド政府の立場から寺院管理体制の成立を読み解くと、インド政府の対応は、インドの多様な社会的現実を背景にしながら、双方の宗教的な立場を考慮、尊重するものだといえる。このようなブッダガヤの寺院問題に関する取り組みには、まさに、独立間もないインド政府が掲げる「多様性のなかの統一」という理念への国家的なコミットメントが具体化される様子がみられるのではないだろうか。

しかし、インド政府の寺院管理体制の整備は、単に寺院をめぐって英領期に顕在化した宗教問題への対応とみなしてしまうことはできないだろう。ブッダガヤの寺院問題をみる限りにおいて、「多様性のなかの統一」は、宗教的緊張に対する対応という側面だけでは議論し尽くせない。

それもそのはず、インド政府は、「仏教」を歴史的、文化的に意味あるものとみなし、国家のシンボルとして（国旗に法輪を使用し、紙幣にアショーカ王の石柱を採用するなど）仏教に関連するマークを採用するとともに、「大塔」を「仏教」の寺院とみなしながらも、その管理を仏教とヒンドゥー教の両宗教に託すといった対応に加えて、周辺諸国や諸地域の声を管理体制に組み入れる仕組みを設けていた。こうしたことを取り上げてもわかるように、ブッダガヤの寺院は、宗教的次元で捉え尽くせるものではない。むしろ、ブッダガヤの大塔は、多様な意味や価値を帯びたものとして浮かび上がる。

したがって、ブッダガヤの寺院管理体制を通して見出せるのは、インド社会の多様な現実に対するインド政府の対応であり、その内実なのである。その、独立間もないインド政府が理念とする「多様性のなかの統一」には、インド政府の宗教的なものへの対応、さらに社会的、政治的な対応が読み取れるのである。(11)

こうして、ＢＴＭＣの登場によって、大塔は、ヒンドゥー教徒ではなく、ヒンドゥー教と仏教の両宗教によって管理されることになった。それはいってみれば、ＢＴＭＣならびにＢＡＢの登場は、ブッダガヤにおける遺跡の管理と利用をめぐって、積極的な関わりを持つ当事者の誕生を意味するのである。

二―三　寺院管理体制の「多様性の統一」の実際

1　寺院管理地外における宗教的多元的現実をめぐるＢＴＭＣの関与

ブッダガヤ全体に関わることに関してＢＴＭＣがどのような関わりを持っているのか。ＢＴＭＣの活動は主に大塔やその周囲（＝寺院管理地内）という限られた空間において行われてきた。というのも、ＢＴＭＣが管理する範囲は、寺院法において「寺院管理地」として定められており、実際の活動の大半がそのエリア内のインフラ整備や開発、大塔の修復や大塔内やその周囲での儀礼に関わることであることからもわかるように、そのこと自体は何ら不思議なことではない。問題は、寺院管理地外には、ＢＴＭＣは全く無関与なのか、といった点である。

先に結論をいえば、寺院管理地外に対してＢＴＭＣの影響力が皆無であったわけではない。むしろ、ＢＴＭＣやＢＡＢが寺院管理地外に少なからず影響力を行使している側面がみえてくる。その関わり方は、どちらかといえば、大塔を中心とするようなランドスケープを意識した整備や開発に関わるような、ブッダガヤの全体の物理的な場所に関係するものだといえる。例えば、独立以降、大塔周囲の開発に関して見落とせない役割をＢＴＭＣは担っている。インド政府は、一九五五―一九五六年に大塔周囲の最初のマスタープランを作成し、ブッダガヤの開発に着手し始めている。そして、一九六六年に第二次となるマスタープランが策定されている。一九六六年のマスタープランには寺院建設を計画内に盛り込んでいることを確認できる。いずれのマスタープランも、ブッダガヤ全体の土地利用に関わり、ブッダガヤの物理的空間の規制と結びつくものであることはいうまでもない[12]。

また、ＢＴＭＣそしてその助言役であったＢＡＢは、それぞれの文化的特徴を象徴するような寺院の建立を求める提案を行っている。独立後、初めて建てられるタイ寺（一九五六）やその後の印度山日本寺（一九七三）、大乗教印度別院（一九八〇）など、今日に至るまで、各国の寺院はそれぞれの国や地域の寺院の特徴を反映させる形で建てられている[13]。そのうえ、一九八六年には、建物の高さを、建物一階建てに相当する四〇フィートに制限する決定を行い、景観を守るために建造物の高さ制限を設けるような議論を進めていた（Banerjee 2000）。このように、寺院管理地外においても、ＢＴＭＣやＢＡＢの関与がうかがえ、国際色豊かな場所としての特色を作り上げることには成功しているといえるだろう。

しかし、ＢＴＭＣやＢＡＢが、景観の維持という場所の物理的な意味において徹底的に手を加えてきたわけではない。なぜなら、仏教寺院や、さらに宿泊施設、商業施設の建設が、マスタープランやＢＴＭＣやＢＡＢの決定に準拠して進められているわけではないからである。今では、二階以上の高さの寺院やホテルが次々に建てられ、地元の人々のなかには、二階以上の住居を建てている者も少なくない。

こういった事情は、初期の仏教寺院が、ビハール州政府の土地を借用する形で建立されていたのに対し、やがて州政府の土地が飽和状態になったこととも関係している。二〇〇六年以降、仏教寺院は、開発計画などとは無関係に、地元の人々から購入した私有地の上に次々と建てられている。それは仏教寺院に限らず、一九八〇年代後半から増加している民間のホテルも同様である。二〇〇五年当時も、世界遺産に登録されて新たな建物の建設の禁止や高さ制限の規制がかかっている区域でもホテルの建設や建物の増築などが進められていた。外部から訪れる人々に加え、ブッダガヤへの移住者が増加し、住民の居住地の範囲の拡大や、宿泊施設や商業施設の建設といったように観光業を営む大中小規模の店が並ぶなど、世俗的な場所や空間が拡大している。

もちろん、零細な土産物屋の乱立といった動きに対し、地方自治政府やインド政府をはじめ、ＢＴＭＣも対策に乗り出していた。大塔の入口に向けて巡礼者らのバスやオートリキシャが乗り入れていた場所を遮断し、遊歩道を整え、商業施設を建設し、店舗を貸し出すことで、小規模で秩序なく建てられていた店の整備を進めていた。

さらに、増え続ける仏教寺院に関しても、ＢＴＭＣやＢＡＢは見逃してきたわけではない。すでにその声は一九八八年に上がっていた。特にＢＡＢでは、大塔に対する巡礼者の関心をそぐものとして、各国寺院の急増を食い止めるべきとの提案が出されている（Banerjee 2000: 143）。

だが、実際は、彼らが問題視しながらも寺院や商業施設、宿泊施設が次々に展開され、それらの施設の増加を食い止めるような策を講じるには至っていない。その意味において、ＢＴＭＣやＢＡＢは、巡礼者や観光客の増加、さらには国内外の仏教寺院の建設や、居住地や観光業の展開により変わりゆく空間を秩序づけ、方向づけるまでの力として働いているとはいえない。とはいえ、ＢＴＭＣやＢＡＢが、高さ規制や寺院建築の条件など、ブッダガヤ全体に関わる取り決めを行っていることは間違いない。寺院管理地外におけるＢＴＭＣやＢＡＢの取り組みは、一言でいえば仏教化に伴う仏教寺院の建設や観光地化に伴う商業施設などの建設といった、遺跡を中心とするブッダガヤ全体の景観を意識したものである。このことからもわかるように、ＢＴＭＣやＢＡＢは、寺院管理地外に対してまったく関与しないということではなく、むしろ一定の規制を図ろうとしている。しかし、結果的に、ＢＴＭＣは、抑止力として十分に力を行使しているわけではないのだ。また、ＢＴＭＣやＢＡＢが規制を図ろうとしていたのは、商業施設や仏教寺院の増加といったことであるが、その一方、前章でみたようにヒンドゥー教の寺院の建て直しやイスラーム教のモスクの再建といったことに関してＢＴＭＣは関与していない。確かに、いってみれば準行政的な性格を持っているＢＴＭＣが管理対象外のヒンドゥー教の寺院やモスクに対して規制をしくことは、そもそも考えられないことかもしれない。だが、見方を変えれば、大塔からさほど離れていない場所でヒンドゥーやイスラームの宗教的な場所が再建されている事実は、ＢＴＭＣによる関与が、逆に行き届かないという、制度的空白領域であるからこそ生じているとも考えることができるのである。それは言い換えれば、ＢＴＭＣが関与しえない制度的空白領域が、大塔周囲の場所の宗教の多元性を維持することにつながっているということにほかならない。

三　大塔とその管理をめぐる緊張――制度的「多様性の統一」とその今日的困難

三―一　寺院管理をめぐる不協和音

1　新仏教徒による大塔返還運動

①新仏教徒による大塔返還運動の経緯

このように、寺院法の成立後、ヒンドゥー教と仏教の両宗教による管理体制が築かれ、BTMCやBABが、維持管理してきたが、問題は、まさに、このヒンドゥー教徒や仏教徒によって大塔の維持管理がなされているということであり、大塔が「仏教聖地」とされ仏教遺跡とされながらも完全に仏教徒の手にないということが問われていることにある。

この寺院管理体制は、インド政府が長らく声を上げ続けてきた仏教徒の要請を聞き入れることで、所有権の放棄を頑なに拒んできたマハントの力を抑えこみ、従来のあり方を継承させながら「多様性のなかの統一」という国家的な理念を形として結晶化させたものといえる。この体制は、制度的・非制度的に、ブッダガヤの宗教の多元的現実を作り上げるうえで一定の役割を果たしている。

確かに、英領期に生じた大塔をめぐるヒンドゥー教と仏教の間に生じた宗教的緊張に政府が介入することで、両宗教による管理体制が成立した。こうした管理体制の成立によって、宗教的緊張は終焉をみたかのようである。ところが、ここで取り上げるように、大塔をめぐるヒンドゥー教と仏教の宗教的緊張は新たな形で再燃する。その緊張が争点としているのは、ヒンドゥー教と仏教の両宗教によって成り立っている寺院管理体制であり、さらに大塔内において、ブッダがヒンドゥー教の神として崇められ、ヒンドゥー教のシヴァ神が祀られている状況や、大塔にヒンドゥー教の寺院が隣接していること、さらには勢いを増す観光地化をめぐるものである。

新仏教徒の非難に始まり、ヒンドゥー教との間で生じることとなった宗教的な緊張は、仏教徒やヒンドゥー教徒の双方の場所に対する意味や価値が遺跡およびその周囲をめぐる争点を通して読み取れるという意味において重要である。

では、何が争点となっているのか。まず、大塔をめぐる仏教徒とヒンドゥー教徒の対立としてなぞられることとなった宗教的緊張の、仏教徒の側の立場から取り上げていきたい。独立後、顕在化したこの緊張は、「仏教聖地」でありながら、この地の仏教遺跡が仏教徒の管理下にないことを問題視した新仏教徒による抗議運動に端を発している。

佐々井秀嶺が率いる新仏教徒たちは、今もなおヒンドゥー教徒が管理に携わっていることを不当とし、大塔を仏教徒による管理にするよう求め、政治的、国際的に訴え、関心を喚起する動きをみせている。そして、新仏教徒は、佐々井秀嶺を筆頭に、大塔の返還を求める運動を組織し、一九九二年から大規模な抗議活動を繰り返し行ってきた。「新仏教徒」とは、もともと独立後に法務大臣に就任し、憲法起草委員会委員長に任命された指定カースト（SC）出身のアンベードカルの指揮のもとで、一九五六年十月に仏教に改宗した人々のことを指している。その数三〇万人以上とされる人々の多くは、SCの一つであるマハール・カーストであった[14]。仏教改宗を行ったアンベードカルは、改宗を指揮した後、同年十二月に亡くなる。その後、一九六八年に渡印し、一九八八年にインドに帰化した日本人の佐々井秀嶺が、指導者不在の状態にあった新仏教徒の新たなリーダーとなった[15]。佐々井は、アンベードカルの死後、仏教の儀礼や祝祭[16]、改宗式を執り行い、またブッダガヤの大塔返還を求める運動に着手するのである。新仏教徒を率いる佐々井秀嶺が日本人であることから、この運動はしばしば日本においても取り上げられてきた[17]。

佐々井秀嶺は、一九六八年に渡印以降、二〇〇九年に初めて日本に戻り、各地で講演会を行っている。龍谷大学で開催された講演会でも、自らの活動の一つに大菩提寺解放運動があることを強く訴えていた。

一九九二年九月二十七日に第一次菩提寺奪還闘争となる「大菩提寺解放闘争[18]」が行われて以来、「ブッダガヤ奪還闘争[19]」とも称される彼らの運動は、二〇〇四年までに一三回行われている[20]。

彼らが、一九九二年に大規模な抗議行動へ乗り出した背景には、同年五月に、新仏教徒がナグプールからブッダガヤを訪れた際、大塔内で起きたヒンドゥー教の僧侶とのトラブルがある（詳細は山際 二〇〇八、小林 二〇〇八参照）。一九九二年五月、約三〇〇人の新仏教徒がブッダガヤの大塔に参詣に訪れたところ、彼ら彼女らが目にしたのは、大塔内を掃除しているヒンドゥー教僧であり、そこに奉られていたシヴァ神のシンボルであるシヴァリンガであった。新仏教徒達は、ヒンドゥー教の僧侶に抗議し、シヴァリンガの撤去を求めてもみあいとなり、周辺にある壺などを壊すに至る。そして事態は悪化する。

このトラブルをきっかけに、新仏教徒たちは、ナグプールで会議を開き、ブッダガヤの大塔の現状やそれを管理するＢＴＭＣのあり方に関する問題を共有し、大塔の現状を「正常化」するために、佐々井秀嶺を中心にした奪還運動が提案されることになった（小林 二〇〇八：八六）。この会議には、マハーラーシュトラ州各地から七〇〇―八〇〇人の仏教徒が参加し、アナガーリカ・ダルマパーラが大塔返還運動を開始した頃から約一〇〇年を迎えていたことも、運動を後押しすることになっていた。

そして、佐々井は、ナグプール市内にある二五〇か寺の代表者、仏教関係諸組織、政治家、各種青年団体代表を招集し、「ブッダガヤ大菩提寺全インド解放実行委員会」を結成した。これを機に、仏教徒の存在をインドに知らしめるべくボンベイからブッダガヤまでの五〇〇〇キロメートルの道のりを行進することを決定し、第一次大菩提寺奪還闘争が行われることになった。

彼ら、彼女らの活動は、活動拠点となるナグプール市内をはじめ、インド国内外にその活動のネットワークを拡げている。例えば、ナグプール市内を中心に活動をする「仏教寺院友好サンガ」や国内外でアンベードカルの教えを広める活動をする「アンベードカル博士・インターナショナル・ミッション」、国外を中心に活動をする「アンベードカル・センター・フォー・ジャスティス・アンド・ピース」などがある（根本 二〇一〇：五九―六〇）。

十数回に及ぶ彼らの活動は、活動の拠点とするナグプール市や首都のデリー、ビハール州の州都パトナやブッダガヤなどで行われている。そして、抗議集会の開催、デモ行進、座り込み、断食、ネット上での署名活動などを行い、州政府や中央政府関係者との会見や、嘆願書の提出などを通して、法律改正などの陳情を行うような、実力行使に手段を求め、訴えた。この運動は、中央政府や州政府の関係者にブッダガヤの問題を突き付け、政治的な問題として対応を求めている。

しかし、彼らの訴えは、聞き入れられているとはいえない。大塔の仏教徒による管理は実現に至っておらず、暗礁に乗り上げているというのが正しい。インド政府が少数派宗教の意見を代弁するための機関としてマイノリティ委員会[22]（Minority Commission）を設置しており、佐々井は二〇〇三年から任期期間となる三年間を、仏教の代表として就任している[23]。その間、佐々井は運動の第一線から退いたこともあり、資金力や統率力を失っており、目立った運動はみられない（小林 二〇〇八：九〇、九四）。

②新仏教徒たちが目指す「仏教聖地」とは

ここで改めて整理しておきたいのは、彼らが、大塔を中心とする場所をめぐって何を問題にし、何を求めていたのか、という点である。新仏教徒の主張は[24]、歴史的遺跡が仏教徒の遺跡であって、「大菩提寺」（＝大塔）が歴史的事実において正当な継承者である仏教徒に委ねられるべきであるとすいる。

るものである[25]。例えば、佐々井は、当時のインド下院議会ソムナート・チャタジー議長に向けて次のように話している。

聖地を仏教徒の手に委ねるべき（中略）宗教的場所はその宗教を奉ずる人々の手によって保存されその手に委ねられるべき（中略）大菩提寺は歴史的事実においても正当な継承者である仏教徒に委ねられるべき（後略）[26]

そして、ＢＴＭＣやそれを定めた法律を「非人権、非宗教、非憲法的、非仏教的法規」として非難し、それらを放棄して新たな法を作り直すことを求めている[27]。

このように、彼ら、彼女らにとってみれば、ＢＴＭＣによる寺院の管理は不当なものである。ブッダガヤが「仏教聖地」であるにもかかわらず、完全に仏教徒の管理下になく、ヒンドゥー教徒によって未だに遺跡が管理されている。世界の宗教の聖地がすべてそれぞれの宗教の手によって管理運営されているのだから、仏教の聖地を管理する権利は仏教徒にのみ開かれているのであって、ヒンドゥー教徒ではないというのである（山際 二〇〇八：四二二）。

それゆえ、ヒンドゥー教と仏教による管理体制を定めている寺院法は、ヒンドゥー教徒に都合よく定められたものであり、仏教徒による完全な寺院管理の実現を目指すうえで「障害」であるとする。そして、「仏教徒中心の管理委員会法規の制定[28]」を求め、現在の寺院法を破棄し、新たな法を作り直し、寺院管理委員会を正さなければならないとする。そのほかにも、ヒンドゥー教徒でしかも高カーストによって人事の決定が進んでいるというＢＴＭＣの人事のあり方や、ＢＴＭＣが「汚職」「無法地帯の源泉」となり、組織が適切に機能していないことや、ヒンドゥー教僧が参詣者のお布施や供え物を横領していることもあわせて問題にしている。また、「仏教」とは、「ヒンドゥー教」とは完全に切り離されるべき宗教であり、仏教をヒンドゥー教の分派とみなし、ブッダをヴィシュヌの化身だとする見方は誤った宗教理解を導くものの何ものでもない。こうした新仏教徒の立場は、両宗教の境界を曖昧にした誤った宗教理解がヒンドゥー教の原理主義と結びついているとの考えに立ち、真っ向から非難するとともに、インド中央政府や州政府もまたその原理主義的立場であるとして抗議している。その他ヒンドゥー教を「仏教を敵視」し、「聖地を破壊、冒瀆」している存在とみなす彼らは、中央政府や州政府が「仏教大祭」を祝うことを、ヒンドゥー教が「仏教を滅亡せしめんとする大陰謀」だと述べる。

そのうえ、新仏教徒の抗議は、管理体制をめぐるものばかりではない。大塔内の床に異教徒の宗教的シンボルが彫りこまれ、異教徒の宗教施設が大塔に隣接し、さらに儀礼が執り行われている場所に問題を投げかけている。大塔横のヒンドゥー教寺院内に安置されている五体の仏像がヒンドゥー教の神として祀られていることから、それを元の仏像に戻し、大塔内のヒンドゥー教のシンボルであるシヴァリンガを取り除くことなどを求めている（山際 二〇〇八：四四三―四四四）。また、大塔の管理地内で祖先崇拝のためにヒンドゥー教の巡礼者らが儀礼を執り行い、そこで使用した供物が大塔横の池に投げ込まれていたことなど、管理地内でのヒンドゥー教の儀式や慣習が続けられていることも問題視している。(29) そして、新仏教徒たちは、大塔に隣接するヒンドゥー教の寺院（パーンチ・パンデヴァ）の存在を問題視し、大塔のなかのシヴァリンガを壊し、ブッダが乳粥をもらったとされる少女の村とのいわれを持つスジャータ村でヒンドゥー教の寺院を壊すなどの実力行使もしていたという。(30)

さらに、新仏教徒は、ブッダガヤにホテルやバーが建てられていき、それらが拡大し、根を下ろすことで大塔周囲の俗化が進んでいることにも非難の矛先を向けている（小林 二〇〇八：九三）。

このように、彼ら、彼女らにとってみれば、大塔内外のヒンドゥー教寺院やヒンドゥー教の神が祀られていること、ブッダガヤが俗化していくことは、すべてブッダガヤの「神聖さを脅かす」ものである[31]。彼らの一連の抗議は、ヒンドゥー教の要素や俗的な要素を取り除き、不純な状態から場所や空間を純化しようとするものである。そのために、新仏教徒は「新しいブッダガヤ建設」「新しい大菩提寺建設」をすべきだと主張している。一言でいえば、彼らが求めているのは、「一つの宗教に一つの聖地」を掲げて、「仏教聖地」を創り上げることである。

彼らは大塔という宗教的歴史的建造物そのものに対してのみに目を向けているのではなく、ブッダガヤという場所が、「再び全世界の仏教徒が集まりくるような大信仰の聖地最大無常のブッダガヤへ（中略）ブッダガヤ大菩提寺全域の再構築再建設」へと向かう必要があると考えている。そして、「将来全世界仏教徒の一大聖地が全世界平和の記念すべき大聖地大清浄の聖域となって、この平和への祈りのために世界中の人々がこのブッダガヤにお参りできるような、お参りしていただける新しいブッダガヤ建設、新しい大菩提寺建設[32]」を目指すべき道だとしている。つまり、新仏教徒が目指している「仏教聖地」とは、仏教徒のための、純粋な場所である。彼らは、それを仏教徒の手によって作り上げ、さらに管理することを求めている。その意味で、新仏教徒の運動は、いわゆる純粋な「仏教聖地」の成立を目指そうとする方向性を持った力であるといえる。この取り組みを、インド哲学および仏教学を専門とする志賀浄邦は、「本当の意味での「インド仏教の復活」を意味する」ものとまとめている（佐々井 二〇一〇：一八六）。

しかし、彼らの大塔の返還を求める運動は、純粋な「仏教聖地」を作り上げることだけでない。彼らにとって、大塔の返還を実現するということが、カースト体制に虐げられた低カーストの権利の奪還をも意味している。管理権の仏教徒への移譲を求める新仏教徒にとって、仏教徒による完全な管理の実現は、ヒンドゥー教がマジョリティの社会において、根強い差別に晒され続けているカースト最下層の人々が、仏教改宗によって人間としての尊厳を回復することを目指し続けることでもある（佐々井 二〇一〇：一三四）。この運動は低カーストの差別の撤廃を求め、ヒンドゥー社会改革を求めるアンベードカルの、一九二〇年代以降の「不可触民」解放運動[33]の性格を継承するものでもある。それは、新仏教徒の運動が、大塔返還に加え、アンベードカルの教えを広め、仏教を復興させるという目的を持っていることからも明らかである[34]（根本 二〇一〇：五八―五九）。

要するに、ヒンドゥー教が今もなお管理に携わり、大塔でヒンドゥー教の儀礼が執り行われ続けていることに対して彼らは批判的であり、それは、カーストによる慣習に苦しめられ、差別的な扱いを受けてきた彼らの歴史的・社会的状況が重ね合わせられていることからくる。大塔がヒンドゥー教による管理下から解き放たれ、仏教徒の管理となることは、まさに彼らにとって、彼ら自身がカーストによる支配から解き放たれることを意味している。その意味において、彼らにとっての大塔は、彼らの存在価値を象徴するものでもあるわけだ。

こうした新仏教徒の立場は、明らかに、インド政府が導き出した妥協の産物としてのヒンドゥー教と仏教の両宗教による寺院管理体制に対する批判でもある。その意味で、ヒンドゥー教の関わりを取り除き、純粋な仏教徒の場所にすることを求める新仏教徒の抗議は、両宗教による寺院管理という制度的多様性の統一という形に対する挑戦という側面を併せ持っている。

2　世界遺産登録後の寺院管理問題

一九九二年から続いた新仏教徒による大塔返還運動は、これまでビハール州の州政府や中央政府への異議申し立てや状況改善を求める抗議や陳情を行ってきた。一〇回を超える抗議を繰り返し行ってきたが、次に注目したいのは、彼らの抗議活動は国内にとどまらなかったことである。

彼らは、ブッダガヤの大塔が二〇〇二年六月ブダペストで開催された世界遺産委員会第二六回会議において世界遺産への登録が決定すると、純粋な「仏教聖地」の実現を目指して空間の改編を進めるよう、国やユネスコに働きかけた。新仏教徒を代表し佐々井秀嶺は、ジュネーブ国連本部での特別国連総会への参加を決め、そこでブッダガヤのおかれている現状について訴え、国連の介入を模索し、さらに請願書を提出していることがインターネット上の二〇〇二年八月二十二日付のニュースに掲載された[35]。

彼らの目的は、ユネスコという国際機関の介入および協力の要請を図り、ブッダガヤの寺院問題の解決に拍車をかけることにある。その目論みは、彼らがユネスコに提出した請願書からもうかがうことができる。その内容は、次のように七つの要点にまとめられる。

①大塔を、「ブッダガヤ地区、またビハール州の大菩提寺、またインド国の大菩提寺ではなく、全世界の大菩提寺、国連の大菩提寺、ユネスコの大菩提寺」として、ユネスコが切り開くこと。
②ユネスコと大菩提寺が「直接的支配的関係におかれ、大菩提寺の管理支配の権利」を確立することの必要性。
③ユネスコの責任による、「真実の仏教最大聖地」への「大清浄地大聖地への改造新建設」を目指した事業展開。その際、管理委員会を刷新し、ユネスコの管理下におくこと。
④ユネスコの威厳と権利による、現在の管理委員会の早急な解散。
⑤管理委員会の人事として「仏教精神に立脚して言動する真実な人、まじめな人、正義感の強い人々による管理委員会設立の新人事」を行うこと。
⑥ユネスコが直接、管理委員会を設置し、ブッダガヤを管理する人事の決定ができるようにし、仏教精神に立脚

した人物を選任する。

⑦ユネスコの方針に基づいた開発計画案をめぐって起こる反対運動を恐れず、ユネスコのスローガンや計画どおりに進め、「心清められるような仏国浄土」建設の実現する。

この要点からもわかるように、彼らは、一九九二年以降、問題にしてきたブッダガヤ寺院法を改め、新たな寺院管理体制を成立させることなどをユネスコに訴え、さらにその役割をユネスコが担うことを期待している。そして、ユネスコの介入によって仏教徒による完全な管理を実現させ、法制度の改正、そして管理主体の一新と再建を要求していることがわかる[36]。この点は、一九九二年以降の彼らの主張を踏襲したものである。ユネスコへの請願書には、以上の点に加えて、新仏教徒は、大塔の仏像の略奪やその売買が行われていることを非難し、そういった行為が文化財保護の観点からも見過ごせない点だとして、解決されるべき切実な問題として訴えている点も見落とすことはできない（佐々井 二〇一〇：一二五）。

その後も、佐々井秀嶺は、ユネスコに、盗難にあった仏像のリストなどの資料を送ったり、出向いて嘆願書を提出するなどしている（小林 二〇〇八：九二）。そのなかで、ブッダガヤが、①政府によるお粗末な大塔の管理、②大塔敷地内の無許可かつ不法な建築、③建築物の高さ制限の違反、④寺院の周囲に半径一キロメートルの緩衝地帯を設けることに対する地域的障害、⑤中央政府、州政府による協力欠如の現状を改めて問題視する[37]。そして、こういった問題が地元のヒンドゥー教徒によって妨げられていると訴えている（同：九三）。

もちろん、佐々井秀嶺は、インド国内に対しても問題を訴え続けることを忘れてはいない。ユネスコによる世界遺産登録に伴い守られるべき条件が、ブッダガヤにおいて守られていない現実を、ユネスコも問題視していることを引き合いに出しながら署名を集め、インドの大統領に訴えかけている。

このように、新仏教徒のユネスコへの働きかけは、仏教徒による管理の正当性に関する審判を、国際的に仰いだものである。そして、こうしたユネスコという国際的な舞台での議論が、ブッダガヤの寺院問題を解決する重要な契機として考えている。

しかし、新仏教徒がユネスコに働きかけたのはそうした理由だけではない。それはつまり、「仏教聖地」をめぐり、彼らが求める聖地像（仏教一元化と場所の純化）がユネスコが遺跡保存保護の観点から理想とする場所像と一致していることにある。もちろん、双方の思惑は異なる。だが新仏教徒をはじめとする一部の仏教徒が求めているのは、いわば不純な要素を取り除き、場所や空間を純化することである。それに対し、歴史的遺跡の保存保護やその周囲の景観との調和を考えたユネスコの理念は、遺跡保存に中心を据え、遺跡周囲の景観を守るために段階的に規制を敷くことを求め、保護すべき遺跡周囲の、いわば公園化を推進するものである。このユネスコが目指す場所像は、「聖地」の純化を求める新仏教徒たちの理想とする「聖地像」に合致している。そのことは、新仏教徒が、ユネスコの指針に基づいた開発を積極的に評価し、ユネスコが求める緩衝地帯の設置や、さらにその周囲での建築物の高さ制限の規制をはじめとする条件を、「神聖性保全」のための要であり、「場所の清浄化」だとみなしていることからもわかる。

以上のように、彼らがユネスコという国際機関にブッダガヤの問題を訴え、国際レベルでの問題の共有や理解、そして協力や支持を求め問題の解決を図る手段に出たことは、「仏教聖地」がもはや、ブッダガヤという地域や、インドという国を超え、さらに仏教を信仰する特定のコミュニティ内に限らない場所や空間として立ち現れてくることを意味するし、佐々井秀嶺たちの利害が奇妙な形でユネスコのそれと一致する局面を露呈する。

3　大塔管理の仏教化を求めるその他の動き

①平和的解決を求め大塔の仏教への返還を求める仏教徒

ところで、大塔返還を求めていたのは佐々井秀嶺ら率いる新仏教徒たちの運動に限らない。ブッダガヤ出身でヒンドゥー教から仏教に改宗したR. B. Prasad氏は、佐々井秀嶺らと同じ方向を向きながらも、異なる方法で大塔を仏教徒の手に戻そうとしていたことにも触れておきたい。

R. B. Prasad氏は、ブッダガヤに生まれ育ち、ブッダガヤで最初にヒンドゥー教徒から仏教徒となり、また仏教徒の手に大塔の返還を求めた人物の一人とされる。ブッダガヤにおいて国際仏教協会を設立し、その賛助を呼びかけるため日本にもたびたび足を運び、仏教聖地において仏教が栄えることを祈って、外国人僧侶と地元のブッダガヤの人々との間の橋渡しをする活動を行っていた。

そのうえ、R. B. Prasad氏は、ブッダガヤがかつてのように人々に開かれた神聖な場所として再び復活し、そして、仏教の復活がブッダガヤの後進性を打破する可能性を持ちうると考えている。彼のいうブッダガヤは、「ブッダ以前の時代に於いても、或いはその後の時代に於いても、遁世者・聖者・帰依者・ヨガ行者など、真実の求道者にとって至高の神聖なる場所（中略）人類の過去、そして未来の文化に於いても重要である（後略）」と述べるように、ブッダガヤが、ブッダが悟りを開いた場所ということにおいて重要で神聖な場所であるだけでなく、それに加えて「真実の求道者」にとって開かれた「至高の神性なる場所」だとみている。元来ブッダガヤはそういう場所であるにもかかわらず、現在のブッダガヤが「貧困・無学、不衛生・搾取などの後進性に苛まれて」いることを問題視し、この問題を解決するために「仏教」の力が重要だと話している(38)。

さらに、R. B. Prasad氏は、こうした「仏教」の持つ可能性を広めていくことを、外部の人間だけに限らず、内部の人間からも進められるべきだと主張し、大塔の仏教徒への返還を求めて働きかけている。R. B. Prasad氏の取り組みは、一九九二年十一月十六日の『中外日報』において取り上げられている。そこでは、来日したR. B. Prasad氏を「〝ブッダガヤを真の聖地に〟をスローガンに、自ら「国際仏教協会」を設立して世界中の仏教徒に協力を呼びかけ（中略）仏教の聖地ブッダガヤの振興のために活躍し、外国人僧侶と地元とのパイプ役を果たし、僧侶の便宜を図ってインド政府と交渉するなど、仏教が栄えることを祈って」積極的な活動を展開してきた人物として取り上げている。

そこでR. B. Prasad氏が述べているのは、大塔の管理の権限を仏教徒が全面的に任されるべきだという自身の立場である。

> 私も寺院管理はすべて仏教徒に任されるべきだと思う。（中略）これまで、この運営方法（ヒンドゥー教徒四名、仏教徒四名による運営のあり方）に決して問題があったわけではない。ただ委員会は全て仏教徒で構成されることが望ましいのは事実である。[39]

彼は、ヒンドゥー教と仏教の両宗教によって管理がなされている寺院管理のあり方を問題だと非難しているわけではない点で、新仏教徒とは異なる姿勢を示している。それだけでなく、寺院管理を仏教徒に移そうとする取り組みもまた、明らかに新仏教徒とは一線を引いている。

> （新仏教徒たちの寺院返還を求める）デモ行進は彼等なりの方法であり、彼等にとっては良い行為といえるかもしれないが、私のやり方ではない。（中略）抗議行動といった方法でなく、もっと平和的な話し合いで解決し

たい（後略）[40]。

そして、政府関係者やＢＴＭＣの永久メンバーとして位置づけられているマハントとの交渉などを行う方法で進めている。

このように、R. B. Prasad 氏は、佐々井秀嶺らと同じ方向を向きながらも、抗議運動という形で大塔の返還を求める佐々井秀嶺らの方法とは一線を引く立場をとりながら、寺院返還を平和的な対話によって解決を試みようとしている。R. B. Prasad 氏の方法は、宗教的問題を孕む事態は平和的な対話によって乗り越えられる、という前提に立つものである。このような対話による方式によって、大塔管理をめぐる問題の解決を見出し、またそれが地元の人のなかから示されたということは興味深い動きといえよう[41]。

②西ベンガル州出身の仏教僧が求める「仏教聖地」

また、西ベンガル州出身の仏教僧であるラストパールも、一九九二年にブッダガヤの「仏教化」を求めて活動した人物として知られている。ラストパールは、メディテーション・センターを創設した人物でもある[42]。メディテーション・センターは、彼がブッダガヤを訪れた際に、タイ寺に宿泊しようとしたところ、当時タイ人しか受け入れておらず、宿泊できなかったことに心を痛め、誰もが宿泊でき、利用できるような場所を提供するために創設された[43]。彼は活動家としてブッダガヤでも名の知れた人物で、メディテーションや仏教に関する出版物や雑誌に論文などを掲載し、そうした活動の一環として、小冊子を作って配布し、ブッダガヤの大塔をめぐる問題を訴えていた。

ラストパールは、*The Glory of Buddhagaya* においてインド中央政府や州政府、ＢＴＭＣに向けて、二〇項目にわたる提言を述べている。この提言には、ブッダガヤが国際的に重要な場所になり、「最も神聖な中心地」になっているなかで、それにふさわしいブッダガヤとはどういうものか、ラストパール自身の考え方が示されている。特に、ラストパールがどのようにブッダガヤを捉えていたのかという問題は注目に値する。

まず彼が問題にするのは、大塔の入口左横にあるヒンドゥー教のマハントの所有物となっているパーンチ・パンデヴァと呼ばれる寺院の存在である。パーンチ・パンデヴァ内には仏像が設置され、しかもブラフマンが巡礼者を案内し、あたかも寺院や寺院内の仏像がヒンドゥー教とつながりがあるかのようにガイドしていると問題視する。ラストパールによれば、そうした行為は、神聖で歴史的な寺院を、偽りの場所にしてしまっている。そして彼は、パーンチ・パンデヴァを取り壊すことが、この場所を偽りから解放することになり、平和的な雰囲気を作り上げることになると述べている。

また、大塔内のシヴァリンガについても問題視する。床に彫り込まれたシヴァリンガは、木の枠で取り囲まれている。ラストパールは、このシヴァリンガがブッダ像の参拝に訪れる巡礼者や帰依者の参拝を物理的に妨げ、寺院内の雰囲気を壊すものだと指摘し、シヴァリンガを形づくっている穴を埋めることを求めている。この指摘は、シヴァリンガを取り囲んでいる木の枠を取り除き、溝を埋めることで、巡礼者の儀礼の場所を確保することを求めるものであるが、先の指摘と合わせて考えると、シヴァリンガの存在が仏教寺院としての正統な歴史を歪めるものとなる限りにおいて、それを取り除くという考えに基づくものといえよう。

そのうえ、歴史的遺跡の周辺の商店や商売を行う人々が、ブッダガヤの平和的な雰囲気を壊し、参詣者やメディテーションを行う人々を妨げる迷惑な行為となっていると非難し、ブッダガヤが静けさを保ち、それを維持される必要があると指摘している。

さらに、歴史的遺跡の周辺に隣接する住民の居住地が景観を妨げ、非常に汚い場所に貶めていることから、即座に取り除く必要があると述べている。

また、大塔に訪れる巡礼者や観光客の喜捨を求めて、乞食やライ病者らが集まってくることから、彼らを、適切な世話が受けられる場所に送り、巡礼者らから受け取った援助は彼らの扶養のために使用されるべきだとしている。

以上のように、ラストパールは、世界各国から訪れる仏教徒の巡礼者や帰依者らの立場に立ち、ヒンドゥー教の寺院の取り壊しや大塔内のシヴァリンガを埋め、商売を行う者たちや雑然とした居住地を大塔周囲から遠ざけることが望ましいことだとしている。こういったラストパールの立場は、大塔が仏教徒の寺院であることを主張し、大塔に隣接するヒンドゥー教の寺院や、大塔内のシヴァリンガを問題視し、仏教以外の要素を取り除くことや、さらに俗化することを非難する新仏教徒の立場と考え方が一致する。

しかし、ラストパールは提案のなかで、ＢＴＭＣのメンバーシップやその活動などを問題視することはなかった。むしろ、ＢＴＭＣが神聖な場所とその環境や雰囲気といったブッダガヤ全体の管理において重要な役割を果たす必要性を述べている。そして佐々井秀嶺らがヒンドゥー教に優勢を取らせる陰謀として非難するＢＴＭＣの長官の役割の重要性を認めている。それだけでなく、ＢＴＭＣの会議を頻繁に行い、国外の仏教徒の声を反映させるべくＢＡＢとの積極的な協働を求めている。ラストパールの立場は、既存の管理組織を有効的に機能させることが、「仏教聖地」として望ましい場所を作り上げることにつながるとするものである。これらの点は、ＢＴＭＣのあり方を根本から再編し直すことを求める新仏教徒と一致しない。現在のＢＴＭＣの存在を真っ向から否定するものではないという点からすれば、R. B. Prasad 氏の立場に近いといえよう。

三―二　寺院管理をめぐる意見の多様性――ヒンドゥー教徒の立場

1　寺院問題をめぐるヒンドゥー・ナショナリストの主張

新仏教徒のたび重なる抗議運動は、ヒンドゥー・ナショナリストとして知られるＶＨＰ（Vishva Hindu Parishad：世界ヒンドゥー協会）やＲＳＳ（Rashtriya Swayamsevak Sangh：民族奉仕団体）、ＢＪＰ（Bharatiya Janata Party：インド人民党）といったヒンドゥー至上主義を謳う政治政党集団とされるヒンドゥー教徒との間で緊張の引き金を引くと同時に、ヒンドゥー教徒らにとっての場所を問い直すことにつながっている。

では、新仏教徒の大塔返還運動に強く抵抗した地元のヒンドゥー・ナショナリストの主張は、どういうものであろうか。地元のヒンドゥー・ナショナリストの新仏教徒や彼らの主張に対する非難の声は少なくない。ＢＪＰをはじめとするヒンドゥー教徒の主張[44]は、新仏教徒と異なり、ＢＴＭＣのメンバーが両宗教で構成されていることを問題にするものではない[45]。どちらかといえば、彼らの批判は、ヒンドゥー教徒がＢＴＭＣのメンバーであることを不当だとみなしている新仏教徒の大塔返還を求める抗議活動やその主張に対して向けられている。

新仏教徒たちの運動を問題視し、抗議を行ったＢＪＰのメンバーの話から次のようなことがわかる。彼らの主張は、第一にブッダはヒンドゥー教の神の一つであるヴィシュヌ神の九番目の化身であり、大塔は仏教徒だけでなくヒンドゥー教徒にとっても重要な信仰対象であるからして、ヒンドゥー教徒に寺院管理の権限があるのは当然であるとする点である。ブッダがヴィシュヌの化身だとする主張は、「ヒンドゥー教」「仏教」をそれぞれ独立した宗教とみなしうるのか、否か、といった教義上の争点として、長らく議論の的となってきた。英領期のダルマパーラを中心とする仏教徒とマハントらをはじめとするヒンドゥー教徒との間の大塔をめぐる緊張のなかでも問題となった。

写真５－５　大塔内のシヴァリンガに乳粥を捧げるＢＪＰメンバー

提供：K. Mishra 氏

ブッダガヤでＢＪＰを支持する政治活動を行い、当時ブッダガヤの都市自治エリアのリーダーであったの A. Singh 氏(46)と同じくＢＪＰを支持する農村自治エリアのリーダーであった K. Mishra 氏(47)は、共にブッダがヴィシュヌの九番目の化神であると述べている。

彼らの観点からすれば、ヴィシュヌとブッダは一緒なのだから、新仏教徒らによる抗議運動は、ヴィシュヌであるブッダへの攻撃に通ずるものだという。それは K. Mishra 氏の次の話からもうかがえる。K. Mishra 氏はブッダ・プルニマ（ブッダ生誕）の日に、生誕を祝うために乳粥をふるまうという看板を出したところ、ナグプールの人々によって看板が壊され、仏教徒にもふるまった乳粥を捨てられたと話す(48)。

そして第二に、大塔の内部にシヴァリンガがあり、大塔と隣接してヒンドゥー教の寺院（パーンチ・パンデヴァ）があることから、大塔が完全な仏教寺院ではないとする点である。この主張の背後には、ヒンドゥー教徒がＢＴＭＣのメンバーであることが必要だとする考えが読み取れる。それゆえ、新仏教徒たちの抗議は不当だとし、管理を不適切とする新仏教徒たちの要求は受け入れられないと述べる。

このようなヒンドゥー・ナショナリストの主張は、ヒンドゥー教もまた正統な当事者であることを訴えるものである。こういった彼らの主張は、新仏教徒およびそれを擁護する側からすれば「仏教徒の聖地を破壊」するための

「誤った主張」とみなされていた(49)。

それだけでなく、ＢＪＰの非難は、新仏教徒たちの抗議行動そのものに加え、新仏教徒の抗議行動に対するビハール州政府の対応にも向けられている。彼らが州政府を非難するのは、当時ビハール州の政権を握っていたジャナタ・ダル（Janata Dal. 人民党）政党の首相ラルー・ヤーダブが「一九四九年の法律を棄却し、仏教徒に完全な管理権を与える(50)」との旨を公表したことにもあった(51)。彼らは、仏教僧（Pragyan Sheel）がＢＴＭＣのメンバーとなりえたのはラルー・ヤーダブの仏教徒に対する配慮だと述べる。ラルー・ヤーダブの仏教徒に対する一連の態度は、ブッダガヤのＢＪＰ政党のリーダーを務めるA. Singh氏のいう、「ジャナタ・ダルの政治的政策にほかならない」とする言葉に集約される。ＢＪＰは、州政府と新仏教徒との癒着とみなし、寺院問題が政治問題化することを州政府の選挙戦略と捉えて、政府批判に矛先を向けた。

それに加え、ガヤ県のＤＭ（県知事）が、ＢＴＭＣの寺院管理地内の敷地において行われているすべてのヒンドゥー教の儀式を禁止したことも、問題を後押しすることになっていた。

ただし、ＢＪＰをはじめ、ヒンドゥー・ナショナリストの意見は、新仏教徒の意見と相反するものばかりではない。例えば、ＢＴＭＣによる大塔への必要以上の照明器具の設置を問題視するＢＪＰの見方には、ＢＴＭＣが適切な活動をしているか否かを問題にしているという意味において、新仏教徒たちの立場と共鳴する部分もある。

以上のように、調査を通してみえてきたのは、ヒンドゥー至上主義者として知られるヒンドゥー・ナショナリストの新仏教徒への批判が、広く知られるようなヒンドゥー教と仏教の教義上の観点から問題になっているだけではないという点である。

それはつまり、彼らが新仏教徒の大塔返還を求める抗議運動を不当なものとみなす根拠として、宗教的教義ではなく、ブッダガヤに生きる人としての「ヒンドゥー教徒」の存在を主張していることにうかがえる。具体的にいえば、長らく大塔の面倒をみてきたのはヒンドゥー教徒のマハントや自分たちの先祖であって、仏教徒ではないと述べている点である。新仏教徒からみれば、ヒンドゥー教徒のマハントによる管理の歴史は、「勝手に私物化し」（佐々井 二〇一〇：一一九）という言葉にまとめられてしまう。

しかし、K. Mishra 氏によれば、もともとヒンドゥー教、仏教といった感覚はなく、ただそこに大塔があり、両宗教の区別はなかったと話し、そのなかで大塔の面倒をみてきたのはマハントでありヒンドゥー教徒である今の自分たちの祖先だとする。それだけでなく、ブッダガヤに代々生きるヒンドゥー教徒がいなければ、今日の大塔を維持することはできなかったというのである。この意見は、A. Singh 氏からも類似の主張がうかがえた。

さらに、彼らが仏教徒による管理を拒むのには、ブッダガヤに住んでいる人間である「われわれ」の大塔といった意味合いが含まれている。K. Mishra 氏はナグプールやアグラといったブッダガヤの外部からやってきた仏教徒が大塔の返還を求めることを問題視する。A. Singh 氏も、違う州からやってきた仏教徒による抗議に不快感を抱いている。A. Singh 氏によれば、外からやってきた仏教徒たちは抗議をする時だけ訪れ、大塔の返還を求めて帰っていく。普段からブッダガヤにいるのは自分たちであり、寺院に何かもしものことがあった時にそばにいるのは自分たちなのだと話す。ヒンドゥー・ナショナリストが、新仏教徒の大塔返還運動に批判の声を上げるのは、こういうブッダガヤに生きる者としての立場から、寺院管理の正統性を強調していることが垣間見える。

2　イスラーム教徒・仏教改宗者・ヒンドゥー教徒の主張にみる寺院問題

ただし、こういったヒンドゥー・ナショナリストの主張は、必ずしもブッダガヤのヒンドゥー教徒の声を余すことなく代弁しているわけではない。確かに、ブッダガヤに住むヒンドゥー教徒のなかにも、新仏教徒の運動に対しては、ＢＪＰと同じように好意的に受け止めない者もいる。しかし、だからといってヒンドゥー・ナショナリストの新仏教徒の抗議行動に反対する抗議に賛同しているわけでもなかった。

では、ヒンドゥー・ナショナリストではないヒンドゥー教徒やイスラーム教徒、またブッダガヤ出身の仏教改宗者は、どのような見解を持っているのか。新仏教徒が争点としているＢＴＭＣのメンバーシップに関して、彼らがどのような意見を持っているかを調査して、ヒンドゥー・ナショナリスト以外の人々の立場を拾い上げたい。インタビュー調査を積み重ねるなかで明らかになってきたのは、ＢＴＭＣのメンバーシップに関する意見には、属性によって明らかにある種の傾向が浮かび上がることである。では、それぞれ特徴をみていこう。

改宗仏教徒やイスラーム教徒は、ＢＴＭＣのメンバーは仏教徒のみによる寺院管理が望ましいと答えている。それに対し、ヒンドゥー教徒は、両宗教による寺院管理が望ましいと答えた。

まず、改宗仏教徒やイスラーム教徒が、仏教徒による寺院管理を望ましいとする理由についてみておこう。ブッダガヤ出身でヒンドゥー教徒から仏教僧に改宗したH. Patty 氏[52]や、新仏教徒たちの運動を肯定的に捉えるO氏[53]は、両宗教による寺院管理がなされている現状に不満を述べ、仏教徒による管理が望ましいと答えた。また、仏教に改宗したL. Upasak（元 Manjhi）氏[54]も、ＢＴＭＣのメンバーがすべて仏教徒になることが望ましいと話した。仏教改宗者の意見は、新仏教徒たちの意見と合致するものである。

しかし、新仏教徒と異なるのは、改宗仏教徒のなかには、ヒンドゥー教徒が大塔の面倒をみてきた点を認め、ＢＴＭＣメンバーからヒンドゥー教徒を除くことに賛同しないとする意見がある点である[55]。また、L. Upasak（元 Manjhi）氏は、仏教徒が管理した方がよいとしながらも、すべて仏教徒になった場合、今度は仏教徒の間で管理をめぐる問題が起きるであろうとも話しており、管理をすべて仏教徒に任せることで、問題が丸く収まるわけではないという、仏教一元化に消極的な意見もある。

こういった、ブッダガヤの仏教改宗者の意見は、新仏教徒がヒンドゥー教徒による管理の歴史を認めず、仏教徒による管理になった場合の問題には触れていないという意味において、ブッダガヤにおける仏教改宗者ならではの意見であると考えられる。

そして、仏教改宗者に加え、仏教徒による管理を望ましいと答えるのはイスラーム教徒であった。例えば、土産物屋を営み、ハンディクラフト・センターの副委員長の肩書を持つMd I氏(56)や、ホテル経営に向けて動き出している同じくイスラーム教徒のMd U氏(57)は共に、イスラーム教はモスクを管理し、キリスト教は教会を管理しているのだから、大塔が仏教の寺院であるならば仏教徒が管理した方がよいと述べる。こういったイスラーム教徒にみられる意見は、新仏教徒の主張と同じ根拠に基づく。彼らが、仏教徒による管理が望ましいとする根拠には、イスラーム教という自らの宗教や、キリスト教といった一神教を信仰する宗教という考え方が念頭におかれていることがわかる。

しかし、イスラーム教徒のなかにも、数珠など土産物屋を営むグループであるマラフォトのリーダーであるMd J氏(58)のように、どちらかといえば仏教徒による管理を望ましいとしながらも、「ブッダガヤ寺院法」の存在からして、そもそもいずれかの宗教が寺院管理を行うことは困難だと話す。こういった意見は、宗教的な問題としてではなく、両宗教に管理責任を認める法に基づくならば、法制度を重視する限りにおいて、両宗教による管理体制が望ましいとする見方である。

一方、両宗教による寺院管理を望ましいとするのはヒンドゥー教徒である。この立場は、確かに、ヒンドゥー・

ナショナリストと同様の立場である。それに、その理由も、ヒンドゥー・ナショナリストの立場と同じ理由から、両宗教による寺院管理を望ましいとする者もいる。例えば、マハント専属の運転手をしていたA. Gupta氏[59]はブッダがヴィシュヌ神の化身であることから両宗教による寺院管理のあり方を肯定する。また、文具店を営むC. Yadav氏[60]も、自分たちヒンドゥー教徒はブッダをヴィシュヌの生まれ変わりとして考えていると述べ、両宗教が一緒に寺院管理をすることが大切だとしている。

しかし、すべてのヒンドゥー教徒の主張がＢＪＰと一致するわけではなかった。ＢＴＭＣのスタッフとして働くE. Marakhar氏[61]はＢＴＭＣが管轄する寺院管理地にヒンドゥー教の寺院（パーンチ・パンデヴァなど）が隣接しており、仏教徒のみの管理になった場合、それらが壊される可能性があり、現法律に基づいた両宗教による管理が望ましいと述べる。また、ヒンドゥー教徒のなかには、旅行代理店を営むS. Singh氏[62]のように、仏教徒が管理する寺院となることに全面的に反対しているわけではないとする意見もある。

注目すべきは、ヒンドゥー教徒のなかには、ＢＴＭＣのメンバーにどの宗教がふさわしいかが問題ではなく、いずれの立場でもないと答える者もいる点である。かつてマハントの下で働き、現在は建設現場で働いているN. Patty氏[63]はブッダ像もシヴァリンガも石でできており、いずれも大塔の内部にあって争わないと述べ、そもそも一連の対立が無意味であるとする。そのうえ、彼は、寺院管理は、仏教かヒンドゥー教かという問題ではないとし、寺院にとって望ましい管理であるか否かという観点に立って考える必要があると話す[64]。いずれの宗教が管理したところで、寺院にとって望ましい管理がなされるとは限らない、むしろ管理されないだろうとする。そして、現在の寺院管理が寺院を適切に管理しているのであれば、今の管理のあり方が適しているると述べている。

このように、地元のヒンドゥー教徒のなかには、寺院管理をめぐって宗教的な事柄に還元させることに疑問を提示するような意見が確認できるのである。

さらに指摘しておかなければならないのは、イスラーム教徒や仏教改宗者にせよ、ヒンドゥー教徒にせよ、共通して、ヒンドゥー教か仏教かという問題であるというよりはむしろ、ＢＴＭＣがいかに地元の声を汲んだメンバーであるのか、といった点を重視している点である。例えば、マハントのもとで詩を読んでいたという七十五歳のU. Roy 氏[65]は、外の人間は現地のことがわからないが、地元の人間がＢＴＭＣのメンバーであれば地元のことがよくわかるとし、また両宗教のメンバーがいずれも地元の人間であれば一緒にうまくやっていけると述べている。また、地元の人間をメンバーに求める声は、U. Roy 氏だけでなく、ＢＪＰの K. Mishra 氏や A. Singh 氏、仏教徒による管理を肯定するヒンドゥー教徒の S. Singh 氏や、イスラーム教徒の Md U 氏や Md J 氏、仏教改宗者である L. Upasak（元 Manjhi）氏からもうかがえた。S. Singh 氏も述べているように、ＢＴＭＣによる管理が仏教徒のみのメンバーになるとしても、ナグプールの仏教徒による管理については悲観的である。

以上から、仏教徒とヒンドゥー教徒の大塔をめぐる対立になぞらえるブッダガヤの寺院問題は、寺院管理をめぐるメンバーシップに関する観点から捉え直せば、両宗教の宗教的緊張という構図に還元してしまうことはできないことがわかる。明らかに、新仏教徒との緊張関係にあるヒンドゥー・ナショナリストの意見が、そのまま地元の人々の総意ではない。地元の人々のＢＴＭＣのメンバーシップに関する人々の意見を汲み上げれば、新仏教徒やヒンドゥー・ナショナリストとは異なり、宗教的立場の差異を超えて通底する地元住民独自の立場が浮かび上がる。そこには、確かに、仏教改宗者であるのか、イスラーム教徒であるのか、そうでないのかによって寺院管理をめぐって両宗教を問題にする意見の相違がある。

重要なのは、住民たちが、具体的には、第一に、寺院管理の争点は、何が寺院にとって望ましいのかといった観点が重要だとしている点、そして第二に、寺院管理において複数の宗教の関わりを認めるとしても、望ましい管理とは一つの宗教に独占させることではなくいずれかの宗教に一元化することで緊張がもたらされるとする点、さらに第三に、メンバーシップの要件に、メンバーの宗教的アイデンティティが何かである以上に、そのメンバーがブッダガヤ社会に対する理解を持っているかどうかという点を重視していることである。

このような意見からは、新仏教徒が純粋な仏教の管理を求め、場所を純化することを目指していることに対して、ヒンドゥー・ナショナリストがそれを拒否し対立することに、多くの住民たちはいずれの立場にも加担せずに、住民たち独自の立場を保持している構図が浮かび上がる。住民たちの立場は、次に取り上げる世界遺産登録を受けての開発に対する抵抗からも読み取れる。

四　「仏教聖地」の場所の再編と抵抗――もう一つの「多様性の統一」

四―一　世界遺産登録に伴い顕在化する開発問題

世界遺産の登録は、歴史的遺跡周辺の場所をめぐって新たな問題を顕在化させた。それは、大塔を中心に広くブッダガヤの都市自治エリア（ナガル・パンチャーヤット・エリア）全体を視野に入れた開発計画が敷かれたことで、住民たちに反対の声が持ち上がったことにある。

この点が重要なのは、世界遺産登録を受けて登場した新たな開発計画をきっかけに、住民たちが場所を問い直しており、先にみた仏教徒とヒンドゥー教徒との宗教的緊張をきっかけに見出されたものとは異なる、新たな場所に対する見方が登場しているということである。以下では、ブッダガヤの住民たちの開発に対する反対の声から、ブッダガヤという場所がどのように問い直されているのかということを捉えていこう。

世界遺産登録の決定した直後の遺跡周辺の開発計画の準備が、HUDCO（House & Urban Development Corporation）の監督のもと、中央観光大臣によって進められているとする記事が、二〇〇二年七月十三日付の新聞「ダイニーク・ジャグラン」において掲載された[66]。この開発計画がそれまでの計画と異なるのは、ユネスコの理念に基づき、ブッダガヤの都市全域を視野においた大規模開発を試みるものだということである。ユネスコ世界遺産への登録は、人類が継承すべき普遍的な価値を有した遺跡の保存保護や遺跡を中心とする美観を重視し、人々の遺跡への接触や、周囲の建造物の建設をめぐって規制を求める。

それに加え、世界遺産への登録時点でいくつものプロジェクトが計画されていた。具体的には、外国人旅行者のために、大塔の周囲にメディテーション公園を作り、様々な国や文化に根ざしたスタイルを組み合わせたメディテーションのための場所の整備を進めることや、美観のために、大塔をライトアップする計画などがある。

このようなブッダガヤの新たな展開への可能性を示唆した大塔の世界遺産への登録は、ブッダガヤの知名度が高まり、経済効果が期待されることから、肯定的に評価する意見もあった。

しかし、その一方で懸念されたのは、ユネスコの理念に照らしながら、遺跡を含む空間全体の景観を配慮した開発案が、地域住民にとって、歴史的遺跡を地域社会から完全に引き離すことを意味しているのではないかということであった。大塔の世界遺産への登録後、二〇〇五年に開発計画案が一般に公開されたことを受けて、住民たちは、計画に加え、世界遺産登録自体を疑問視し、反対の声を上げていた。同年九月に一般公開された計画案は、同年八月三日にすでにブッダガヤで行われた世界遺産をめぐる会議において公にされていた。しかし、その時点では計画案の詳細を記した資料が英語で書かれていた。そのため、ヒンディー語の翻訳を求める声があがり、九月に公開された開発計画案はそれを受けて部分的に修正が加えられたものであった。

筆者が調査を行った九月には、開発計画案および計画地図が三つの行政機関(67)の事務所とＢＴＭＣの事務所の計四か所で公開された。そして、それらの計画について住民の意見を聞くために四か月間の計画執行猶予期間が設けられた。この四か月間に問題が提出されなかった場合、計画は実行に移されるということであった。

ところで、ブッダガヤにおける大塔を中心とした周囲の開発は、世界遺産登録を機に初めて行われたわけではない。それまでにたびたびブッダガヤでは開発が計画され、実行に移されてきた。その歴史を簡単にさかのぼれば、一九五六年のブッダ・ジャヤンティを行うことを皮切りに、インド政府が主導し、寺院周囲の開発を進めた。その後も、マスタープランが策定され、大塔の周囲に築かれていた住民の居住地の移転や遊歩道の整備、商業施設の建設なども行われてきた。その際、一九八〇年代に大塔周囲のタリディ集落の住民たちは住まいを追われ、立ち退きを強いられていた。ただし、インド政府が主導して進めていたこの開発は、資金の不足から計画どおりに完了したわけではなかった（Banerjee 2000）。

先にも触れたように、二〇〇五年の開発計画案が、一九五六年以降に行われてきた開発と異なるのは、ブッダガヤの都市自治エリア全体の開発を視野に入れた大規模な開発計画であると同時に、その開発が歴史的遺跡の保護保存およびその周囲との景観の調和を目指したユネスコの基準に基づいているからである。

九月時点の開発計画では、大塔を中心に半径五〇〇メートルの範囲が建物の建築が完全に禁止されるバッファー・ゾーン、そこから約一キロメートルがプロテクト・ゾーンに指定され、エリアごとに土地利用が定められていた。当局は、住民に対し、現在建てられている建物については五〇年間、強制的な移動を強いることはないが、新たな住宅の建設や、改築、増築はできないと説明した。その一方で、二〇〇五年八月当時、政府は、すでに公立高校やブロック・オフィスといった公的施設の取り壊しを着々と進めていた。その動きと並行して、政府の所有する商業施設の移動も決まり、ブッダガヤの中心部から離れた移動先では商業施設などの建設が進行しつつあった。さらに、マハントの所有する商業施設や個人の商店も移動の交渉段階に入っているところであった。

では、こういった開発計画を進めようとする政府当局の動きをめぐって、住民たちがどのような反応を示しているのだろうか。

四―二　世界遺産登録と顕在化する住民運動

1　誰のための開発か?

政府は、世界遺産リストへの登録に伴う開発計画の公開にあたって、開発計画がブッダガヤの人々の経済活動を阻害するものではないことを住民に説明していた。

しかし、政府の意向とは裏腹に、地元の人々は立ち退きが強いられるという不安から、開発計画は否定的に受け止められていた。特に二〇〇五年には、公立高校や政府の事務所などの公的施設の取り壊しが進み、開発計画の実現に向けて事態が動き始めていた。その最中に、住民たちの間では開発反対運動が組織化されていた。組織化されたのは、ブッダガヤに生活するヒンドゥー教徒やイスラーム教徒で構成されたナグリーク・ヴィカース・マーンチ(Nagric = Citizen, Vikash = Development, Manch = Forum : 以下NVMと略する)と称する集団であった(68)。この集団は、開発計画に対し、いち早く問題を提起した。そして、この集団を母体に、二〇〇六年までにいく度か抗議デモが行われ、世界遺産への登録やそれに伴う開発に地元の人々が抵抗する動きが顕在化することとなった。

二〇〇五年当時、ＮＶＭのリーダーであったS. Singh氏[69]は、開発計画案をめぐって行政当局に抗議を行っていた。S. Singh氏によれば、大塔周囲に隣接し、ブッダガヤの大半の人口が居住している集落（バザール、ウラエル、タリディ、ティカビガ、パチャッティ、ミヤビガなど）が、計画上では将来的にはいかなる建物も存在しない状態となることが想定されているバッファー・ゾーンの範囲に位置しているという。そして、計画が実行された場合、ブッダガヤの人々が住んでいる場所から追われると話し、その状況をアメリカのインディアンに例え問題視した。

確かに、開発に対し住民が反対の声を上げるのは、住み慣れた土地から強制的に引き離されることへの抗議からきている。

しかし、重要なのは、彼らの声を汲み上げればわかるように、立ち退きを強いられることへの反対が、彼らの過去の歴史的、地域的、経済的、社会的背景に根ざした経験や記憶から紡ぎだされたものだという点である。まず、地元の人々が、過去の開発において立ち退きを強いられ、その結果、困難な経済的、社会的状況に追い込まれたという直接的、間接的な経験や記憶を共有しているという点である。大塔の周囲を取り囲むように形成されていたタリディ集落の人々は、一部を除き大半が[70]、大塔から約二・五キロメートル離れた場所に移動を強いられるという経験をしていた。また、その集落の周辺に位置するウラエル集落、ティカビガ集落、バザール集落などに住む人々は、タリディ集落の立ち退きの様子を目の当たりしていた。こういった、開発に伴う立ち退きの間接的、直接的な経験や記憶から、マハントのもとで運転手として長らく働いていたA. Gupta氏[71]は、すでに立ち退きを経験した人々が、新たな開発計画によって再び立ち退きを強いられることを懸念した。A. Gupta氏はまた、建物に五〇年間は手を加えることができないとする建築規制についても問題視した。

地元の人々にブッダガヤからの立ち退きを強いることに対する問題はそれだけの理由にとどまらない。多くの弱者を犠牲にすることにしかならないような立ち退きを迫る開発は、ブッダガヤの生活者の経済的、社会的事情を無視したものだからである。例えば、K. Mishra 氏は、この地で日々の生活を営んでいるのは多くが貧しい人々であるとし、移動を強いられた場合、彼らの生活はどうしたらいいのかという問題を投げかける。また、現在ホテルのオーナーであり、かつ都市自治体の元議員であった J. Singh 氏[72]も、ブッダガヤに生活する人々の多くが貧しい人々であるとして、立ち退きを前提とするような開発を問題視する。ブッダガヤに住む大半の貧しい人々が開発に伴う移動で犠牲となると考える K. Mishra 氏や J. Singh 氏の見方は、マハント支配から解放され一見豊かになったかにみえるブッダガヤの生活者の大半が、未だに経済的に貧しい状態におかれている低カーストや後進カーストの人々であるという、地域が抱える問題と照らし合わせて開発を問題視するものである。

さらにいえば、地元の人々をブッダガヤから排除し、多くの犠牲を払うことになる開発を、住民は、結果的には外国人旅行者や巡礼者といったブッダガヤを訪れる人々のためにならず、地域的、社会的状況を考えれば、彼ら、彼女らを危険に晒すものでしかないと捉えている。K. Mishra 氏は、大塔の周囲半径一キロメートルの範囲に建物が何もないような状態を目指す開発計画案は、大塔周囲の治安を悪化させ、昼間であっても外国人を危険に晒すことになると話す。そして、大塔の周囲の集落に住んでいた当時七十三歳の D. Saw 氏[73]も、K. Mishra 氏と同様に、人々の家を移動させることが、大塔周囲をジャングルにすることにつながると話す。D. Saw 氏が「ジャングル」と述べるのは、人を住まわせないような状態にすることが、外国人の荷物や金品が盗難にあい、殺人やレイプの危険を高め、外国人だけではなくインド人にとっても安全な場所ではなくなるという意味がある。K. Mishra 氏や D. Saw 氏の指摘は、大塔の周囲に建物やブッダガヤの人々の居住地があることこそが、巡礼者や観光客の安全を保障するものだという認識に基づく。

彼らの主張は、インドにおいて最も貧しい州の一つであり、決して安定した政治的、経済的、社会的状況ではないという、地域的文脈を考慮している。確かに、ブッダガヤは、ビハール州のなかでも屈指の国際的な場所であり、他の地域と比してインフラが整い平和な地として認識されている。しかし、彼らが懸念するのは、この地に生活する人々を立ち退かせるということは、ブッダガヤ社会に存在する社会秩序を失わせ、外部から訪れる人々の安全性を著しく阻害するものであることだからである。それゆえ、彼らの主張からは、その立場から訪れる人々を気遣った、現地の人ならではの視点が垣間見える。

こういった、自分たちの苦い経験や記憶、さらには地域的、経済的、社会的背景を問題にしながら世界遺産に伴う開発に反対するのは、そもそも世界遺産に伴う開発が、誰のための開発なのかと問うことにほかならない（前島二〇一〇b参照）。言い方を変えれば、住民たちの反対は、自分たちの場所の意味や価値の問い直しなのである。では、その問い直しとはどういうものなのだろうか。

2　住民に問い直される場所の意味や価値

①生きられた文脈から問い直される場所の意味や価値

まず注目したいのは、開発に反対するなかで、住民たちが、「仏教聖地」という場所に自分たちの祖先との結びつきを持った場所だという意味を見出している点である。例えば、NVMのリーダーであるS. Singh氏によれば、ブッダの悟りも、自分たちの祖先との関わりを抜きに語りえない。S. Singh氏は、政府当局に計画反対を訴えるなかで、バッカロール集落（ブッダガヤの農村自治エリア）に住む人々の声を代弁していた。話によると、同集落の人々は、自分たちをブッダが悟りを開くきっかけを与えた人物とされるスジャータ[74]の子孫であるとし、自分たちの祖先であるスジャータがいなければブッダは悟りを開けなかっただろうと主張する。彼らは、自分たちが住み続けてきた土地を追われる可能性に、祖先であるスジャータがブッダに毒を盛っていれば、こんな目にあわなかったのではないか、と話しているという。[75] S. Singh 氏が汲み上げたバッカロール集落の人々の声からもわかるように、開発に抵抗する者のなかには、史実とされるブッダとスジャータという少女の結びつきを、ブッダと自分たちの祖先であるスジャータとの関係として解釈し直し、場所の意味を問い直していることがわかる。

また、ブッダガヤにおけるBJPのリーダーの一人であり、バッカロール集落の出身者でもある K. Mishra 氏[76]も、大塔が守られてきたのはブッダガヤに生活する自分たちの祖先がいたからだと話し、開発計画は祖先から続く大塔と自分たちとの結びつきを切り離すものとして問題の声を上げる。そして何よりも、遺跡が祖先の代からブッダガヤに住む自分たちとともにあり、遺跡を今日まで守り続けていたのは我々の祖先なのであって、自分たちをこの地から引き離すことはできないと述べる。加えて、タリディ集落に居住していた M. Singh 氏[77]は、自分たちを「大塔のガードマン」と称し、自分たちが大塔の周囲に集落を築き、大塔を守る壁となり、大塔を守ってきたのだと述べる。

ブッダガヤの人々の声からみえてくるのは、彼らがブッダ悟りと深く関わる歴史的、宗教的な場所として、大塔およびその周辺に向けられた外部からの「まなざし」を受け入れながら、祖先の代から続く自分たちの生きてきた生活の文脈のうえで（半ば戦略的に）場所を解釈し直しているということである。

②多宗教的事情からくる場所の意味や価値

さらに、大塔周囲の場所は、開発の争点となるなかで、ヒンドゥー教徒やイスラーム教徒の場所でもあることを、改めて問い直している。A. Gupta 氏は、計画案には大塔横に隣接するイスラーム教徒のモスクや同じくヒンドゥー教のジャガンナート寺院が記載されていないと指摘する。そして、開発が、ヒンドゥー教徒やイスラーム教徒のためではなく、仏教徒のための計画であって、「二つの宗教を殺している」と述べる。つまり、開発が仏教に優位に働き、ヒンドゥー教徒やイスラーム教徒に犠牲を強いながら、仏教徒を優遇するものだと捉える。

それだけでなく、大塔の周囲がヒンドゥー教徒やイスラーム教徒にとっても重要な場所だとする主張が、開発の具体的な計画を目の前にして主張されるようになっている。観光ガイドをしているB. Prasad Singh氏は、開発をめぐる会議において計画のプランナーが大塔を囲い込んでいる空間（管理地内）を広げようとする計画を提案していることが問題になっている事情について話した。その計画とは、大塔が位置する場所と西側の離れた場所にある公園（ジャイプラカシュ・パーク）[78]とを接続し、大塔を取り囲む空間を広げようとするものである。その際、大塔と公園の間には道が横切っており、計画ではその道を塞ぎ、迂回路を通すというような提案がなされたというものである。

その道の封鎖をめぐっては、イスラーム教徒から強く反対する声が上がった。イスラーム教徒にとって、大塔と公園を横切る道は、イスラーム教徒が義務とする礼拝を執り行うモスクやコーランを学ぶためのマドラサに向かうために、日常的に利用する道であったからである。それだけでなく、イスラーム教徒の葬儀の際には欠かせない道でもある。イスラーム教徒は、亡骸を一度モスクに運んでから、イスラーム教徒の墓地（カブリスタン）に埋葬する。その道は、イスラーム教の葬儀のプロセスにおいてモスクと墓地をつなぐ重要な意味を持っている[79]。

こういった事情に対し、Md U氏は、モスクに通ずる道も昔から利用され続けてきたものであるから、そのまま残されるべきで、それこそ世界遺産ではないのかと述べている。また、イスラーム教徒のMd A氏は、その道が、イスラーム教徒のみが重要なのではなく、ヒンドゥー教徒が信仰するデーヴィー・スタンに参るためにも日常的に利用されており[80]、ヒンドゥー教徒にとっても重要な道であると述べる。つまり、その道を塞ぐことは、イスラーム教徒だけでなく、ヒンドゥー教徒にとっても重要な道なのだから、イスラーム教徒だけの問題にとどまるものではないと主張している。このように、世界遺産に伴い、大塔周囲の場所が、生活者の居住地であるということだけでなく、彼らにとってどのような意味や価値を持った場所なのかが浮かび上がってくる。

以上の問題は、開発計画が人々の居住地を取り除き、建築物の非許可エリアを設定し、高さの建築基準を設けるといった様々な規制を加え、地元の人々の宗教的な場所についても配慮なく進められようとしていることが発端となっている。住民が問題にするのは、こういった自分たちの身に降りかかるであろう不幸に対するものだけではない。それだけでなく、住民が犠牲になるにもかかわらず、大塔周囲に各国仏教寺院が次々に建てられ続けているという現状にも非難の声を向けていた。例えば、J. Singh 氏は、住民たちの住居に規制がかけられ、いずれは立ち退きを迫られる可能性が懸念されるなかで、外国の仏教寺院の建設が着々と進んでいる状況に疑問を示す。NVMのリーダーであるS. Singh 氏も、この開発計画は、仏教徒が以前から訴えかける、ブッダガヤをイスラーム教の聖地であるメッカのようにしたいという考えを反映するものだと述べる[81]。そしてもしブッダガヤをメッカのようにしたいのであれば、外国の仏教寺院は必要ではなく、建設も止められなければならないと話した[82]。つまり、メッカのような聖地を目指すために開発を行うのであれば、住民の居住地ばかりを問題にするのではなく、各国仏教寺院の建設もまた制限および規制されなければならないというのである。

以上のことから、ブッダガヤの人々の間では、世界遺産の登録に伴う開発をめぐって、様々な批判が噴出していることがわかる。都市自治体の元議員であったJ. Singh 氏は、ブッダガヤの人々に問題が及ぶと、ブッダガヤの人々が自分たちに降りかかる問題の原因を仏教のお寺に求めるようになり[83]、そのことが、ブッダや仏教に対する印象を悪くすることにつながるとする。ようするに、住民たちの不安をかき立てる開発が、結果的には訪れる仏教徒にとってもプラスにはならないとJ. Singh氏は指摘するのである。それを避けるためにも、ブッダガヤの人々を犠牲にする開発の問題は解決が図られなければならないとJ. Singh氏は述べている。

そして具体的に、住民たちに立ち退きを強いるのではなく、ブッダガヤに住む人々がこれ以上増えないようにするなど、立ち退き以外の対応策が必要であるとする。この点については、NVMのリーダーであるS. Singh氏もまた同意見で、立ち退きではなく、今のブッダガヤをそのままにしながらも改善を図っていく方法を政府当局に求めていた。また、世界中の人々のためにブッダガヤがきれいな町になることを考えるならば、住民たちの居住地の立ちのきではなく、建物が建てられていない政府の土地や私有地を有効活用して公園を作ったり、ブッダガヤ全体をきれいに見せるようにすることがよいのではないか、との代案を持っていた。

このように、住民たちのなかから、生活者の立場から場所や空間の問い直しが行われていることが、世界遺産への登録に伴う開発計画の問題に直面するなかで確認できる。世界遺産に伴う開発が、地域的文脈を無視し、これまで築いてきた生活を脅かすだけでなく、巡礼者や観光客のためにもならないとし、さらに「仏教聖地」であることの史実と、生活者である自分たちの祖先との結びつき、生活者として歴史的遺跡の保護、維持を司ってきたという解釈、宗教的営みが継承されてきたという歴史的事実などから場所を読み解いていることがわかる。そこには、住民独自の場所への理解が浮かび上がる。場所に対する住民独自の理解とは、ユネスコ理念とも重なる仏教の一元的な純粋な場所を実現させることではなく、住民がブッダガヤに生きるなかで紡ぎあげてきた、地域的、経済的、社会的事情とそのローカルな記憶に配慮することなのである。

註

(1) 元BTMCメンバーで地元の大学において考古学の教授であるP. Singh氏は、歴史的遺跡に関して専門的な知識を持った人物がメンバーに長らくいなかったことを嘆いていた(P. Singh氏、男性、六十四歳、マガダ大学教授。二〇一一年調査記録より)。

(2) ただし、大塔管理地周囲の発掘やスジャータ村での発掘に関してはASIが中心となって行っている。

(3) ヒンドゥー教の神像礼拝の儀礼を行うヒンドゥー教僧のこと。

(4) 先にも述べたように、BTMCには仏教僧が駐在している。佐藤は、仏教駐在僧の存在については指摘しているが、ヒンドゥー教の僧侶については触れてはいない。しかし、筆者が行った二〇〇五年の調査当時、大塔でプージャーを行うBTMC常駐のヒンドゥー教の僧侶を確認した。

(5) R. Mishra氏、男性、六十五歳、ブラフマン(二〇〇五年八月六日)。

(6) ただし、大塔専属のプージャーリと異なりBTMC常駐の僧侶になったわけではない点に注意する必要がある。

(7) 師弟関係、友人関係のネットワークを利用しながらメンバーが取り込まれている。

(8) 一七二七年頃にインドを統治したイスラーム教のシャー・アラム皇帝が当時のシヴァ派の僧院の院長であったチャイタンニャ・ギリに大塔の所有権を与えていたことが指摘されている(Banerjee 2000)。

(9) 当時、会議派の中心を担っていたのは、後に初代首相となるジャワハルラル・ネルー、そして初代大統領となるラジェンドラ・プラサドであった。

(10) 新生インド政府は、仏教と深く関わるシンボルを、国家を象徴する記号として用いている。例えば、国旗に仏教の法輪を起用し、紙幣には仏教を篤く信仰したアショーカ王の石柱をモチーフにしている。また一九五六年には国を挙げてブッダを偲ぶ儀礼を執り行った。世俗主義を謳うインドのこうした対応は、新聞「インディアン・エクスプレス」の論説において、「仏教が純粋な宗教であるというよりはむしろ学術的また文化的なもの」とみなすものだと述べられた(一九五六年十一月二十七日)。

(11) 新生インド政府の対応は、他の歴史的遺跡とは異なり、ブッダガヤの歴史的遺跡を宗教的な遺跡とみなし、複数の宗教による管理を実現させるものであり、不干渉の立場をとった英領インド政府とは逆の対応であった。

（12）初期の開発計画にＢＴＭＣがどの程度関与していたのか、ということについてはさらなる検討の必要があろう。
（13）一九五六年以降に建設が進む各国・地域の仏教寺院は、初代首相ネルーのブッダガヤを国際仏教社会にするという提案と寺院建立の呼びかけをきっかけにしている。
（14）仏教徒の数は一九五一年には約一八万人だったが、この改宗によって、一九六一年には約三二五万人に増加したとの指摘がある（根本 二〇一〇：五二）。
（15）佐々井秀嶺が、なぜ新仏教徒を率いることになったのかの詳細については山際（二〇〇八）参照。
（16）仏教の祝祭として、アンベードカル生誕祭、ブッダ生誕祭、佐々井生誕祭、改宗記念日、アンベードカル入滅日が行われている（根本 二〇一〇）。
（17）二〇一〇年には、佐々井秀嶺自身が日本で『必生　闘う仏教』を出版しているが、それまでにも、山際素男による『不可触民と現代インド』（二〇〇三）、『破天―インド仏教徒の頂点に立つ日本人―』（二〇〇八）がある。そのほかにも、根本（二〇一〇）がインドにおける仏教の運動として佐々井秀嶺の活動を取り上げている。二〇〇四年に、フジテレビにおいて彼を取り上げたドキュメンタリー『男一代菩薩道―インド仏教の頂点に立つ男―』が放送され、その取材をもとに小林三旅が『男一代菩薩道―インド仏教の頂点に立つ日本人、佐々井秀嶺―』（二〇〇八）を刊行している。
（18）「大菩提寺解放闘争」は一九九二年から二〇〇二年までに一二回行われている。九月二十七日の闘争は最初の闘争とされ、大塔の解放を求め六〇〇〇キロメートルの行進が行われた（「パンテジー、ジュネーブ、パリへ行く」http://kobe.cool.ne.jp/nagaland/gotounesco.htm　二〇〇六年一月七日確認）。
（19）http://www.tomigaya.shibuya.tokyo.jp/sasai-g/buddhagaya.html（二〇〇六年一月八日確認）
（20）二〇〇〇年以降の抗議運動は大々的に行われてはいない。それは、佐々井秀嶺が二〇〇三年三月にマイノリティ委員会の政府委員に任命され、三年間、政府機関の少数派である仏教徒の声を代弁する代表者としての役割を担い、抗議運動の第一線から退いたことにある。彼の退却によって、抗議運動に必要な資金や統率力が脆弱化したことが、その後の運動の縮小に影響している（小林 二〇〇八：九四）。
（21）山際の記すところによると、マハントと関係あるバラモン僧と述べられている。

(22) マイノリティ委員会には、仏教以外にも、イスラーム教やシーク教、キリスト教などの代表者もいる。
(23) 佐々井は、仏教徒を代表して、大塔返還の運動に加え、仏教徒の権利確保や、ナグプール郊外のマンセルにある遺跡をヒンドゥー教の手から奪還するための運動に取り組んだり、インドの祝祭日に仏教徒のための休日を制定することや各州に仏教徒の声を代弁する委員の設置を中央政府へ要請してきたという（佐々井 二〇一〇：一二九―一三〇）。
(24) 新仏教徒とは、経済的、政治的、社会的に恵まれず、根強いカースト差別に悩まされ続けていた低カースト（カーストの最下層に位置）を、カースト制度から解放し、また彼ら、彼女らの地位向上を目指し、低カースト出身のアンベードカルの呼びかけによって改宗した仏教徒のことを指している。
(25) 大塔返還を求める運動は一つではないことに注意したい。地元出身で仏教に改宗したR. B. Prasad氏は、佐々井秀嶺らと同じ方向を向きながらも、異なる方法で大塔を仏教徒の手に戻そうとしていた。
(26) 「インド（セキュラー）政府に対するブッダガヤ大菩提寺全面返還を求める覚書　二〇〇四年十一月三日」URL http://kobe.cool.ne.jp/nagaland/sasaiapeal.htm（二〇〇七年五月三日確認）
(27) 「バンテジー、ジュネーブ、パリへ行く」http://kobe.cool.ne.jp/nagaland/sasaiapeal.htm（二〇〇七年七月十六日確認）
(28) 同右。
(29) 「聖地の管理を仏教徒に移管するよう世界にアッピールしよう」http://kobe.cool.ne.jp/nagaland/daitomondai.htm（二〇〇七年七月十七日確認）
(30) K. Mishra氏、男性、四十五歳、政治家（二〇〇五年九月七日）。
(31) 「インド（セキュラー）政府に対するブッダガヤ大菩提寺全面返還を求める覚書　二〇〇四年十一月三日」URL http://kobe.cool.ne.jp/nagaland/sasaiapeal.htm（二〇〇七年五月三日確認）
(32) 同右。
(33) アンベードカルによるナグプールでの仏教集団改宗は、「不可触民」への差別の撤回を求める運動が失敗に終わったことを受け、一九五三年に改宗を宣言したことに始まる（根本 二〇一〇）。

（34）佐々井秀嶺は、アンベードカルの説く仏教の運動こそが、世界平和実現に向け、大乗や小乗の相違を乗り越える新しい仏教運動であり思想だと述べている（山際 二〇〇八：四二一）。
（35）"Buddhist Monks demanding control of BodhGaya Temple seek UN intervention" Rediff.com, August 22, 2002.
（36）同右。
（37）http://www.hi-net.zaq.ne.jp/nagaland/ syuisyoyaku.htm（二〇〇七年七月十六日確認）
（38）国際仏教協会の設立趣意書より。
（39）『中外日報』一九九二年十一月十六日。
（40）同右。
（41）R. B. Prasad 氏の活動の評価は二分している。外国人との接触を持ち、地元において経済的に成功した人物として知られており、一連の取り組みが、利害に基づくものとする見方もないわけではない。とはいえ、地元の人々のなかから仏教徒に管理を渡すよう働きかける動きがあったことは興味深いことである。しかし、残念なことに、R. B. Prasad 氏は一九九五年に亡くなっており、その活動は幻に終わった。
（42）ラストパールは数年前に他界され、メディテーション・センターは、氏とナーランダ大学で学友であったベトナム人僧侶（Ven Khippa Pano）が運営を務めている。二〇一一年当時、アメリカに支援集めに向かっているということでお会いすることはできなかった。
（43）二〇一一年当時大乗教の駐在員をする M. Lama 氏は話す（M. Lama 氏、男性、五十四歳、二〇一一年三月五日）。M. Lama 氏は二四年前、自身が三十歳の頃にブッダガヤに住みはじめ、ラストパールをよく知る仲であった。
（44）"The Illustrated Weekly of India" June 27-July 3, 1992 に基づく。
（45）ＢＪＰの間でＢＴＭＣのメンバーをヒンドゥー教徒だけにすべきだという意見は確認できなかった。
（46）A. Singh 氏、男性、三十三歳、ＮＰのＢＪＰプレジデント（二〇〇五年八月十三日）。
（47）K. Mishra 氏（二〇〇五年九月七日）。
（48）A. Singh 氏によれば、毎年ブッダ生誕の日になるとＢＪＰはブッダとシヴァリンガに乳粥を捧げプージャーを行った後、ブッダガヤの人々にも乳粥をふるまっている。

(49) 「聖地の管理を仏教徒に移管するよう世界にアッピールしよう」http://kobe.cool.ne.jp/nagaland/daitomondai.htm（二〇〇七年七月十七日確認）

(50) 同右。

(51) ブッダガヤのＢＪＰのリーダー格の一人K. Mishra氏（二〇〇五年九月七日）。

(52) H. Patty氏、男性、年齢不明、仏教僧となりH. Bhanteと名乗る（二〇〇五年八月三十日）。

(53) O氏、男性、五十六歳（二〇〇五年八月二十八日）。

(54) L. Upasak（Manjhi）氏、男性、五十二歳、様々な仏教寺院で働いた経験がある（二〇〇五年八月二十八日）。

(55) ＢＴＭＣの仏教徒メンバーを長らく務め、大乗教の駐在員でもあったT. Suba氏が、"The Illustrated Weekly of India" June 27-July 3, 1992のなかで述べている。

(56) Md I氏、男性、四十五歳、イスラーム教徒、土産物屋（二〇〇五年八月二十三日）。

(57) Md U氏、男性、三十九歳、イスラーム教徒、土産物屋／ホテル建設中（二〇〇五年九月二日）。

(58) Md J氏、男性、三十三歳、イスラーム教徒、マラフォト（二〇〇五年八月二十三日）。

(59) A. Gupta氏、男性、七十歳、かつてマハントの運転手をしていた（二〇〇五年八月三十日）。

(60) C. Yadav氏、男性、七十歳、文具店を営む／農業にも従事（二〇〇五年九月二日）。

(61) E. Marakhar氏、男性、四十歳、ＢＴＭＣのスタッフ（二〇〇五年九月一日）。

(62) S. Singh氏、男性、三十四歳、旅行代理店経営（二〇〇五年八月二十二日）。

(63) N. Patty氏、男性、五十八歳、建設現場監督（二〇〇五年八月三十一日）。

(64) N. Patty氏は、どちらかの宗教に偏った管理の仕方を問題視し、両宗教によるメンバーで大塔が管理されているのであれば、大塔にとっては望ましいことだと考えている（同右）。

(65) U. Roy氏、男性、七十五歳、シヴァ派の僧院においてマハントのもとで詩を読んでいた（二〇〇五年八月二日）。

(66) "Mahabodhi Temple Draft Development Plan Ready" *Dainik Jagran*, July 13, 2002

(67) ＧＲＤＡ（Gaya Regional Development Authority）、Block Office、ナガル・パンチャーヤットの三つの機関。

(68) ＮＶＭは一九九七年にS. Singh氏がリーダーとなり作られた集団である。S. Singh氏の話によれば、ＮＶＭはもともと反対運動を行うために結成したのではなく、未就学の人々が多いブッダガヤの状況と、（それを助けるはずの）各国の仏教寺院は自分たちのことしか考えていないという現状に、自分たちで何とかしなくてはいけないという思いから結成に至っている。そして、ブッダガヤの人々のために、ブッダガヤを良くすることを目指し、地域の開発などをめぐって改善を試みる活動を行い始めたということである。具体的には、学校建設や、電線を地下に埋めることや、道路や病院の建設などを政府に要請している（二〇〇五年八月五日、二十二日）。本来、一連の開発業務はブッダガヤの都市エリアの自治を担っているナガル・パンチャーヤット（都市自治体）が行うことになっているが、ナガル・パンチャーヤットに任せているだけではブッダガヤの開発が行き届かないことを問題にし、政府に直接文書を送るなどして提言を行っているとS氏は話す。

(69) S. Singh氏、男性、三十四歳、ティカビガ集落居住。NVMのリーダーである。一九七一年に大塔に隣接するティカビガ集落に生まれ、旅行代理店の仕事を行っている（二〇〇五年八月二十二日、S. Singh氏の事務所にて）。

(70) 大塔の裏手には、現在でもタリディ集落の一部が残っている。

(71) A. Gupta氏、バザール集落居住（二〇〇五年九月九日）。

(72) J. Singh氏、男性、四十八歳、ダリヤビガ集落居住（二〇〇五年九月十日）。

(73) D. Saw氏、男性、七十三歳、以前タリディ集落居住（二〇〇五年九月四日）。

(74) ブッダの伝記に登場する少女で、後にブッダとなるゴータマ・シッダールタが苦行の末彼女から乳粥をもらい、菩提樹の下で悟りを開いたとされる。

(75) S. Singh氏は、当局への抗議のなかで、移動をさせるという手段ではなく、今ある建物をきれいにするという手段があるのではないかという提案を行っている。それに対し、当局は四か月後に答えるという返事を返したという。

(76) K. Mishra氏、バッカロール集落居住（二〇〇五年九月七日）。

(77) M. Singh氏、男性、四十五歳、茶屋を営む、以前タリディ集落居住（二〇〇五年八月十一日）。

(78) 一九五六年にブッダ生誕二五〇〇年祝祭を催すために作られた公園。

(79) イスラーム教徒のMd A氏（男性、四十一歳、以前タリディ集落居住、二〇〇五年八月十五日）、同じくイスラーム教徒のMd U氏（パチャッティ集落居住、二〇〇五年九月二日）。

(80) 筆者の観察からすれば、道は大塔に隣接する旧タリディ集落の入口に通じており、その集落に住むヒンドゥー教徒の生活道としての役割も果たしている。
(81) S. Singh 氏（二〇〇五年九月六日再インタビュー）。
(82) S. Singh 氏は寺院管理に携わるＢＴＭＣも、そうなることをサポートしていると述べる。その一方で、国外の仏教徒の人々で大半が構成され、寺院管理に携わるＢＴＭＣに助言する役割を担っているＢＡＢ（The Bodh Gaya Advisory Board）は、ブッダガヤの人々の立場に立ち、住民の建物の取り壊しに反対していると、ＮＶＭメンバーの一人であるB. Prasad Singh 氏は述べている。
(83) 実際、茶屋を営むM. Singh 氏から、地元の人々は口に出してはいわないとしながらも、自分たちが移動させられるのは仏教徒の人たちがきたからだとお酒を飲んだときに文句が出るという話があった（二〇〇五年八月十一日）。

終章

一　ブッダガヤにおける「仏教聖地」再建とその内実

一―一　ブッダガヤにおける「仏教聖地」再建をめぐるメカニズム

ブッダガヤが「仏教聖地」だとされるのは、忘れられていた地が「仏教の地」としての史実的な意味や宗教的な意味を取り戻し、さらに遺跡が「生きた遺跡」となるなかで、今現在国内外の仏教徒の儀礼を引き受け、「聖地」として築き上げられてきたからにほかならない。それはつまり、ブッダガヤは、最初から「仏教聖地」であったわけではない、ということだ。ブッダガヤにおいて「聖地」が築き上げられていくプロセスは、ともすれば、誰からも忘れられた場所が、仏教最大の聖地として国内外の仏教徒の関心を喚起し、グローバル化の煽りや、遺跡の世界遺産登録などとも相まって、仏教の聖地として復活したものと捉えられかねない。

だが、第四章でも述べてきたように、忘れられていた地が「仏教聖地」と称され、公式的見解が暗黙のうちに支持され、支配的になってきたとはいえ、実際は、仏教徒にのみに開かれた、仏教徒のみが信仰するような純粋な「仏教聖地」の登場を意味するのではない。「仏教聖地」は、あくまでも多様な宗教的、社会的現実の絡み合いを下敷きに築き上げられているし、第五章の議論でわかるように、一口に「仏教聖地」といっても、そのあり方やあるべき姿（＝聖地像）は、宗教的な相違、「聖地」としてのブッダガヤに対する利害や思惑の違いによって異なる。このような「聖地像」を異にする社会的諸主体が、「聖地」の再建に各々の戦略をもって働きかけているからである。確かに、ブッダガヤは表面上「仏教聖地」としての地位を確立していく。だが、その一方で、大塔とその周辺の遺跡そのもののあり方、さらには遺跡周囲の開発や遺跡に隣接する商業施設の問題は、仏教とヒンドゥー教の間で絶え間なく争点となり両宗教の間で様々な緊張を生み出している。

ブッダガヤが「聖地化」するにあたって、ブッダガヤがどうあるべきかということに関しては、内外の仏教徒だけでなく、ヒンドゥー教徒やイスラーム教徒にも各々に固有な戦略や見方、つまり「聖地像」があるし、仏教、ヒンドゥー教またイスラーム教のどの一つもブッダガヤの「聖地化」が向かうべき方向を支配するだけの独占的な力を持たないわけである。それだけではない。ブッダガヤにおける「聖地化」は、西欧での「仏教」に関する関心の高まりや、周辺諸国での仏教復興、インド近代国民国家の成立や地域社会の変化などの力にも影響を受けて進められている。

つまるところ、「場所」として争点になることによって「聖地化」されていく。言い換えれば、ブッダガヤは歴史的、宗教的、政治的、経済的、社会的な背景およびブッダガヤのあり方に対して働きかけるべき利害と戦略を異にする諸主体（当事者）が絡み合い、錯綜し、折り合いをつけていくなかでその場所性が問われ、争われる「場所」として現れてくる。

ここで、ユネスコという国際機関に代表されるようなグローバルな力や英領インド政府や独立後の新生インド政府のようなナショナルな力、さらにスリランカの仏教徒や独立後の佐々井秀嶺による大塔返還運動といった非ナショナルかつ非ローカルな力を、まとめてブッダガヤの外からの力（外的な力）とし、それに対し、マハントをはじめとする対抗的な地元からの働きかけとなるローカルな力を内的な力としてかりに定義しておくならば、「仏教聖地」としての形成は以下のように整理することができるだろう。

忘れられていた地が、「仏教の地」としての意味を取り戻し、国内外の仏教徒が訪れるような中心地として築き上げられるのは、ひとえに外的な力が働いてきたことに始まる。それに、独立以降に現れた様々な社会的現象（仏教改宗、観光地化、他宗教の寺院再建）や、大塔やその周囲をめぐり顕在化した緊張もまた外部からの影響を受けるなかで生じたものである。

だが、こうした外部からの力を引き受け、時にはそれに対抗し、時にはそれと妥協を図る内部からの力、すなわちブッダガヤが「仏教聖地」として注目を集めるはるか以前からその地に根付いていたマハント中心社会の存在を抜きにして、ブッダガヤに固有な「聖地」の再建は語れない。すでに指摘したように、マハント支配体制や、その体制の弱体化、さらにはそれに伴うマハントを中心に秩序づけられた社会的関係性の揺らぎが、「仏教聖地」の形成過程において著しい影響を与えていた。例えば、マハントの影響力が弱まったことは、仏教化または観光地化のみならず、土地の所有および利用上の変容といった内部の変化に対するマハントの抑止力をも弱め、結果的に「仏教聖地」の方向性を決める一つの要因となっている。もっといえば、マハントと地元のヒンドゥー教徒やイスラーム教徒との間を結びつけていた関係性を希薄なものとし、地域社会の仏教化や観光地化を後押しすることになったり、大塔周辺でのヒンドゥー教の寺院の建て直しやイスラーム教のモスクの再建にも多かれ少なかれ刺激を与え、ブッダガヤならではの「仏教聖地」の再建を促している。

外的な力が働いたことがブッダガヤの遺跡およびその周辺の仏教化を推し進め、「仏教聖地」再建にあたって強力な担い手になっていることは間違いないが、まさしく外的な力がそれだけの影響力を持ちえたことは、内的な力の弱体化によるということ、さらに、もっと注目すべきことに、内的な力が弱体化したとしても、それが「仏教聖地」再建に働きかけるだけの発言権を失ったことを意味するのではないことを見落とすわけにはいかない。内的な力は弱体化するなかでも依然としてブッダガヤにおける「聖地化」に関わる力として働いただけでなく、とりわけ観光地化や非仏教の宗教寺院の再建といった局面においては自らの存在を明確に示している。

ブッダガヤの状況をさらに複雑にしているのは、「聖地化」にあたって外的な力と内的な力の双方が交錯するばかりでなく、その両方がそれぞれさらに別の力とも絡んでいるということである。例えば、マハント支配の弱体化自体、地主支配体制を解体するという国家的戦略や、土地の解放を求めた農民運動などが、いうなれば内外からマハント体制に揺さぶりをかけたことによる。一方で、インド政府は寺院管理体制を成立させる際に、マハントを永久メンバーとして組み込んでいるが、そこには従来の管理体制を継承させており、「仏教聖地」再建を推し進めるうえで外的な力は内的な力を抑えつつも、それを完全に取り除くまでには至っていないことだ[1]。だからといって、ここでいう外的な力としてのインド政府の戦略的対応が、マハント体制に揺さぶりをかけてそれを弱体化する方向で働いたことには変わりない。現に、マハント体制の弱体化は独立後に、大塔返還運動の顕在化に結びつくし、マハント体制下に抑えつけられていた内的な力を呼び覚ますことになる。それは、伝統的支配者であるマハントがもはやブッダガヤのあり方に対して独占的な支配力を持たなくなったからにほかならないし、それまでその体制に抑えられていた力が「聖地」の再建に働きかけていく新たな主体として登場してきたからにほかならない。

ようするに、「仏教聖地」の形成過程は、外的な力に強く突き動かされたブッダガヤという「場所」の仏教化と、その力を抑制する力として働いた内的な力であるマハントやマハント体制の社会変容と分かちがたく結びついている。ブッダガヤの「仏教化」を推し進める外的な力に抵抗してそれを抑止する力として働いていたマハント体制はやがて内外の圧力によって弱体化していき、結果的にブッダガヤの「仏教化」を促進していく要因となる。しかし、内的な力が弱体化したとはいえ、外的な力によって推し進められた仏教化が、何の障壁もなく進んだわけではない。実際、ブッダガヤにおける「仏教化」は、大塔管理の現状を論じるところで示したように、ブッダガヤの内的な力を抱き込みながら展開してきた。別の角度から見れば、内的な力の弱体化は、確かにブッダガヤの「仏教化」がより効果的に進められるような内部の受容体制を整えるものだといえるが、だからといって「仏教化」に対して内的な力がまったく制御力を失ったわけではなく、むしろ、一方的な「仏教化」を阻止し牽制する力として働くのである。(2)

つまり、ブッダガヤにおける「仏教化」は決して外的な力によって一方的に進められるものではなく、弱体化しつつも健在する内的な力との相互関係を通じて形作られていく。そこで立ち現れる「聖地」は、「仏教」または「ヒンドゥー教」のいずれかに排他的に占められるものではない。むしろ、それはその両方のせめぎあいと折り合いのなかから生み出されるものであり、そのやりとりが存在する限り、その両方を受け入れるものとなる。

その意味で、ブッダガヤにおける「聖地化」は「仏教化」を目指す外的な力とそれを阻止しようとする内的な力（伝統的な力）の弱体化の相互性によって生み出される。興味深いことに、それは一方が他方を完全に支配して抑え、その結果排他的で純粋な宗教的な「場所」を作り上げることにはならない。「聖地化」は両方が対立しながらも相手の存在を認めその相手と相互に働きかけるなかで進む。ある意味、ブッダガヤにおける「聖地化」の最も注目に値する本質は、まさにブッダガヤという「場所」の、外的な力による一方的な変容に抵抗する内的な力を、承認し、発言権を与えている点にあるといってよい。

さて、このように「聖地」の再建は、内外の諸要因の絡み合いによって成り立っていることからして、すでに複合的な内実を持っている。だが、その形成プロセスにおいて、マハントからマハントに代わる力となって働くことになった内的な力が、どのような特徴を持ち、どのような力として影響力を持ち始めたのかについては、もう少し議論をしておく必要があるだろう。

というのも、外的な力に影響を受けた仏教化に対する地域内部の反応は、仏教改宗や観光地化、非仏教の宗教施設の再建といったように多岐にわたっており、また、それぞれを担う集団には特徴があったからだ。さらにその特徴的な集団が、マハントに代わる内的な力となって働いていたからである。集団の特徴は、カーストに表れており、仏教改宗がブッダガヤ在住の低カーストのなかで生じたのに対し、観光業にいち早く着手したのは主に後進カーストであった。そして、ヒンドゥー教寺院の再建を訴えたのは、ヒンドゥー教徒の高カーストを支持基盤にした政治集団であった。[3] モスクの再建はいうまでもなくイスラーム教徒であった。

彼らがマハントに代わる内的な力だというのは、新仏教徒の大塔返還を求める運動に対する抗議や、世界遺産に伴う開発問題に対する反対運動、ヒンドゥー教の寺院やイスラーム教のモスクといった非仏教の宗教施設の再建に、ブッダガヤに生きる住民として、地域の側から向き合っていたからであり、それぞれの運動の中心を担っていた集団に特徴があったからである。その特徴とは、新仏教徒に対する抗議の中心を担っていたのが、ヒンドゥー教寺院の再建を訴えた高カーストを中心とする人々であったのに対し、開発に対する反対の声を上げる住民を組織していたのが後進カーストであるということである。もっといえば、後進カーストである彼らは、イスラーム教徒やマハントそして自治体などへの協力を求め、低カースト集落にも呼びかけ、共同戦線を図ろうとしていたのである。[4]

こうした異なる集団による地域的対応は、マハントの絶対的な権力からの解放と関わっており、その意味においてマハント支配体制の弱体化を背景にしている。冒頭でも述べたように、ブッダガヤには低カーストや後進カーストが多く、マハントが力を持っていた頃、彼らはマハント支配体制下に組み込まれるといった社会構造的特徴があった。高カーストもまた、ブッダガヤに点在するヒンドゥー教の寺院の司祭として、それらの寺院の所有者であったマハントとの関係を築いていた。その頃、各階層集団がマハントの権力を差し置いて外的な力に対して主体的に働きかけることは、考えにくい状況にあった(5)。それゆえ、それぞれの階層集団が地域主体として登場したことは、こうした構造的秩序を支えたマハント中心の権力関係が揺らいだこと(6)、そして、それまで押さえつけられていた住民の大多数を占める低カーストや後進カーストが経済的、政治的躍進を遂げたことを意味する。さらにいえば、マハント支配体制の弱体化が、バラバラの個人の登場を意味するわけではなく、カースト体制上のヒエラルキーに根ざした関係は解体しながらも、それぞれの階層集団が大方その形を維持しているところに地域的対応の固有性があるのだ。

具体的にその様相をみると、ブッダガヤの後進カーストの中には、いち早く観光業を生業とし、成功を収めた者も少なくない。一部の後進カーストは、経済的な意味において高カースト以上に力を持つ者が現れている(7)。こうした力の獲得をきっかけに、政治家への転身など、地域に影響力を持ち始めている。そして、開発計画に対する反対運動の中心を担い、低カーストやイスラーム教徒などの協力や動員を図ることを通して、外部からの力に抵抗しようとする。

ではブッダガヤにおける低カーストはどうか。圧倒的な数を占める低カーストの大半はまだまだ貧しい生活を強いられ、後進カーストや外国人仏教徒と関係を築くなかで生業を立てるというように、他のカーストや仏教徒との関係に依存している傾向がある。とはいえ、低カーストのなかには、政治的な意味において見落とせない立場を築いている者もいる。低カーストや後進カーストの数が多いブッダガヤでは、一四に分かれる選挙区には留保枠が設けられており、低カーストの選出を定めた選挙区があるなど、後進カーストや低カーストの政治的発言力が増していることは見落とせない。この点に関してはさらなる調査が必要となる。それに対し、高カーストは、ある時期までは自治の権力を握り、力を振るっていたが、特に政治的な力は、後進カーストの躍進からすると目立つものではなくなっている。全体的には、以前のように力を振るっているとはいいがたいが、彼らは、ヒンドゥー教寺院の建て直しに携わり、さらに新仏教徒の大塔返還を求める運動に対する抗議活動の中心をも担うようになっていく。(8)

この視点からみれば、仏教化の影響を受けながら仏教に改宗した低カーストや、観光業に着手した後進カースト、自身の宗教的アイデンティティを主張し、ヒンドゥー教寺院の再建を訴える高カーストという、内外の変化に対する地元住民の対応や戦略に多様性が表れている。こうした多様性は、マハント支配体制の弱体化とともに、マハントを中心に結びつけられていたそれぞれの階層が、カーストを資源に再び新たに集合し、その集団それぞれの大塔やその周囲の望ましい場所のあり方に関する考え方が根付いているからにほかならない。

また、仏教化の動きに関して、階層的背景を異にする集団の間に戦略的差異がみられる。高カーストは、宗教的な理由を持って仏教化に対峙しているのに対し、後進カーストは多宗教に対する寛容的な立場から仏教化に対峙している。低カーストのなかでも仏教改宗者は、いずれの立場でもなく、外部の仏教徒の立場を支持しつつも、そこに賛同するような力にはなっていない。

つまり、ブッダガヤにおいて特徴的な社会的構造を支え、それを維持していたマハント体制の崩壊が、マハント自身の地域的影響力を弱めただけでなく、その後の多元的な地域的主体の登場を促す土壌を作りだした。そして、高カースト、後進カースト、低カーストそれぞれが「聖地」再建において、新たな地域主体として各々の思惑や戦略に依拠しながら「仏教化」に対応・対抗するようになったといえよう。

しかし、新仏教徒の運動に対する抗議や、開発計画に対する反対運動のそれぞれに携わった集団に階層的特徴が見出せるとはいえ、それぞれの集団が、個々別々の集団として切り離されていたわけではない。現在ＢＪＰは、支持基盤層を増やすために、低カーストからＢＪＰのメンバーを選任するなど、低カースト層の支持を取り付けようとしており、ＢＪＰ＝高カーストという図式は成立しない。また、開発に対する反対運動も、イスラーム教徒や低カーストなどの協力を求めていて、後進カーストのみで構成されているわけではない。さらに、新仏教徒の大塔の返還を求める運動に関して異議申し立てをする主体は高カーストに限らない。後進カーストのなかにも新仏教徒の活動に不満を持っている者が現れており、大塔およびその周囲をめぐって生じている地元の反応は、後進カーストと高カーストとの間で明確に意見が食い違うというわけではないし、様々なカーストがそれぞれの運動に動員されていると考えられる。

だがそれでもなお、高カーストと後進カーストとの間には、目に見えない境界があるといわなければならない。新仏教徒の大塔返還運動に対する高カースト（ヒンドゥー・ナショナリスト）の抗議についていえば、一部後進カーストにも高カーストと同じ意見が認められるが、彼らの運動に全面的に賛同していたとはいいがたい[9]。もちろん、新仏教徒の抗議運動に対し、後進カーストがどう対応したかといった点に関しては、さらなる調査が必要であるが、そこであえてこのように指摘するのには、後進カーストが様々な点において、高カーストに対し一定の距離をおくような事例があるからである。例えば、後進カーストは、仏教徒が絡む諍いが生じた際に、たびたび積極的に仲裁に入るなど仏教徒との友好関係を保つような姿勢をみせていた。観光業にいち早く着手した彼らにとって、外国人仏教徒との関係を損ねるような事態は避けるべきであり、仏教徒を守ることで、ブッダガヤに訪れる仏教徒の足を止めたくないと考える者もいるなど、仏教徒との緊張を避けようとしてきた。つまり、仏教徒に対する後進カーストの態度は、自分たちが今生活できるのは、仏教徒のおかげだと話す者がいることでもわかるように、実生活に結びついたある種の実用主義に基づく。こういった後進カーストの態度には仏教に対する寛容の要素が認められるのであって、それゆえ新仏教徒に対して、正面から問題視するような高カーストに対して、正面から問題視するような動きはほじめからさほど強くないと考えられる。[10]

また、後進カーストのなかには、マハントの支配下におかれた頃の経験から、高カーストに対する反感や対抗意識を持っている者や、経済的、政治的に躍進したことで後進カーストとしてのプライドや権力を誇示するような者も出てきている。両者の間にはブッダガヤの地域的背景に根ざした、高カーストと後進カーストとの間に横たわる見えない確執が存在する。それが両者の全面的な協力を阻む要因になっていることはいうまでもない。

とはいえ、高カーストと後進カーストはいずれも、ヒンドゥー教と仏教の両宗教が寺院管理をする体制をとることが望ましいと考えているところでは意見を同じくしている。いずれも立場は異なるものの、地元出身の、地元に理解のある人々による寺院管理体制を望んでいる。例を挙げるならば、高カーストは、新仏教徒に対する抗議の論拠に祖先の代からブッダガヤに住んでいる人間（＝ヒンドゥー教徒）が大塔の面倒をみていたと述べ、後進カーストもまた、開発に反対するなかで、この地が自分たちにとってどういう場所なのかといった観点から場所を問い直し、ブッダガヤのバッカロール集落の人々がブッダに乳粥を与えたスジャータの子孫だと述べ、共に、ブッダガヤに生きる自分たちの祖先がブッダの悟りや大塔の今と無関係ではないとみている。つまり、多元的な地域主体は、マハント支配体制崩壊後、それぞれの利害や関心と結びつきながら外的な力に対応し、それぞれの階層が聖地を問い直す主体として登場している。そうした集団は、顕在的な緊張関係はみられないものの、互いに積極的に双方の活動に関与するというものではない。だが、双方ともに、ブッダガヤに共に生きてきたという記憶を共有しているということがわかる。

さらにいえば、ブッダガヤが「仏教聖地」として知られ、複数の宗教が祈りの場所を共有し、それぞれの宗教的な意味を込めた場所が維持されるのも、こうした新たな地域的主体の存在とも関わっている。それは、高カーストと後進カーストやイスラーム教徒の次のような対応に表れている。高カーストを中心とする抗議運動は、新仏教徒が目指す場所の「純化」を妨げようとするものである。彼らの運動は、結果的に、ヒンドゥー教の要素を取り除くのではなく、両宗教による管理体制を守ろうとするものである。さらに、彼らは、ヒンドゥー教の寺院の再建を積極的に進めることで、多宗教的現実をより鮮明に作り上げることに携わっているといえよう。それに、世界遺産の登録に伴う開発に反対する住民たちの声を組織化する動きは、遺跡やその周囲から非仏教的要素や商業的な要素を取り除き、仏教一元化を目指すような開発計画の実行を阻止する力として働いている。特に、後進カーストのなかには、仏教徒が絡む諍いを仲裁したり、またイスラーム教に配慮するような姿勢をみせており、多様な宗教に対する生活に根ざした独自の寛容性の立場から「仏教聖地」という場所を問い直していた。イスラーム教徒もまた、ヒンドゥー教徒やイスラーム教徒の双方の立場に配慮するよう求め、他宗教に対する配慮の姿勢が確認できた。互いを配慮し合う彼らに共通している点は、大塔の周囲において共に肩を並べて生活し、イスラーム教徒とヒンドゥー教徒（後進カースト）とは兄弟や家族のように親しい関係にあったという記憶や、大塔の周囲から立ち退きを強いられた直接的、間接的な経験であるし[11]、高カーストとの間に共有していたのは、ブッダガヤに先祖の代から生き、生活者に立った場所の史実に対する解釈（ブッダの悟りを導いたのは自分たちの先祖）や意味づけ（大塔の番人）にほかならない。

こうして地域に生まれた多元的な地域主体（＝当事者）が、自分の土地に根ざした記憶を呼び覚まし、外的要因にそれぞれが対峙することで、結果的に、非仏教を廃し、仏教をよしとする一方的な純化を阻止する力として働くだけでなく、ブッダガヤの宗教的多元性を生み出す力として働いたといえよう。

では、マハントに代わる内的な力として、多元的な特徴をみせたそれぞれの地域的主体の登場を支えた原理とは何だったのか。彼らの対応は、自分の生活を守るために、外から押し寄せる力（＝仏教）に、時に非難し、抗議し、場所に対するアイデンティティを強化しながらも、仏教を排除するような戦略はとらない。そこにはブッダガヤが仏教の地であることに伴う経済的恩恵を彼らが得ているという意味において、経済的な要因が働いていることは間違いないだろう。

だが、それ以前に、彼らの戦略原理には、マハント時代に築き上げられた様々な経験や記憶が働いているということに注目したい。マハント支配体制が弱体化したとはいえ、ブッダガヤの人々の生活の基礎にあった社会構造（階層構造）は、完全に崩れ去り、消滅したわけではない。むしろ、新たな形で再編されつつあり、互いの集団が時に距離をおき、牽制し、協力することで、大塔やその周囲の問題に携わっていく当事者として「聖地」の再建に携わっていることが読み取れる。そこには、明らかに、個々の集団の利害（カーストや経済的、政治的資源）というものを超えて、ブッダガヤにおいて代々継承されてきた生活者としての自覚と、共通の経験と記憶を手繰り寄せることで、外からの力に対応してきたということだ。こうしたことこそがブッダガヤにおける「聖地化」に関わる地域的固有性といわねばならない。例えば、新仏教徒が、遺跡周囲の商業空間や地元の人々の生活空間の取り除きを求めていることに表れているが、そのほかにも大塔の敷地内での土足の許可をめぐる緊張がある。後者の例は、遺跡の周囲において宗教的な場所とそれ以外の場所との境界線を問うものだといえる。さらに、遺跡の周囲では、各国寺院の建設増加を問題視するような力や、サービスやインフラなどの整備に働く力、歴史的遺跡の保存保護やその周囲の景観を保存するべく開発の力などが働き始めている。このことからもわかるように、遺跡やその周囲をめぐり、様々なベクトルの諸力がぶつかり合い、折り合いながら、織りなすように「聖地」が築き上げられているのだ。

こうしたなかで蠢く思惑や利害の異なる諸主体の葛藤や対立、妥協といったものが交錯する地平に、形を今もなお変えながら結晶化しつつある「聖地」再建のダイナミクスが顕われているといえよう。

一―二　ブッダガヤから「ブッダガヤ」へ

以上、ブッダガヤが「仏教聖地」であることを「忘れられ」てから、どのように「聖地」が再建されていくのか、ということを外的な力や内的な力といった概念を手がかりにしつつ論じてきた。それは、「仏教聖地」として、ブッダガヤが、経済的にも、政治的にも、社会的にも目覚めていく過程である。

だが、ここで、もう一つ述べておきたいことは、その過程が、ブッダガヤが「ブッダガヤ」という「場所」として争点になっていく過程だということである。ブッダガヤが今日「仏教聖地」であるのは、人々から忘れられていた地が考古学的に発見されたということを抜きにしては考えられない。同じ意味で、「仏教聖地」は、仏教の地の考古学的、歴史学的発見、さらには宗教的発見なしに存在しえないということだ。このことは、このような関わり方がなかった場合、それは「仏教聖地」が存在しえないということにとどまらず、ブッダガヤそのものが知覚されないままでいるということになる。つまり、ブッダガヤが「仏教聖地」として築き上げられていくプロセスは、ブッダガヤが「ブッダガヤ」として登場する過程だということだ。ブッダガヤは「仏教聖地」としてみられ、働きかけられるなかで「ブッダガヤ」として認識されるようになる。ブッダガヤは、そのあり方、つまり「場所」として問われるなかで「ブッダガヤ」として改めて現れるし、目覚めるのである。

こうしたことをもっと具体的にいうとどういうことになるか。筆者が行った地元の人々のインタビューを取り上げてみよう。老人D. Saw氏は、かつて、ブッダガヤの人々が、ブッダをブート（ヒンディー語で「お化け」の意味）、あるいはブート・バグワン（お化けの神）と呼んでいたと話す。[12]地元の人々にとって、ブッダガヤが、「仏教聖地」や「仏教の地」「ブッダ悟りの地」であるということと必ずしも初めから結びついていたわけではない。言い換えれば、多くの住人たちにとってブッダガヤがそれ自体として主題的に認識されることはなかったわけである。彼らが、ブッダガヤをそれ自体として捉え、「仏教聖地」さらには「ブッダ悟りの地」という「場所」としての気づきを再認識するのは、押し寄せる外国の仏教徒や観光客と触れたこと、ブッダ・ジャヤンティの開催を行った新生インド政府の取り組みに触れたことをきっかけにしている。ようするに、ブッダガヤはそれがどのような「場所」なのかと問われるなかで争点となり、「ブッダガヤ」として改めて認識されるようになる。

ブッダガヤの「場所」としての争点化は多岐にわたる。初期の考古学や仏教学など、仏教運動家（あるいは仏教改宗者）、ヒンドゥー教徒、住民たち、ユネスコ、インド政府などの社会的諸主体はいずれも、各々の見方と戦略に基づいて、「ブッダガヤ」という「場所」のあるべき姿を目指し働きかける。ブッダガヤにおける「聖地化」はこのような様々な見方や戦略の絡み合いの様相であり、その結果にほかならない。

ただし、「場所」に働きかけるこうした社会的諸主体は、時代や社会的変化を背景に、その時々の思惑と利害を担って初めて現れるのであって、そのような遺跡への関わり方に先立って、そこにあらかじめ存在してきたわけではない。むしろ、ブッダガヤがその都度「ブッダガヤ」という場所として争点となること（例えば、ブッダガヤの考古学的な再発見、あるいは大塔の世界遺産登録）に触発されつつ、人々はブッダガヤとの関係に改めて気づいていく。その気づきとは、もっといえば、第一に、「場所」としての「ブッダガヤ」をどのようにみるべきか、第二に、どのような戦略をもって「場所」としての「ブッダガヤ」に関わるべきか、ということに対する気づきだ。それこそがブッダガヤの聖地化に働きかけ、参加をはかろうとする「主体」の形成であり、ブッダガヤが考古学的のみならず、社会学的に目覚めてくる様相であり、条件ではないだろうか。

著者が考える「聖地」の場所論的展開は、ブッダガヤが「場所」として争点となる社会学的な背景を紐解くことであり、ブッダガヤにおける「聖地化」の内実を、それに働きかける人々の社会的な背景を通じて解明することである。

以上のことから、今日に至るまでブッダガヤで起きたことを一瞥すると、忘れられていた「遺跡」が考古学的に再発見され「仏教遺跡」として生まれ変わり、やがて「世界遺産」として登録されるという一見極めて明確なまとめ方はあまりにも単純である。というのは、まず、第一に、ブッダガヤという「場所」をその仏教的な本質から見据え、ブッダガヤの「仏教化」に向けて働きかける勢力があるとしても、それは「ブッダガヤ」の「場所」を「争点」とする当事者（主体）の一つにすぎないからである。第二に、それにましてその勢力は、大塔やその周辺の遺跡の「仏教化」を一方的に掌握し支配できるわけでもない。まさしくそこに本書が「場所」としての「ブッダガヤ」を取り巻く変容の様子を「仏教化」ではなく、「仏教化」をもその一つの側面として抱えて進められる「聖地化」と呼ぶ理由がある。考古学的かつ歴史学的な目覚めに触発され「場所」としての「ブッダガヤ」のあるべき姿をめぐって、様々な主体（当事者）たちの絡み合いが織りなす「聖地化」がブッダガヤの今日的なあり方を形作るというのなら、ブッダガヤは考古学的・歴史学的に目覚めると同時に社会学的にも目覚めてきたといえるのではないだろうか。

そこにみえてくるのは、遺跡やその周辺のあるべき姿（＝場所性）をめぐる思惑や利害の異なる諸主体の関係性にほかならない。ブッタガヤの「聖地化」に関わり・働きかける諸主体は「聖地」ブッダガヤがどのような「場所」であるべきかという意味で「聖地」に対するそれぞれのスタンス（戦略）を練っていく。そのような諸主体のスタンスの表れは時に別の主体の形成（＝当事者化）を促すきっかけになるし、諸主体のスタンス（戦略）の相違を通してブッダガヤという「場所」は争点化していく。その観点からいえば、ブッダガヤにおける「聖地化」は「聖地」という「場所」とそれに関わり・働きかける「主体」の形成（＝当事者化）が絶え間なく絡み合いながら拡がり・深まっていくスパイラルなプロセスからなるし、またそのプロセスの表れにほかならないといえるかもしれない。

本書はブッダガヤに固有な「聖地」のあり方を「聖地化」というプロセスとそのなかで関係しあう様々な力からなる力学で捉えようと試みた。とりわけそこでみえてくることは、「聖地化」が「仏教聖地」としての知名度を高め、「仏教聖地」としての性格を揺るぎないものにしていることは否めないにしても、それがすぐに、ブッダガヤが仏教の「場所」として排他的に純化していくことにはならないということである。むしろブッダガヤにおける「聖地化」はブッダガヤのあり方（あるべき姿）に働きかける様々な力の間に存在する対立とその処理を模索する折り合いに満ちている。現に、ブッダガヤにおける「聖地」は依然として「ヒンドゥー教」の要素を認め、抱えているし、イスラーム教にも配慮を覗かせる「場所」として紡ぎだされつつある。[13] 端的にいえば、ブッダガヤに関わる力のどれも他の力を完全に抑え込むだけの力になっていない。まさしくそこに「聖地」であると同時に絶え間なく「聖地化」しつつあるブッダガヤの現在がある。

註

（1）新生インド政府はブッダガヤの寺院問題に対する対応として、仏教徒だけでなくヒンドゥー教徒によるＢＴＭＣ中心の管理体制を作り、しかもマハントをその永久メンバーとして認めた。

（2）例えば、仏教改宗の場合は、マハントがそれを阻止するなど一定の抑制力として働いたし、改宗者の増加は一部にとどまり、限定的な動きとなっていたことをみた。観光業の例でいえば、マハントの影響力が失われたことが人々の観光業への道を開いたが、マハント時代に築き上げられていた関係が、観光業の展開に少なからず影響を及ぼしていた。

（3）彼らは、ブッダをヒンドゥー教の神の化身とみなし、大塔がヒンドゥー教の寺院でもあると主張しながら、新仏教徒の抗議に対する反対姿勢をとるとともに、新仏教徒に対抗して、大塔内で積極的にヒンドゥー教の儀礼を執り行っていた。なかには、仏教徒の出方によっては大塔の破壊をほのめかすような過激な意見を主張する者もいる。そして、ヒンドゥー教寺院の再建にいち早く声を上げ、たびたび政府への修復および再建の要請を行っていた。

（4）抗議をする彼らにとってみれば、ブッダガヤの開発は、ヒンドゥー教徒やイスラーム教徒が築き上げてきた場所を犠牲に、仏教徒の場所を作ること以外の何ものでもない。地元の人々は、開発計画を問題視し、反対運動を組織する。そして、開発をブッダガヤ住民全体に関わる問題として、住民の間で問題の共有を図ろうとした。運動体のリーダーは、ナガル・パンチャヤートのメンバーやイスラーム教のリーダー、マハントにも協力を呼びかけ、また各集落内で開発をめぐる問題を説いて回り、デモや政府への陳情を行い、政府に開発計画を阻止する働きかけを行った。そういった取り組みもあり、開発計画は、いく度となく中断および修正を余儀なくされた。

（5）マハント支配体制時代は、マハントをはじめとする高カーストが、経済的、政治的、社会的にも影響力を持っていた。数のうえでは多くないブッダガヤにおいて、高カーストは、ブッダガヤの農村エリアに土地を所有し、小作人を雇い農作物を作る農業を生業としている者が少なくない。

（6）こうした変化はマハントのみにとどまらず、政治的、経済的力を有していた高カーストの社会的影響力とも関係する。

（7）しかし、後進カーストのなかには、未だに貧しい生活を強いられている者も少なくない。

（8）ブッダガヤにおける高カーストは数のうえでは少ないが、なかには経済的な力を握る者もいる。伝統的職業（地主）を継承している者もいる一方で、宗教的、政治的活動を担う者も確認できる。

（9）仏教に改宗した仏教徒はどちらかといえば、新仏教徒の立場を支持する者もいる。

（10）もちろん、そういう人ばかりではなく、なかには、仏教徒とは関係ないと公言する者もいる。それゆえ、開発に対する反対もまた、彼らの生活や商売に支障をきたすというような、経済的利害に基づくものであることは否めない。

（11）開発計画への反対の声の主たちは、一九五六年以降にたびたび行われてきた開発計画によって立ち退きを強いられたヒンドゥー教徒やイスラーム教徒で、当時、死者を出し、十分な補償もなく、立ち退き先の整備も進んでいない悲惨な状況を、痛々しく記憶していた。

（12）D. Saw氏、男性、七十三歳、土産物屋（二〇〇五年九月二十四日）。

（13）ほかにも、ブッダガヤという「聖地」を特徴づける例として、インド全体を震撼させた一九九二年のアヨーディヤにおけるイスラーム教とヒンドゥー教の宗教的緊張の影響がある。宗教的緊張の火種がインド各地に飛び火するなか、ブッダガヤの近くまでその火種が飛び火していたにもかかわらず、ブッダガヤでは問題とならなかった。その理由を、ある者は、ブッダガヤのヒンドゥー教徒とイスラーム教徒が肩を並べて生活してきた家族のような関係に求めた。こうした意見に対し、ブッダガヤが、そもそもヒンドゥー教とイスラーム教の緊張とは関係ないという見方もできるかもしれない。だが、彼らの答えのなかには、明らかにブッダガヤをどういう「場所」として捉えているかが見て取れる。

初出一覧

序　章　書き下ろし

第一章　書き下ろし

第二章　書き下ろし

第三章

「インドにおける「仏教聖地」―生きた文化遺産の葛藤とその行方―」『季刊民族学』三六（三）、一一―一九頁、二〇一二年

第四章

「「仏教聖地」における伝統支配の衰退と社会変容―独立以降のインド村落社会研究を手がかりに―」『名古屋大学社会学論集』二八、八三―一〇四頁、二〇〇七年

「インド「仏教聖地」構築の舞台―「仏教聖地」構築と交錯する地域社会―」『地域社会学会年報』二三、六七―八一頁、二〇一一年

「交錯する「仏教聖地」構築と多宗教的現実―インド・ブッダガヤの「仏教聖地」という場所の形成―」『日本都市社会学会年報』三一、一一一―一二八頁、二〇一三年

第五章

「インド「仏教聖地」における寺院管理の地域的意味」『東海社会学会年報』二、八九―九八頁、二〇一〇年

「ブッダガヤ寺院管理委員会の活動にみる「仏教聖地」構築」『東海社会学会年報』五、五八―七〇頁、二〇一三年

「ローカルな文脈における「聖地」の場所性―インド・ブッダガヤにおける「仏教聖地」を事例に―」『日本都市社会学会年報』二八、一六七―一八一頁、二〇一〇年

終　章　書き下ろし

参考文献

阿部慈園　一九九五「天竺への旅―法顕・玄奘・義浄のたどった道―」、小西正捷・宮本久義編『インド・道の文化誌』春秋社

Ahir, D. C., 2007, "Great Mahabodhi Temple Living World Heritage Monument" *Prajña* IX(1)

Almond, Philip C., 1988, *The British Discovery of Buddhism*, Cambridge: Cambridge U. P.

Anderson, Benedict, 1983, *Imagined Communities: Reflections on The Origin and Spread of Nationalism*, Verso（＝二〇〇二、ベネディクト・アンダーソン、白石さや・白石隆訳『想像の共同体』ＮＴＴ出版）

青木保・井本英一・赤坂憲雄　一九九一「情報装置としての聖地」、山折哲雄他『巡礼の構図―動く人びとのネットワーク―』ＮＴＴ出版、七三―一一八頁

荒木美智雄　二〇〇一『宗教の創造力』講談社学術文庫

Arpi, Claude, 2004, "Cultural Relations Between India and Tibet: An Overview of The Light From India" *Dialogue* 6(2)

浅川泰宏　二〇〇七「四国遍路の今日的展開―二極化する巡礼実践―」『宗教研究』八〇(四)、一四七―一四八頁

浅川泰宏　二〇〇八『巡礼の文化人類学的研究―四国遍路の接待文化―』古今書院

荒山正彦・大城直樹編　一九九八『空間から場所へ―地理学的想像力の探求―』古今書院

芦田徹郎　二〇〇一『祭りと宗教の現代社会学』世界思想社

アジス、ラーマン　一九九四「インドで活躍する日本人僧」『世界』五九一、二三二―二三三頁

Bahadur, Rai Ram Anugrah Narayana Singh 1892, *A Brief History of The Bodhgaya Math*, Bengal Secretariat Press

Bandyopadhyay, A. K., 1992, "BuddhaGaya and the Buddhist World," *SAMBODHI* 3(3): 15-23

Banerjee, Naresh, 1994, *Glimpses of Gaya and Bodh Gaya*, Melwari Peace Foundation

Banerjee, Naresh, 2000, *Gaya and Bodh Gaya: A Profile*, Inter-India Pubulications

Barua, Dipak K., 1981, *Buddha Gaya Temple: Its History*, Bihar Buddha Gaya Temple Management Committee

Bidari, Basanta, 2004, *Lumbini: A Haven of Sacred Refuge*, Lumbini International Research Institute（＝二〇〇六、バサンタ・ビダリ、黒坂佐紀子、ウダヤ・R・バジュラチャルヤ共訳『救済の聖地ルンビニ』ヒルサイドプレス）

Bloch, T., "Notes on Bodh Gaya," *Annual Report Archaeological Survey of India 1908-1909*

Bodh Gaya Management Committee, 2004, *Mahabodhi Mahavihar: A World Heritage Site*

Bodhgaya Temple Management Committee, 1973, *Prajñā* I(1)

Bodhgaya Temple Management Committee, 1973, *Prajñā* I(2)

Bodhgaya Temple Management Committee, 1973, *Prajñā* I(3)

Bodhgaya Temple Management Committee, 1974, *Prajñā* I(4)

Bodhgaya Temple Management Committee, 1974, *Prajñā* II(1)

Bodhgaya Temple Management Committee, 1974, *Prajñā* II(2)

Bodhgaya Temple Management Committee, 1974, *Prajñā* II(3)

Bodhgaya Temple Management Committee, 1975, *Prajñā* II(4)

Bodhgaya Temple Management Committee, 1975, *Prajñā* III(1)

Bodhgaya Temple Management Committee, 1975, *Prajñā* III(2)

Bodhgaya Temple Management Committee, 1975, *Prajñā* III(3)

Bodhgaya Temple Management Committee, 1976, *Prajñā* III(4)

Bodhgaya Temple Management Committee, 1976, *Prajñā* IV(2)

Bodhgaya Temple Management Committee, 1976, *Prajñā* IV(3)

Bodhgaya Temple Management Committee, 1977, *Prajñā* V(3)

Bodhgaya Temple Management Committee, 1978, *Prajñā* V&VI(4&1)

Bodhgaya Temple Management Committee, 1982, *Prajñā* VI(2)

Bodhgaya Temple Management Committee, 2002, *Prajñā* IV(1)

Bodhgaya Temple Management Committee, 2003, *Prajñā* V(1)
Bodhgaya Temple Management Committee, 2004, *Prajñā* VI(1)
Bodhgaya Temple Management Committee, 2005, *Prajñā* VII(1)
Bodhgaya Temple Management Committee, 2007, *Prajñā* IX(1)
Bodhgaya Temple Management Committee, 2008, *Prajñā* IX(1)
Bodhgaya Temple Management Committee, 2009, *Prajñā* XI(1)
Bodhgaya Temple Management Committee, 2010, *Prajñā* XII(1)
Bodhgaya Temple Management Committee, 2011, *Prajñā* XIII(1)
ブルッカー、ピーター　二〇〇三　有元健・本橋哲也訳『文化理論用語集―カルチュラル・スタディーズ＋―』新曜社
バークガフニ、ブライアン　二〇〇〇「ブッダガヤの流れ星」『禅文化』一七五、一一〇―一一七頁
仏教説話大系編集委員会、中村元・増谷文雄監修　一九八二『仏教説話大系第一巻釈尊の生涯』すずき出版
平等通昭　一九六九『古き印度の旅―印度仏蹟紀行―』印度学研究所
Carter, Erica, James Donald and Judith Squires, 1993, *Space and Place: Theories of Identity and Location*, Lawrence & Wishart
Cauhan, B. K., 1995, "India: A Sleeping Giant In the Tourism," *Souvenir A Travel's Guide to Bihar*, Paryatan Vikas Society
Chandra Bipan, 1990, *Modern India: A History Textbook for Class XII*（＝二〇〇一、ビパン・チャンドラ、粟屋利江訳『近代インドの歴史』山川出版社）
Chakravarty, Kalyan Kumar, 1997, *Early Buddhist Art of Bodh-Gaya*, Munshiram Manoharlal Publishers
Chidester, D. & Linenthal, E. T., ed., 1995, *American Sacred Space*, Indiana U. P.
Copland, Ian, 2004, "Managing Religion in Colonial India The British Raj and the Bodh Gaya Temple Dispute,"*Journal of Church & State*, 46(3): 527–559
Davids, Thomas William Rhys, 1903, *Buddhist India*, London Delhi（＝一九八四、T・W・リス・デヴィッヅ、中村了昭

訳『仏教時代のインド』大東出版社）
Department of Tourism, Ministry of Tourism & Culture Government of India, 2002, "Information Dossier for nomination of Mahabodhi Temple Complex, Bodhgaya As a World Heritage Site"
土井久弥　一九七三「アンベドカル博士」、中村元・笠原一男・金岡秀友編『アジア仏教史インド編Ⅴ　インドの諸宗教〈宗教のるつぼ〉』佼成出版社
土井久弥　一九七六「アンベドカル博士」、中村元・笠原一男・金岡秀友編『アジア仏教史インド編Ⅴ　インドの諸宗教〈宗教のるつぼ〉』佼成出版社
Dhavan, Lucinda, 2005, "Bodhgaya: Then and Now," prajñā VII(1)
Dhammika, S., 1996, *Navel of the Earth: The History and Significance of Bodh Gaya*, Buddha Dhamma Mandala Society
Doyle, Tara Nancy, 1997, *Bodh Gaya: Journeys, to the Diamond Throne and the Feet of Gayāsur*, Harvard University Ph. D.
Eliade, Mircea, 1957, *Das Heilige und das Profane: Vom Wesen des Religiösen*（＝一九六九、ミルチャ・エリアーデ、風間敏夫訳『聖と俗—宗教的なるものの本質について—』法政大学出版局）
藤井正雄　一九八七「聖域とその境界〈総説〉」、桜井徳太郎編『仏教民俗学大系3　聖地と他界観』名著出版
藤村健　二〇〇三「新宗教教団・大本の聖地の建設と再建」『地理』四八
藤村健一　二〇〇五「宗教施設と社会集団との相互関係とその変化—福井県嶺北の寺院・道場の事例から—」『地理学評論』七八（六）、三六九—三八六頁
福武直・大内力・中根千枝　一九六四『インド村落の社会経済構造』アジア経済研究所
福武直編　一九六四『インド農村の社会構造』アジア経済研究所
福武直　一九六五「インド村落における変化と停滞」『村落社会研究』一、二二九—二五〇頁
福武直　一九七六『中国・インドの農村社会—世界農村の旅—』（福武直著作集第一〇巻）東京大学出版会
藤田弘夫・吉原直樹編　一九九九『都市社会学』有斐閣
藤吉慈海　一九九一『インド・タイの仏教』大東出版社

Geary, David, 2009, *Destination Enlightenment: Buddhism and The Global Bazzar in Bodh Gaya, Bihar*, The University of British Columbia Phd Thesis

Giddens, Anthony, 1999, *Runaway World: How Globalization is Reshaping Our Lives*, Routledge（＝二〇〇一、アンソニー・ギデンズ、佐和隆光訳『暴走する世界―グローバリゼーションは何をどう変えるのか―』ダイヤモンド社）

Gombrich, Richard and Gananath Obeyesekere, 1988, *Buddhism Transformed: Religious Change in Sri Lanka*, Princeton U.P.（＝二〇〇二、リチャード・ゴンブリッチ、ガナナート・オベーセーカラ、島岩訳『スリランカの仏教』法藏館）

Gray, Ann and Jim McGuigan, 1997, *Studying Culture: An Introductory Reader*, Hodder Arnold

グルッセ、R　濱田泰三訳　一九八三『仏陀の足跡を逐って』金花舎

Guy., John, 1991, "The Mahabodhi Temple: Pilgrim Souvenirs of Buddhist India", *The Burlinton Magaine* Vol. 133, No. 1059, 356-367

Hazra, K. L., 1983, *Buddhism in India as Described by The Chinese Pilgrims*, AD399-689, Munshiram Manoharlal

Hewison, Robert, 1987, *The Heritage Industry: Britain in a Climate of Decline*, Methuen

平山眞　二〇〇二「聖地巡礼の観光人類学的考察―宮城県仙台市の宗教法人・大和教団を題材として―」『観光産業』一九、一四五―一五七頁

堀川三郎　一九九八「歴史的環境保存と地域再生―町並み保存における「場所性」の争点化―」『講座　環境』東京大学出版会

堀川三郎　二〇一〇「場所と空間の社会学―都市空間の保存運動は何を意味するのか―」『社会学評論』六〇(四)、五一七―五三四頁

星野英紀　一九八〇「四国遍路における聖地性の特質」、佐々木宏幹・宮田登・山折哲雄編『現代宗教3　聖地』春秋社

星野英紀　一九八一『巡礼―聖と俗の現象学―』講談社現代新書

星野英紀　一九九六「聖地の構造的複合性」『密教学研究』二八、三五―五〇頁

星野英紀　二〇〇一『四国遍路の宗教学的研究―その構造と近現代の展開―』法藏館
北條賢三　一九八〇『インド文化への回帰―現代生活に流れる古代精神文化の残像―』大正大学出版部
池田昭　一九五八「アジアの宗教と村落共同体―マックス・ウェーバーにおけるアジアの宗教社会学的分析の基礎的視点―」『社会学評論』八(二)、八〇―八九頁
インド日本寺落慶式実行委員会編　一九七四『印度山日本寺―落慶記念豪華写真集―』国際仏教興隆協会
石森秀三編　一九九六『20世紀における諸民族文化の伝統と変容3　観光の20世紀』ドメス出版
逸見梅栄　一九二五『仏陀伽耶―佛教古藝術の精華―』大雄閣
岩本通弥　二〇〇七「現代日本の文化政策とその政治資源化―「ふるさと資源」化とフォークロリズム―」、山下晋司編『資源化する文化』弘文堂
岩崎巴人　一九八二「自然への回帰―ボード・ガヤーの古代文明―」『古美術』六二、九九―一〇四頁
彌永信美　一九九四「他者としてのインド」『現代思想』二二(七)、一七二―一八六頁
Jaffe, Richard, 2002, "Seeking Sakyamuni: World Travel and The Reaction of Modern Japanese Buddhism"（=二〇〇二、リチャード・ジャフィ、前川健一訳「釈尊を探して―近代日本仏教の誕生と世界旅行―」『思想』九四三、六四―八七頁）
加来弓月著　一九九八『インド現代史―独立50年を検証する―』中公新書
鎌田茂雄　二〇〇三『仏教の来た道』講談社学術文庫
神田伸夫・柴田三千雄編　一九八〇『世界の歴史』山川出版社
辛島昇　二〇〇〇『南アジアの文化を学ぶ』放送大学教育振興会
加藤政洋・大城直樹編著　二〇〇六『都市空間の地理学』ミネルヴァ書房
加藤茂　一九九〇『仏教の源流―釈尊の生涯とインド仏跡をたずねて―』世界書院
河野智眼　一八九二「印度佛跡佛陀伽耶図」『心の鏡』河野智眼
河野眞　一九九三ａ「西ヨーロッパの巡礼慣習にたいする基本的視点について―特に日本でおこなわれている通念の修正のために（一）―」『愛知大学文学論叢』一〇二、一―二〇頁

河野眞、一九九三b「西ヨーロッパの巡礼慣習にたいする基本的視点について―特に日本でおこなわれている通念の修正のために（二）―」『愛知大学文学論叢』一〇四、一―二六頁
木原啓吉　一九八二『歴史的環境―保存と再生―』岩波新書
木村勝彦　二〇〇七「長崎の教会群と世界遺産」『宗教研究』八〇(四)、一五〇―一五一頁
Kinnard, Jacob N., 1998, "When Is The Buddha Not the Buddha? The Hindu／Buddhist Battle over Bodhgaya and Its Buddha Image," *Journal of the American Academy of Religion* 68(4): 817-839
紀野一義　一九七五『風と光の国インド』佼成出版社
岸本美緒責任編集　二〇〇四『歴史学事典11　宗教と学問』弘文堂
北進一　二〇〇五「伝説の中のボードガヤー（ブッダガヤ）―飾られた仏陀と宝冠仏への視座―」『東西南北』（和光大学総合文化研究所年報）五七―六五頁
北山宏明　一九七八『菩提樹の里』星光印刷株式会社
小林三旅　二〇〇八『男一代菩薩道―インド仏教の頂点に立つ日本人、佐々井秀嶺―』アスペクト
小嶋博巳　一九八七「地方巡礼と聖地」桜井徳太郎編『仏教民俗学大系３　聖地と他界観』名著出版、二四九―二六四頁
小西正捷　一九八一『人間の世界歴史八　多様のインド世界』三省堂
小谷汪之　一九七一「一八世紀インドにおける村落祭祀とカースト制」『歴史学研究』三七八、二六―三五頁
古屋野正伍　一九六一「現代インドにおける社会変化とこれに対応する構造的問題点―現代インド社会構造研究序説―」『社会学評論』一二(一)、八三―一〇四頁
久保田展弘　一九九一『インド聖地巡礼』新潮選書
久保田展弘　一九九八「多神教・一神教の聖地―バナーラスとエルサレム―」『比較思想研究』二五（別冊）、六―九頁
桑子敏雄　一九九九『環境の哲学―日本の思想を現代に活かす―』講談社学術文庫
教団史編集委員編　一九八四『大乗教教団史―70年の歩み―』大乗教総務庁
Lefebvre, Henri, 1974, *La Production de l'espace*, Anthropos（＝二〇〇〇、アンリ・ルフェーヴル、斎藤日出治訳『空

間の生産』青木書店）
Leoshoko, Janice, 1988, *Bodhgaya, The Site of Enlightenment*, MargPublications
Lumbini Deveropment Trust, 1985, *LUMBINI*, Pragati Offset Press
リーダー、イアン　二〇〇五「現代世界における巡礼の興隆―その意味するもの―」、国際宗教研究所編『現代宗教』東京堂出版、二七九―三〇五頁
町村敬志　一九九九「グローバル化と都市―なぜイラン人は「たまり場」を作ったのか―」、奥田道大編『講座社会学4　都市』東京大学出版会
町村敬志　二〇〇七「空間と場所」、長谷川公一・浜日出夫・藤村正之・町村敬志『社会学』有斐閣、二〇一―二三九頁
前田惠學　一九八〇「近代スリランカにおける仏教復興運動―K. Wachissara における V. Saranankara 研究の紹介―」『印度学仏教学研究』二八（二）、五四八―五五一頁
前田行貴　一九九八『インド佛跡巡禮』東方出版
前田専学　一九九五「犀の角のようにただ独り歩め―ゴータマ・ブッダの求道と伝道―」、小西正捷・宮本久義編『インド・道の文化誌』春秋社、四八―六一頁
前田卓　一九七〇『巡礼の社会学』ミネルヴァ書房
前島訓子　二〇〇七「「仏教聖地」における伝統支配の衰退と社会変容―独立以降のインド村落社会研究を手がかりに―」『名古屋大学社会学論集』二八、八三―一〇四頁
前島訓子　二〇一〇ａ「インド「仏教聖地」における寺院管理の地域的意味」『東海社会学会年報』第二号、八九―九八頁
前島訓子　二〇一〇ｂ「ローカルな文脈における「聖地」の場所性―インド・ブッダガヤにおける「仏教聖地」を事例に―」『日本都市社会学会年報』二八、一六七―一八一頁
前島訓子　二〇一一「インド「仏教聖地」構築の舞台―「仏教聖地」構築と交錯する地域社会―」『地域社会学会年報』二三、六七―八一頁

前島訓子　二〇一二「インドにおける「仏教聖地」―生きた文化遺産の葛藤とその行方―」『季刊　民族学』三六（三）、一一―一九頁

前島訓子　二〇一三「交錯する「仏教聖地」構築と多宗教的現実―インド・ブッダガヤの「仏教聖地」という場所の形成―」『日本都市社会学会年報』三一、一二一―一二八頁

前島訓子　二〇一三「ブッダガヤ寺院管理委員会の活動にみる「仏教聖地」構築」『東海社会学会年報』五、五八―七〇頁

Massey, D. 1993. *Space, Place, and Gender*, University of Minnesota Press

松井圭介　二〇〇三「民衆宗教にみる聖地の風景」『地理』四八（一一）、三六―四二頁

松井圭介　二〇〇五「ツーリズムの影響にともなう聖地管理の課題―Shackely, M.: Managing Sacred Sites を手がかりとして―」『人文地理学研究』二九、一五九―一六九頁

松井圭介　二〇〇七「観光戦略としての宗教―長崎県におけるキリシタンをめぐって―」『宗教研究』八〇（四）、一四八―一五〇

松本栄一・菊池武夫　一九八八『ブッダの誕生―インド仏跡の旅―』佼成出版社

松本栄一　二〇〇七『アジア聖地巡礼―インドから中国へ―』世界文化社

Ministry of Tourism, Govt. of India, 2005, *Heritage Led Perspective Development plan for Budhgaya, vision 2005-2031 Final report 2005 Volume II: The Work Studies*, Hudco

Mitra, Rajendralala, 1972, *Buddha Gaya: The Great Buddhist Temple, The Hermitage of Sakya Muni*, Indological Book House

光吉利之　一九六一「インド村落研究―文化人類学的アプローチ―」『社会学評論』一二（一）、一〇五―一一〇頁

宮坂宥勝　一九八〇『インド仏跡の旅』人文書院

森悟朗　二〇〇七「観光地としての江の島の展開」『宗教研究』八〇（四）、一四六―一七七頁

森本達雄　二〇〇五『ヒンドゥー教―インドの聖と俗―』中公新書

森岡清美　一九八二「新宗教における教団内聖地の確立過程」『日本常民文化紀要』（八）Ⅱ、四七―一〇九頁

Myer, Prudence R. 2015, "The Great Temple at Bodh-Gayaā," *The Art Bulletin* 40(4): 277–298
長井眞琴　一九五六「仏滅二千五百年特集　聖地に見る仏陀讃仰の聖業　ブッダ・ギャヤンティについて」『大世界』一一(一二)、五二―五五頁
長田攻一・坂田正顕　一九九九「現代四国遍路の社会学的実証研究」『社会学年誌』四〇、一―一四頁
中川正　二〇〇三「聖地とは何か」『地理』四八(一一)、八―一三頁
中村元　一九九八『インド史Ⅲ（中村元全集：決定版第七巻）』春秋社
中村隆海　二〇〇一「祖霊祭 srāddha ―インド・ガヤー市の事例報告―」『論集』二八、五五―八〇頁
奈良康明　一九七九『世界宗教史叢書7　仏教史Ⅰ　インド・東南アジア』山川出版社
Narayan, S., 1987, *Bodh Gaya, Shiva—Buddha—?* Inter-India Publication
根本達　二〇一〇「現代の仏教徒たちと「不可触民」解放運動」、木村文輝編『挑戦する仏教―アジア各国の歴史といま―』法藏館
西村馨　一九八六「インド僧　佐々井秀嶺―〝不可触民〟とともに生きる日本人僧侶」『部落解放』二四八、五三―六四頁
似田貝香門・矢澤澄子・吉原直樹編著　二〇〇六『越境する都市とガバナンス』法政大学出版局
野田浩資　二〇〇一「歴史的環境の保全と地域社会の再構築」、鳥越皓之編『講座　環境社会学3　自然環境と環境文化』有斐閣、一九一―二一五頁
野田浩資　二〇〇〇「歴史都市と景観問題―「京都らしさ」へのまなざし―」、片桐新自編『歴史的環境の社会学』新曜社
沼義昭　一九五三「カストとインドの宗教―ウェーバー宗教社会学の一問題―」『社会学評論』三(三)、一三〇―一三三頁
沼田健哉　一九七二「インド・カースト制の構造と変動」『社会学評論』二三(二)、八三―九七頁
沼田健哉　一九七三「伝統社会の構造と変動―アジアの中の日本―」『社会学評論』二四(二)、六三―七八頁
ＮＨＫ取材班　一九八〇『永遠のガンジス』日本放送出版協会

小田匡保　一九八九「巡礼類型論の再検討」『京都民族・京都民族学談話会会誌』一七、七七―八七頁

小田匡保　二〇〇三「修験道教義における大峰」『地理』四八（一一）、一四―一九頁

小寺武久　一九九七『古代インド建築史紀行―神と民の織りなす世界―』彰国社

小和田啓気編　一九六二『アジアの土地改革』アジア経済研究所

岡澤憲一郎　一九七六「家産制とカースト―マックス・ウェーバーのばあい―」『社会学評論』二七（一）、二―一七頁

小田淑子　二〇〇三「イスラームにおける聖と日常性」、国際日本文化研究センター編『聖なるものの形と場』（国際シンポジウム　第18集）国際日本文化研究センター、一九七―二〇六頁

遠城明雄　一九九八「都心地区の衰退と「まちづくり」活動をめぐって」、荒山正彦・大城直樹編『空間から場所へ―地理学的想像力の探求―』古今書院

大橋正明　二〇〇一『「不可触民」と教育―インド・ガンディー主義の農地改革とブイヤーンの人びと―』明石書店

大工原彌太郎　二〇〇四「ブッダガヤの祭りと人々の暮らし」『菩提樹学園の教育―財団設立三五周年・印度山日本寺開山三〇周年・菩提樹学園創立二五周年記念』国際仏教興隆協会

大城直樹　一九九八「現代沖縄の地域表象と言説状況」、荒山正彦・大城直樹編『空間から場所へ―地理学的想像力の探求―』古今書院

大城直樹　二〇〇三「地理学と社会学―折衝の第二ラウンド？―」『社会学雑誌』二〇、一一一―一二四頁

押川文子　一九九四「インド政治とカースト―「後進諸階級」問題を中心に―」、中兼和津次編『講座現代アジア2　近代化と構造変動』東京大学出版会、二九五―三二六頁

応地利明　一九八四「日本と天竺・インド―前近代日本におけるインドの地理的世界像―」、近藤治編『インド世界―その歴史と文化―』世界思想社

Prasad, Kailash. 1992. "Buddhagaya: An Exhibition of The World Buddhist Culture," *Sambodhi Buddha Purnima Issue* 3 (3): 67-70

Pratap, Rana. 2007. "Bodh-Gaya: A Place of Cultural Opulence," edited by Baleshwar Thakur et al. *City, Society, and Planning.* Concept

Pred, A., 1984, "Place as Historically Contingent Process: Structuration and The Time-Geography of Becoming Places," *Annals of the Association of American Geographers* 74(2): 279–297
Rastrapal, Mahathera, 1992a, "Buddha Gaya and the Buddhist World," *SAMBODHI: Buddha Purnima Issue"* 3(3): 32–33
Rastrapal, Mahathera, 1992b, *The Glory of Buddhagaya*, Mahabodhi Temple
Relph, Edward, 1976, *Place and Placelessness*（＝一九九九、エドワード・レルフ、高野岳彦・安部隆・石山美也子訳『場所の現象学―没場所性を越えて―』ちくま学芸文庫）
Rogers, A., 1989, *Gentrification, Power and Versions of Community: A Case Study of Los Angeles*, Oxford University
斎藤昭俊　一九八五『インドの聖地考』国書刊行会
桜部建　一九六〇「インド仏教滅亡時の事情をつたえるチベット文の一資料」『佛教史学』九（一）、二七―三〇頁
サンガラクシタ　一九五六「故アナガーリカ・ダルマパーラ師の略伝」（＝一九九一、藤吉慈海訳「ダルマパーラの生涯」、藤吉慈海『インド・タイの仏教』大東出版社）
佐々井秀嶺　二〇一〇『必生　闘う仏教』集英社新書
佐々木捷祐　一九七二『インド紀行』聖教新聞社
佐々木宏幹編　一九八〇『現代宗教三　聖地』春秋社
佐々木教悟・高崎直道・井ノ口泰淳・塚本啓祥　一九六七『仏教史概説　インド篇』平楽寺書店
佐藤潔人　一九八〇「聖地のダイナミックス―メソ・アメリカの場合―」、佐々木宏幹・宮田登・山折哲雄編『現代宗教３　聖地』春秋社、一五七―一六七頁
佐藤良純　一九八〇「アジア仏教の現状」、現代仏教を知る大事典編集委員会編『現代仏教を知る大事典』金花舎
佐藤良純　一九八八「ブッダガヤ寺院法をめぐって」『パーリ学仏教文化学』一（一）、一二一―一三三頁
佐藤良純　二〇〇八「北インドの古跡を訪ねて―スジャーター・ストゥーパ（バクラウル）、ターラーディー、ケーサリヤー・ストゥーパ」『インド考古研究』三〇、三八―八六頁
Seevalee Thero, P., 2004, "Buddhagaya: Where the Mind and Knowledge Turned Supreme," *Buddha Vandana*
佐藤良純　二〇一三『ブッダガヤ大菩提寺―新石器時代から現代まで―』山喜房佛書林

関礼子　一九九九「どんな自然を守るのか―山と海との自然保護―」、鬼頭秀一編『講座人間と環境12　環境の豊かさを求めて―理念と運動―』昭和堂、一〇四―一二五頁

サハ・ショーバン・K　一九九五「インド・ビハール州ブッダガヤにおける観光と開発」『アジアにおける文化遺産の保護と救済』二、一八八―二〇六頁

白石凌海　二〇〇〇「ブッダ・ガヤー考」『豊山教学大会紀要』一二八、八三―一一八頁

杉本良男　一九九五「民俗宗教と国民宗教―スリランカにおける宗教・民族問題―」同編『宗教・民族・伝統―イデオロギー論的考察―』南山大学人類学研究所、二一五―二三六頁

杉本良男　二〇〇三「アジア・アフリカ的翻訳」、池上良正他編『岩波講座宗教1　宗教とはなにか』岩波書店

杉本良男　二〇一二「四海同胞から民族主義へ―アナガーリカ・ダルマパーラの流転の生涯―」『国立民族学博物館研究報告』三六(三)、二八五―三五一頁

杉田暉道　一九七九「わたしの体験したインド―ブッダガヤ滞在四ヵ月の印象―」『横浜医学』三〇(五)、四〇九―四一三頁

杉田暉道　一九八〇「インドのブッダガヤの保健医療について」『日本公衆衛生雑誌』二七(二)、一〇四―一〇六頁

杉山二郎・栗田勇・佐々木宏幹　一九八〇「聖地のコスモロギー」、佐々木宏幹・宮田登・山折哲雄編『現代宗教3　聖地』春秋社

スマート、ニニアン　一九九九　阿部美哉訳『世界の諸宗教Ⅰ　秩序と伝統』教文館

ターパル、B・K　一九九〇　小西正捷・小磯学訳『インド考古学の新発見』雄山閣出版

平良直　二〇〇七「場所の記憶と中心の再構築―沖縄意識の形成と観光という舞台―」『宗教研究』八〇(四)、一六四―一六五頁

高崎直道監修　一九九八『ブッダ大いなる旅路1　輪廻する大地仏教誕生』日本放送出版協会

高橋沙奈美・前島訓子・小林宏至　二〇一四「地域大国の世界遺産―宗教と文化をめぐるポリティクス・記憶・表象―」、望月哲男編著『ユーラシア地域大国の文化表象』ミネルヴァ書房、七五―一〇一頁

高楠順次郎他　一九二六『印度仏跡実写―附・解説―』巧芸社

武澤秀一　二〇〇一『迷宮のインド紀行』新潮選書
田丸徳善編　一九九六『宗教―いのちの深層をさぐる―』大正大学出版部
田崎國彦　一九九三「十三世紀はじめのブッダ・ガヤー〔資料編〕―ダルマスヴァーミン「インド巡礼記」第4・5章訳註―」『東洋学研究』三〇、六九―八八頁
The Maha Bodhi Society of India, 1922, *Rescue Buddha Gaya: Rescue the Great Maha Bodhi Temple*, College Square
富野暉一郎　二〇〇二「開発と景観保全」、松下圭一・西尾勝・新藤宗幸編『岩波講座　自治体の構想5　自治』岩波書店
Trevithick, Michael Alan, 1988, *A Jerusalem of The Buddhists in British India, 1874–1949*, Harvard University Ph. D Thesis
Trevithick, Michael Alan, 1999, "British Archaeologists, Hindu Abbots, and Burmese Buddhists: The Mahabodhi Temple at Bodh Gaya, 1811–1877," *Modern Asian Studies* 33(3): 635–636
Tuan, Yi-Fu, 1977, *Space and Place*, University of Minnesota（＝二〇〇四、イーフー・トゥアン、山本浩訳『空間の経験―身体から都市へ―』ちくま学芸文庫）
土橋恭秀　一九七七「ブッダガヤー（仏陀伽耶）今昔」『文明』二〇、一―四頁
塚本啓祥　一九九六「ボード・ガヤーの今昔―伝承と忠実―」勝呂信静博士古稀記念論文集刊行会編『勝呂信静博士古稀記念論文集』山喜房佛書林、一六五―一七八頁
塚本善隆・長尾雅人・中村元・花山信勝・古野清人・増谷文雄監修　一九八〇『現代仏教を知る大事典』金花舎
鳥井由紀子　一九八六「教祖と聖地の構造―解脱会の信仰の世界―」『東京大学宗教学年報』Ⅳ、五四―六八頁
Urry, John, 1990, *The Tourist Gaze: Leisure and Travel in Contemporary Societies*, Sage（＝一九九五、ジョン・アーリ、加太宏邦訳『観光のまなざし―現代社会におけるレジャーと旅行―』法政大学出版局）
Urry, John, 1995, *Consuming Places*, Routledge（＝二〇〇三、ジョン・アーリ、吉原直樹・大澤善信監訳『場所を消費する』法政大学出版局）
Urry, John, 2000, *Sociology Beyond Societies*: Mobilities for the Twenty-first Century（＝二〇〇六、ジョン・アーリ、

吉原直樹監訳『社会を越える社会学―移動・環境・シチズンシップ―』法政大学出版局)
上野俊哉・毛利嘉孝　二〇〇〇『カルチュラル・スタディーズ入門』ちくま新書
上野千鶴子　一九八五『構造主義の冒険』勁草書房
植島啓司　二〇〇〇『聖地の想像力―なぜ人は聖地をめざすのか―』集英社新書
若林幹夫　一九九六「都市空間と社会形態―熱い空間と冷たい空間―」、井上俊・上野千鶴子他編『岩波講座現代社会学6　時間と空間の社会学』岩波書店、七五―九八頁
渡辺照宏　一九七四『仏教　第二版』岩波新書
八木祐子　一九九八「女神の身体・女性の身体―北インド農村の女神崇拝―」、田中雅一編著『女神―聖と性の人類学―』平凡社、六四―九〇頁
山際素男　二〇〇三『不可触民と現代インド』光文社新書
山際素男　二〇〇八『破天―インド仏教徒の頂点に立つ日本人―』光文社新書
山田桂子　一九九七「「仏教」の再発見をめぐる論争と実践」『アジア・アフリカ歴史社会研究』二、二九―四四頁
山口博一　一九七三「アジア研究の現状とその批判―インド研究者の立場から―」『社会学評論』二四(二)、二―一五頁
山本宗補　二〇〇四「ダリットと共に37年、日本人僧・佐々井秀嶺師―アンベードカル博士の後継者、インド仏教の復興に尽くす―」『部落解放』五四一、九〇―九五頁
山中弘　二〇〇六「宗教とツーリズムに関する分析視角をめぐって」、山中弘編『「場所の聖性」の変容・再構築とツーリズムに関する総合研究』平成十五年度～平成十七年度科学研究費補助金（基盤研究（C））研究成果報告書
山中弘編　二〇〇六『「場所の聖性」の変容・再構築とツーリズムに関する総合研究』平成十五～十七年度の科学研究費補助金（基盤C）研究成果報告書
山中弘　二〇〇七「宗教とツーリズムをめぐって」『宗教研究』八〇(四)、一四五―一五二頁
山中弘　二〇〇九「「宗教とツーリズム」事始め」、山中弘編『場所をめぐる宗教的集合記憶と観光的文化資源に関する宗教学的研究』平成十八年度～平成二十年度科学研究費補助金（基盤（B））研究成果報告書

山中弘編　二〇〇九『「場所をめぐる宗教的集合記憶と観光的文化資源に関する宗教学的研究』平成十八〜二十年度科学研究費補助金（基盤B）研究成果報告書
山中弘編　二〇一二『宗教とツーリズム―聖なるものの変容と持続―』世界思想社
山折哲雄・杉山二郎・大澤真幸　一九九一「旅と巡礼の原点を求めて」、山折哲雄他『巡礼の構図―動く人びとのネットワーク―』ＮＴＴ出版
山折哲雄　一九七七「日本人とインド」、辛島昇編『インド入門』東京大学出版会、三三二―三四七頁
山折哲雄　一九八〇『インド・人間』平河出版社
山折哲雄　一九八一「聖地と仏教の機能」『日本佛教學會年報』四七、三三一―三四四頁
山崎利男　一九六九『世界の宗教6　神秘と現実　ヒンドゥー教』淡交社
山崎利男・高橋満編　一九九三『日本とインド交流の歴史』三省堂選書
Yun-hua, Jan, 1966, "Buddhist Relations between India and Sung China" *History of Religions* Vol. 6, No 1, pp. 24-42.
頼富本宏　二〇〇三「威力を生み出す形と場」、国際日本文化研究センター編『聖なるものの形と場』（国際シンポジウム　第一八集）国際日本文化研究センター、三一九―三二五頁
吉原直樹編著　一九九三『都市の思想―空間論の再構成にむけて―』青木書店
吉原直樹　一九九九「都市社会学の新しい課題―新たな空間認識をもとめて―」、藤田弘夫・吉原直樹編『都市社会学』有斐閣
吉原直樹　二〇〇二『都市とモダニティの理論』東京大学出版会
吉原直樹　二〇〇八『モビリティと場所―21世紀都市空間の転回―』東京大学出版会
吉見俊哉　一九九三「都市論と都市社会学」『日本都市社会学会年報』一一
吉見俊哉　二〇〇二「グローバル化と脱―配置化される空間」『思想』九三三、四五―七〇頁
吉見俊哉　二〇〇三『カルチュラル・ターン、文化の政治学へ』人文書院
吉岡昭彦　一九七五『インドとイギリス』岩波新書
吉澤五郎　一九九九「巡礼と文明―「聖地」のコスモロジー―」『比較文明』一五、五四―六六頁

謝辞

私がインドのブッダガヤをフィールドに研究を志したのは、大学在学時に遡ります。その頃、豊橋市にあるNGOのスタディーツアーに参加し、インド・ブッダガヤを訪れたことをきっかけに、「仏教聖地」に生きる人々が織り成す社会に興味を抱き、この地を研究する揺るぎない志を持つに至りました。また当時、大学において、マックス・ヴェーバーやエミール・デュルケームといった社会学者の壮大な知的営みを熱心に取り上げて下さった折原浩先生の講義を受講し、社会学への強い関心を持ち始めていた私は、インドにおけるブッダガヤという、仏教の地としてきわめて知られた、それでいて、宗教やカーストの異なる人々が生活を営み、社会を築き、年々、変化をとげていく「仏教聖地」に、社会学という立場からアプローチするという課題に取り組んでいくことになりました。それから一〇年以上の年月が経過し、その成果を博士論文としてまとめることになりました。本書は博士論文を加筆、修正したものです。

博士論文をまとめるにあたっては、名古屋大学社会学講座をはじめとする先生方に、多くのご指導、ご教示を賜りました。指導教員である田中重好先生には、研究生活を送る上で、時に厳しくも温かいご指導を賜りました。また、論文審査にあたっていただいた丹辺宣彦先生、河村則行先生、和崎春日先生（中部大学）、そして黒田由彦先生（現・椙山女学園大学）、丸山康司先生、室井研二先生、上村泰裕先生、青木聡子先生には、博士論文執筆過程において、数々のご教示を賜りました。また、南京大学の李晟台先生につきましても大変貴重なご助言を賜りました。先生方には、心より深く感謝を申し上げます。

院生時代、仲間や先輩にもめぐまれ、互いの研究や論文について、意見しあい、共に考え、議論するなど、充実した院生生活を送ることができました。なかなか成果が出せず、先の見えない時期にあっても、前を向いて机に向かうことができたのは、こうした仲間がいたからにほかなりません。共に大学院生活を過ごしてきた仲間そして先輩方に厚く御礼申し上げます。

また、元国立民族学博物館の杉本良男先生には、外来研究員として受け入れていただき、インド研究、文化遺産研究、そして聖地の比較研究という自身の研究を新たに展開する足がかりを与えていただきました。同時に、北海道大学のスラブ研究所のプロジェクトにおいて、インド・ロシア・中国を専門に研究する領域の異なる研究者と交流を行い、研究成果を残すことができたことで、分野・領域を超えた形での研究の可能性を広げることができました。プロジェクト関係者の皆様に心より御礼申し上げます。

そして、ブッダガヤの人々には、長年にわたり、日本からやってきた私を住人のように、家族のように、そして友人のように受け入れていただき、貴重な資料を提供していただいた他、一〇〇人を超える人々に話をうかがう事ができました。聞き取りを行うにあたって、多くの方々に調査をサポートしていただきました。深く深く感謝を申し上げます。

最後に、私の長い大学院生活は、家族の支えがなければ成し得ません。大学時代から「自分がやりたいと思うことを存分にやったらいい。そのためならばどんなサポートでもするよ」と、父親そして母親は私の背中を押してくれました。両親以上に私を心配してくれている祖母は、一方で私が日々多くの学びに喜びを感じていることを理解してくれただけでなく、研究生活を陰で支えてくれました。インドという国に度々足を運び、大学院において出口の見えない研究生活を続ける私を見守り、応援してくれた家族に、この場を借りて深く御礼を申し上げます。そして、本書をこのようなかたちで出版するにあたり、担当して下さった岩田直子様はじめ、関係者の皆様につきましても、ここに感謝申し上げます。

二〇一八年三月

著者

【著者略歴】

前島訓子（まえじま　のりこ）

1980年、伊勢市生まれ。
名古屋大学大学院環境学研究科博士後期課程単位取得満期退学（社会学専攻）。博士（社会学）。国立民族学博物館外来研究員、名古屋大学大学院環境学研究科助教を経て、現在、椙山女学園大学、愛知大学、愛知淑徳大学、鈴鹿工業高等専門学校ほか、非常勤講師。
主な論文に、「仏教最大の聖地ブッダガヤの世界遺産と地域社会―問われる「世界遺産」の行方―」『文化資源学研究』第20号、2018年。「ムスリム住民にとっての「仏教聖地」―ブッダガヤ復興―」、野口淳・安部雅史編著『イスラームと文化財』新泉社、2015年。「インド仏教聖地と文化遺産―ボードガヤーの変容―」、鈴木正崇編『アジアの文化遺産―過去・現在・未来―』慶應義塾大学東アジア研究所、2015年。

遺跡から「聖地」へ
――グローバル化を生きる仏教聖地――

二〇一八年五月二日　初版第一刷発行

著　者　前島訓子
発行者　西村明高
発行所　株式会社法藏館
京都市下京区正面通烏丸東入
郵便番号　六〇〇―八一五三
電話　〇七五―三四三―〇〇三〇（編集）
〇七五―三四三―五六五六（営業）

装幀者　佐藤篤司
印刷・製本　亜細亜印刷株式会社

ISBN 978-4-8318-7385-9 C3039

索　引

I．事項

あ　行

か　行

さ　行

た　行

な　　行

は　　行

ま　行

や　行

ら　行

Ⅱ. 人名

あ　行

な　行

は　行

ま　行

や　行

ら 行

わ 行

Ⅲ．地名

あ 行

か 行

さ 行

た 行

な 行

は 行

ま　行

ら　行